ロールモデルがいない君《きみ》へ

6ヵ国育《こくそだ》ちの
ナージャが聞《き》く
ルーツが異《こと》なる
12人《にん》の物語《ものがたり》

キリーロバ・ナージャ

KADOKAWA

はじめに

ようこそ。この本《ほん》を手《て》にとったあなたは、もしかしたらロールモデルがいない一人《ひとり》かもしれない。あるいは、大切《たいせつ》な人《ひと》、身近《みぢか》な人《ひと》がロールモデルがいなくて困《こま》っている一人《ひとり》なのかもしれない。もちろん、どちらでもないけれど、常《つね》に新《あたら》しいことに興味《きょうみ》を持《も》っているあなたもウェルカム。

この本《ほん》は、子《こ》どもの頃《ころ》、あるいは、ティーンエイジャーの頃《ころ》に、ロールモデルがいなかった12人《にん》のルーツが異《こと》なる仲間《なかま》たちが、自《みずか》らのライフストーリーをシェアすることで、次《つぎ》の世代《せだい》にヒントとエールを贈《おく》りたいという想《おも》いから生《う》まれました。もちろん、これは「答《こた》え」ではなく、ほんのスモールスタート。日本《にほん》には、もっと多様《たよう》な仲間《なかま》がいて、生《い》き方《かた》がある。いつかは、すべての人《ひと》が夢《ゆめ》を持《も》って、必要《ひつよう》だと感《かん》じたときにそれを叶《かな》えるためのロールモデルを見《み》つけて、自分《じぶん》らしく輝《かがや》ける未来《みらい》になってほしい。そのきっかけにわずかでもなったら嬉《うれ》しいと思《おも》う。

そもそも「ロールモデル」って、なんだろう？　この人《ひと》みたいに考《かんが》えたり、行動《こうどう》したりしたら、道《みち》が開《ひら》ける。悩《なや》みを解決《かいけつ》する糸《いと》口《ぐち》が見《み》つかる。やるべきこと、進《すす》むべきベクトルが見《み》えてくる。「この人《ひと》みたいになりたい！」とお手本《てほん》にすることで夢《ゆめ》や将来像《しょうらいぞう》を思《おも》い描《えが》けるようになる人物《じんぶつ》のことだと思《おも》う。

もし、そうならば、私《わたし》も、一度《いちど》もロールモデルと呼《よ》べる人《ひと》がいなかった仲間《なかま》の一人《ひとり》。その一番大《いちばんおお》きな理由《りゆう》は、「自分《じぶん》みたいな人《ひと》が周《まわ》りにいなかった」からだと思《おも》う。確《たし》かに、幼少期《ようしょうき》を６カ国《こく》で過《す》ごし、90年代《ねんだい》に日本《にほん》の現地校《げんちこう》に通《かよ》って育《そだ》つとなるとなかなか同《おな》じような人《ひと》には出会《であ》えない。いつも自分《じぶん》が実験台《じっけんだい》になって、「茨《いばら》の道《みち》」を進《すす》むしかなかった。どこにどう進《すす》めばいいのか、誰《だれ》みたいになればいいのか、むしろ誰《だれ》にならなれるのか。そう思《おも》いながら大人《おとな》になった。今《いま》は、「茨《いばら》の道《みち》」でよかったと思《おも》えるようになったけれど、迷走《めいそう》と孤独《こどく》と不安《ふあん》と隣《とな》り合《あ》わせの長《なが》い道《みち》のりだった。

でも、本当《ほんとう》に「自分《じぶん》みたいな人《ひと》」はいないのだろうか？　そう思《おも》って大人《おとな》になった今《いま》、周《まわ》りを見渡《みわた》したら何人《なんにん》か自分《じぶん》みたいな人《ひと》がいたんです。もちろん、自分《じぶん》のコピーはいない。でも、同《おな》じように日本《にほん》で様々《さまざま》なルーツを持《も》ってそれぞれの「茨《いばら》の道《みち》」を歩《あゆ》んできた仲間《なかま》たちはいるということに気《き》づいたんです。その仲間《なかま》に出《で》会《あ》うと、体験《たいけん》を共有《きょうゆう》すると、なかなか言葉《ことば》では言《い》い表《あらわ》せない喜《よろこ》びがある。ビロンギング——居場所《いばしょ》がある感覚《かんかく》がある。ヒントがたくさんある。子《こ》どもの頃《ころ》、ティーンエイジャーの頃《ころ》は、探《さが》せなかった。見《み》つからなかった。あるいは、いないと思《おも》い込《こ》んでいたけれど、実《じつ》は、見《み》えていなかっただけだということに気《き》づかされた。だからこそ、見《み》えるようにすることが大切《たいせつ》だと思《おも》う。

ロールモデルが少《すく》ないことで決《き》まった生《い》き方《かた》しか自分《じぶん》にはできないと思《おも》ったり、親《おや》や周《まわ》りの大人《おとな》たちが見《み》つけた成功法《せいこうほう》しかないと思《おも》うこともあると思《おも》う。様々《さまざま》な困難《こんなん》や制約《せいやく》があるのも事実《じじつ》だと思《おも》う。でも、それはきっとすべてではない。だって、今当《いまあ》たり前《まえ》になっていることも、いつか誰《だれ》かがファーストペンギンになって切《き》り開《ひら》いた道《みち》。

「自分《じぶん》みたいな人《ひと》」に限《かぎ》らず、ロールモデルはたくさんいた方《ほう》がいい。フックとなる言葉《ことば》やヒントもたくさんあった方《ほう》がいい。生《い》き方《かた》や活躍《かつやく》できるフィールドもたくさんあった方《ほう》がいい。そこからさらにたくさんの未来《みらい》の可能性《かのうせい》がきっと生《う》まれるから。そう思《おも》って、バックグラウンドやルーツが異《こと》なる12人《にん》のライフストーリーと未来《みらい》へのヒントを次《つぎ》の世代《せだい》に届《とど》けることになった。

完璧《かんぺき》じゃないかもしれない。他《ほか》にもやり方《かた》があるかもしれない。でも、もし少《すこ》しでも次《つぎ》の世代《せだい》のロールモデルになれたら。

私《わたし》、ナージャのことも少《すこ》し紹介《しょうかい》しよう

私《わたし》は、旧《きゅう》ソ連《れん》のレニングラードで生《う》まれて幼少期《ようしょうき》を日本《にほん》を含《ふく》む6カ国《こく》で過《す》ごした。いつも現地校《げんちこう》に通《かよ》い、行《い》く先々《さきざき》の言葉《ことば》を覚《おぼ》えては、人見知《ひとみし》りながらそれぞれの場所《ばしょ》で溶《と》け込《こ》むように頑張《がんば》った。溶《と》け込《こ》めたかなあというタイミングで次《つぎ》の国《くに》へ向《む》かう。「当《あ》たり前《まえ》」や「普通《ふつう》」なんてないということを痛感《つうかん》する幼少期《ようしょうき》だった。

日本《にほん》に初《はじ》めてやってきたのは、7歳《さい》のとき。私《わたし》にとっては初《はじ》めての海外《かいがい》。なぜか日本《にほん》に縁《えん》があって、気《き》がつけばもう人生《じんせい》の大半《たいはん》を日本《にほん》で過《す》ごしている。日本《にほん》のどの学校《がっこう》でも知《し》る限《かぎ》り初《はじ》めての外国人《がいこくじん》。私《わたし》にも先生《せんせい》にもロールモデルはいなかった。だから、いい意味《いみ》での特別扱《とくべつあつか》いも悪《わる》い意味《いみ》での特別扱《とくべつあつか》いも受《う》けた。そして、ずっと家《いえ》の中《なか》と家《いえ》の外《そと》では文化《ぶんか》が違《ちが》う環境《かんきょう》で育《そだ》った。親《おや》はかなりの理解者《りかいしゃ》でサポーターだったけど、私《わたし》が歩《あゆ》んだ道《みち》を歩《ある》いたことがないので、わからないことや理解《りかい》が難《むずか》しいこともたくさんあったと思《おも》う。だから、私《わたし》は親《おや》から愛情《あいじょう》を受《う》けながらも、ある意味《いみ》ずっと

どこか孤独《こどく》を抱《かか》えて生《い》きていた部分《ぶぶん》もある。親《おや》の言葉《ことば》に救《すく》われたこともたくさんあったけど、良《よ》かれと思《おも》ってくれたアドバイスがその国《くに》では裏目《うらめ》にでるなんてことも。親《おや》には内緒《ないしょ》だけど。私《わたし》が子《こ》どもだった頃《ころ》よりは、多様《たよう》なルーツを持《も》った人《ひと》が増《ふ》えたし、ソーシャルメディアが登場《とうじょう》していろんなコミュニティもできたと思《おも》う。でも、まだどこかにかつての自分《じぶん》と同《おな》じような悩《なや》みを抱《かか》えている次《つぎ》の世代《せだい》がいるかもしれない。かつて同《おな》じような道《みち》を歩《あゆ》んだ12人《にん》の人生《じんせい》にヒントがきっとあると思《おも》い、インタビューをしてみることにした。

ふりがなをふった理由《りゆう》

ここまでを読《よ》んで、なぜすべての漢字《かんじ》にふりがながふられているんだろう？と思《おも》った人《ひと》もいるかもしれない。ティーンエイジャーの頃《ころ》、私《わたし》は漢字《かんじ》が苦手《にがて》だった。覚《おぼ》えた順番《じゅんばん》もバラバラで、本《ほん》に書《か》かれていることがすべて読《よ》めるということはまずなかった。だから、本《ほん》から遠《とお》ざかっていた時期《じき》もあった。もしかしたら、かつての自分《じぶん》と同《おな》じような人《ひと》がいるかもしれない。そう思《おも》って、この本《ほん》ではすべての漢字《かんじ》にふりがなをふることにした。

この本《ほん》に登場《とうじょう》する12人《にん》の仲間《なかま》たち

インタビューをするとなると、その人《ひと》の人生《じんせい》について根《ね》掘《ほ》り葉《は》掘《ほ》り聞《き》かないといけない。場合《ばあい》によってはかなりパーソナルな、親《した》しい人《ひと》にもなかなか話《はな》さないようなことを話《はな》すのってかなり勇《ゆう》気《き》がいることです。特《とく》にマイノリティの場合《ばあい》は、リスクになる場《ば》合《あい》すらある。

だから、最初《さいしょ》は、私《わたし》と繋《つな》がりがある人《ひと》を中心《ちゅうしん》にインタビューすることから始《はじ》めて、そこから、インタビューした人《ひと》と繋《つな》がりのある人《ひと》に広《ひろ》げていった。なるべくいろんな方《かた》のストーリーを届《とど》けようと思《おも》ったので、「はじめまして」だけどお話《はなし》を聞《き》いてみたい人《ひと》に直談判《じかだんぱん》もした。やっぱり初対面《しょたいめん》の人《ひと》に人生《じんせい》をさらけ出《だ》すのはなかなか難《むずか》しい場合《ばあい》があって、中《なか》には、「今《いま》は、ポジティブに話《はな》せない」「過去《かこ》のことをオープンにすることには抵抗《ていこう》がある」などとインタビューが叶《かな》わなかった方々《かたがた》もいました。まだ心理的安全性《しんりてきあんぜんせい》が保《たも》たれていない現状《げんじょう》があるんだという学《まな》びを得《え》ました。

もう一《ひと》つ、大切《たいせつ》にしたのは、せっかく次世代《じせだい》にヒントとエールを贈《おく》るのだから、ポジティブなメッセージを届《とど》けたいという強《つよ》い想《おも》いがあって、大変《たいへん》なことやつらいことが過去《かこ》にあったとしても、今《いま》はそれを乗《の》り越《こ》えて、自分《じぶん》の人生《じんせい》をポジティブに捉《とら》えている人《ひと》をインタビューすることにした。だけど、実際《じっさい》にはうまくいったケースもあれば、そうもいかないケースがかなりあるのも事《じ》実《つ》。日本《にほん》には、ルーツのことで厳《きび》しい生活《せいかつ》を送《おく》っている人《ひと》、差別《さべつ》に苦《くる》しんでいる人《ひと》、居場所《いばしょ》や自分《じぶん》の道《みち》を見《み》つけられずにもがいている人《ひと》もたくさんいらっしゃることを忘《わす》れてはいけません。

注意《ちゅうい》

リライトやまとめることで小《ちい》さなニュアンスが失《うしな》われないように、それぞれのライフストーリーをできるだけその人《ひと》の言葉《ことば》のまま届《とど》けています。そのため、「外人《がいじん》」「ハーフ」のように人《ひと》によってはセンシティブな言葉《ことば》が含《ふく》まれています。また、特定《とくてい》の人《ひと》にとってつらいあるいは嫌《いや》な気持《きも》ちになる表現《ひょうげん》が含《ふく》まれているかもしれません。それは誰《だれ》かを不快《ふかい》にしたり、否定《ひてい》したり、傷《きず》つけたりするためではなく、当事者《とうじしゃ》に起《お》こったこと、当事者《とうじしゃ》の言葉《ことば》として知《し》っていただくことを目的《もくてき》にしています。また、ここに登場《とうじょう》する意見《いけん》はあくまでそれぞれ一個人《いちこじん》の一意見《いちいけん》であることをご了承《りょうしょう》ください。

CONTENTS

それでは、12人《にん》の仲間《なかま》たちと
そのライフストーリーを紹介《しょうかい》します。

CONTENTS

1

シントン・ラーピセートパンさん

元駐日《もとちゅうにち》タイ王国大使《おうこくたいし》

プロフィール

タイ王国《おうこく》チョンブリー県生《けんう》まれ。16歳《さい》からタイ政府《せいふ》の奨学金《しょうがくきん》によって日本《にほん》へ留学《りゅうがく》。東京学芸大学附属高等学校《とうきょうがくげいだいがくふぞくこうとうがっこう》で勉強《べんきょう》をした後《のち》、横浜国立大学《よこはまこくりつだいがく》で国際経済学《こくさいけいざいがく》の学士号《がくしごう》と修士号《しゅうしごう》を取得《しゅとく》し、1989年《ねん》タイ外務省入省《がいむしょうにゅうしょう》。外務省《がいむしょう》の経済局《けいざいきょく》、政治局《せいじきょく》、在《ざい》ロサンゼルスタイ王国総領事館領事《おうこくそうりょうじかんりょうじ》を経《へ》て、2002～2006年《ねん》、2010～2015年《ねん》に二度《にど》の在東京《ざいとうきょう》タイ王国大使館《おうこくたいしかん》で在外勤務《ざいがいきんむ》。2018～2019年《ねん》に在大韓民国《ざいだいかんみんこく》タイ王国大使《おうこくたいし》。2019～2023年《ねん》に駐日《ちゅうにち》タイ王国大使《おうこくたいし》を歴任《れきにん》。累計《るいけい》20年以上日本《ねんいじょうにほん》に暮《く》らす。

兄弟《きょうだい》とはタイ語《ご》。
親《おや》とは潮州《ちょうしゅう》語《ご》。
学校《がっこう》では、タイ語《ご》以《い》外《がい》に
マンダリンを習《なら》うという
マルチリンガルな
環境《かんきょう》で育《そだ》ったんですよ。

Q

どんな子《こ》ども時代《じだい》でしたか？　どんな子《こ》どもでしたか？

兄弟《きょうだい》とはタイ語《ご》。親《おや》とは潮州語《ちょうしゅうご》。学校《がっこう》では、タイ語《ご》以外《いがい》にマンダリンを習《なら》うというマルチリンガルな環境《かんきょう》で育《そだ》ったんですよ。

実《じつ》は、僕《ぼく》の親《おや》は中国系《ちゅうごくけい》で華僑《かきょう》なんですよ。でもタイではごく一《いっ》般的《ぱんてき》で、日本《にほん》と違《ちが》ってタイは陸続《りくつづ》きです。たとえば東北地方《とうほくちほう》だとラオスの人《ひと》がいて、東南《とうなん》にいったらカンボジアの人《ひと》がいて、西側《にしがわ》にはミャンマー、南部《なんぶ》にはマレーシアがあって。だから国民《こくみん》は100%タイ人《じん》を探《さが》す方《ほう》が難《むずか》しいくらいの国《くに》なんです。自分《じぶん》はタイ人《じん》で国籍《こくせき》もタイですが育《そだ》ったのは中国系《ちゅうごくけい》の家庭《かてい》なんですよ。

親《おや》は中国人《ちゅうごくじん》なので自分《じぶん》のルーツを忘《わす》れてほしくないと、私《わたし》たち８人兄弟《にんきょうだい》をタイの普通《ふつう》の小学校《しょうがっこう》ではなく、中国系《ちゅうごくけい》の小学校《しょうがっこう》にいれたんです。その学校《がっこう》はタイ政府認定《せいふにんてい》の学校《がっこう》なので、基本《きほん》はタイ語《ご》なんですが、中国語《ちゅうごくご》の授業《じゅぎょう》もあるんです。だから華僑《かきょう》の子《こ》どもたちがそこに通《かよ》うんです。タイの学校《がっこう》は月曜日《げつようび》から金曜日《きんようび》までですが、この学校《がっこう》ではタイの学校《がっこう》の授業《じゅぎょう》に加《くわ》えて中国語《ちゅうごくご》の授業《じゅぎょう》もあるので、土曜日《どようび》も学校《がっこう》がありました。通《かよ》いの子《こ》もいれば、全国《ぜんこく》から集《あつ》まって寮《りょう》で暮《く》らしている子《こ》どもたちもいました。

そういう背景《はいけい》もあって家《いえ》の中《なか》では、特《とく》に父親《ちちおや》とは中国語《ちゅうごくご》で話《はな》すんですよ。中国語《ちゅうごくご》といっても北京語《ぺきんご》とかマンダリンじゃないんです。タイの場合《ばあい》は、広東《かんとん》の潮州《ちょうしゅう》から移民《いみん》が集《あつ》まっているから潮州語《ちょうしゅうご》です。学校《がっこう》で勉強《べんきょう》するのはマンダリン、兄弟《きょうだい》の間《あいだ》や他《ほか》の人《ひと》とはタイ語《ご》を話《はな》すんです。だからこんがらがってるというかマルチリンガルという環境《かんきょう》で育《そだ》ったんですよ。小学校《しょうがっこう》のときの学校《がっこう》の成績《せいせき》は自分《じぶん》で言《い》うのもなんですが、わりといい方《ほう》で毎年《まいとし》クラスでは１位《い》でした。タイの学校《がっこう》では日本《にほん》の学校《がっこう》と違《ちが》って成績《せいせき》を発表《はっぴょう》するんです。だから、通信簿《つうしんぼ》も誰《だれ》が１位《い》とか同級生《どうきゅうせい》で勝負《しょうぶ》するんです。僕《ぼく》は、毎年《まいとし》、毎学期《まいがっき》１位《い》、１位《い》、１位《い》だったんです。わりと勉強《べんきょう》はできる方《ほう》でした。

日本《にほん》に留学《りゅうがく》するきっかけは「挫折《ざせつ》」だった。

中学《ちゅうがく》からは普通《ふつう》のタイの学校《がっこう》に進学《しんがく》しました。ちなみにタイでは、中学《ちゅうがく》から男子校《だんしこう》と女子校《じょしこう》に分《わ》かれています。中学《ちゅうがく》は３年間勉強《ねんかんべんきょう》して、タイ政府《せいふ》の奨学金《しょうがくきん》があることを兄《あに》から聞《き》いたんです。その奨学金《しょうがくきん》で、５人《にん》だけ日本《にほん》に行《い》けるシステムが当時《とうじ》あったんです。なぜかタイ政府《せいふ》が高校《こうこう》から日本《にほん》に留学《りゅうがく》させるんですよ。僕《ぼく》がその奨学金《しょうがくきん》の６期生《きせい》の５人《にん》のうちの１人《ひとり》になったんです。それが日本《にほん》に来《く》るきっかけでした。

奨学金《しょうがくきん》があるから受《う》けたのですが、でもそのきっかけは「挫折《ざせつ》」です。当時《とうじ》、タイは教育《きょういく》のギャップが大《おお》きく、みんな各県《かくけん》で勉強《べんきょう》するんですが、高校《こうこう》の段階《だんかい》でバンコクに行《い》かないといけなくなるんですよ。各県《かくけん》で一番優秀《いちばんゆうしゅう》な人《ひと》たちがバンコクの一番《いちばん》いい高等学《こうとうがっ》校《こう》を受験《じゅけん》して、とにかくタイ全国《ぜんこく》のクリーム[*1]の人《ひと》たちがその学校《がっこう》に集《あつ》まってくるという時代《じだい》です。

で、僕《ぼく》の場合《ばあい》はずっと１位《い》の成績《せいせき》だったから、当然《とうぜん》、中学《ちゅうがく》のときにそのバンコクの高等学校《こうとうがっこう》に行《い》くと思《おも》われていたんです。でもなぜか落《お》ちて、先生《せんせい》からも「え？　なんで受験《じゅけん》で失敗《しっぱい》したの？」と言《い》われ、将来《しょうらい》が真《ま》っ暗《くら》になりました。当時《とうじ》はやっぱりあのバンコクの高校《こうこう》にいかないといい大学《だいがく》に入《はい》れない流《なが》れがあったんです。同期《どうき》が10人《にん》くらい合格《ごうかく》したのに「なんで？」って信《しん》じられなかったんです。でも、奨学金《しょうがくきん》に受《う》かって僕《ぼく》は日本《にほん》に来《く》ることができました。受験《じゅけん》に失敗《しっぱい》したから、違《ちが》う道《みち》がひらけたのです。

高《こう》校《こう》は、一《いっ》切《さい》特《とく》別《べつ》扱《あつか》いをしない方《ほう》針《しん》だった。それがよかったんです。

タイ政府《せいふ》の奨学金制度《しょうがくきんせいど》は昭和《しょうわ》40年代《ねんだい》に始《はじ》まったので当然《とうぜん》その頃《ころ》、高校《こうこう》からの留学《りゅうがく》はそんなに盛《さか》んではないんですね。だからまず受《う》け入《い》れてくれる学校《がっこう》を探《さが》すのが大変《たいへん》だったと１期生《きせい》から聞《き》きました。一《ひと》つだけ受《う》け入《い》れてくれる学校《がっこう》があってそれが東京学芸《とうきょうがくげい》大学附属高校《だいがくふぞくこうこう》でした。この学校《がっこう》は教育《きょういく》の師範学校《しはんがっこう》だった学芸大学《がくげいだいがく》の附属高校《ふぞくこうこう》で、当時《とうじ》から「国際《こくさい》」が一《ひと》つのテーマで、海外《かいがい》から日《に》本《ほん》に帰《かえ》ってきた帰国子女《きこくしじょ》の生徒《せいと》も受《う》け入《い》れ始《はじ》めていました。まあじゃあタイの留学生《りゅうがくせい》も入《い》れればいいかなということで快《こころよ》く受《う》け入《い》れてくれました。

受《う》け入《い》れてくれるのはいいんですが、その学校《がっこう》の方針《ほうしん》としては、たとえば、半年《はんとし》や1年間文化交流《ねんかんぶんかこうりゅう》のために来《き》て、日本《にほん》の生徒《せいと》と同《おな》じではなく「交換留学生《こうかんりゅうがくせい》」という扱《あつか》いの生徒《せいと》もいたんです。でも我々《われわれ》タイの留学生《りゅうがくせい》は、とにかく「あんたたちは普通《ふつう》の生徒《せいと》と同《おな》じだから」と。3年間勉強《ねんかんべんきょう》して受験《じゅけん》して大学《だいがく》いかないといけないでしょうと。だから、まったく特別扱《とくべつあつか》いをしてくれないんですよ。しかも、毎年《まいとし》タイからの留学生《りゅうがくせい》は5人《にん》いるんですが絶対《ぜったい》に同《おな》じクラスに入《い》れないんです。入《い》れたらタイ人同士《じんどうし》でタイ語《ご》でしゃべったりするというのがその理由《りゆう》です。

タイ大使館《たいしかん》の学生部《がくせいぶ》も絶対《ぜったい》に大《おお》きめのアパートを2人《ふたり》でシェアさせなかったんですよ。タイ語同士《ごどうし》でしゃべるからとにかく一人《ひとり》暮《ぐ》らしがマストで、我々《われわれ》は先輩《せんぱい》を頼《たよ》りに自分《じぶん》でアパートを見《み》つけて、一人暮《ひとりぐ》らしをしていました。クラスも住《す》むところも絶対一人《ぜったいひとり》ずつという条件《じょうけん》で日本《にほん》での生活《せいかつ》が始《はじ》まったんです。

バッチリだと思《おも》っていた「日本語《にほんご》」がぜんぜん通《つう》じない。

タイでちょっとだけ日本語学校《にほんごがっこう》に通《かよ》い「あいうえおかきくけこ」ができた頃《ころ》に、日本《にほん》に来《き》て日本語学校《にほんごがっこう》にさらに1年半通《ねんはんかよ》いました。いろんな留学生《りゅうがくせい》がいて、みんな大学《だいがく》に入《はい》る年齢《ねんれい》だったので我々《われわれ》が一番年下《いちばんとしした》でした。でもタイ政府《せいふ》に選《えら》ばれてきているだけあって成績《せいせき》はトップクラス。5人《にん》でテストの点数《てんすう》を競《きそ》っていました。1年半勉強《ねんはんべんきょう》して「よしもう日本語《にほんご》はバッチリ！」だと思《おも》っていたんですよ。

それで高校《こうこう》に入《はい》ったら今《いま》までの１年半《ねんはん》の日本語学校《にほんごがっこう》はなんだったんだと。ぜんぜんダメだったんです。クラスのみんながしゃべっている日本語《にほんご》が聞《き》き取《と》れないんですよ。速《はや》くて。先生《せんせい》の講義《こうぎ》もノートもとれないんですよ。聞《き》いてもよくわからない。書《か》いているものを書《か》き写《うつ》そうと思《おも》っても、書《か》いている途中《とちゅう》でばーっと消《け》されていく。そして先生《せんせい》は次《つぎ》の話《はなし》にいく。苦労《くろう》したんです、その１年生《ねんせい》の最初《さいしょ》の半年《はんとし》は。我々《われわれ》が勉強《べんきょう》したのは「日本語《にほんご》」なんですよ。「国語《こくご》」じゃなくて「日本語《にほんご》」。だから日本人《にほんじん》が使《つか》っている言葉《ことば》じゃなくて、外国人《がいこくじん》のための日本語《にほんご》だったんです。日本語学校《にほんごがっこう》の日《に》本語《ほんご》がぜんぜん通《つう》じない。そんな状況《じょうきょう》でした。

私《わたし》たちは、一人暮《ひとりぐ》らしなので学校《がっこう》の外《そと》でも日本語《にほんご》を話《はな》します。６畳一間《じょうひとま》で、トイレは共同《きょうどう》。銭湯《せんとう》も外《そと》に行《い》かないといけない。当《とう》時《じ》コンビニもなかった時代《じだい》で、近《ちか》くにある魚屋《さかなや》、八百屋《やおや》、肉屋《にくや》に行《い》って材料《ざいりょう》を買《か》って料理《りょうり》していました。買《か》い物《もの》で日本語《にほんご》を話《はな》すときは、おじいちゃんおばあちゃんはちゃんとわかってくれたのになあと。でもよく考《かんが》えるとそういうときは「あーあんたたち留学《りゅうがく》生《せい》ね」で我々《われわれ》がしゃべっている日本語《にほんご》をなんとなくこれだろうなとわかってくれたことがわかったんです。

学校《がっこう》では誰《だれ》も「です」「ます」なんて使《つか》わない。

でも高校《こうこう》の場合《ばあい》は完全《かんぜん》にばーっとしゃべって、我々《われわれ》が使《つか》っている「です」「ます」とかはもうほとんど聞《き》こえないですよね。「おい、お前《まえ》なにやってんだ？」とか「聞《き》いたか？」とかもう何言《なにい》っているかわからない。先生《せんせい》もそんなくだけた日本語《にほんご》じゃなくても速《はや》いんですよ。授業《じゅぎょう》とか。あ、やっぱりこれが本物《ほんもの》の日本語《にほんご》だと。今《いま》までとは全然違《ぜんぜんちが》うと。

よく考《かんが》えたら、土日《どにち》に近《ちか》くの公園《こうえん》を歩《ある》いていたらちっちゃい子《こ》どもたちがいて、話《はな》しかけてもわかってくれなかったことを思《おも》い出《だ》しました。子《こ》どもは逆《ぎゃく》にカチッとした日本語《にほんご》がわからないですよね。大人《おとな》は、「留学生《りゅうがくせい》だからたぶんあれね」と理解《りかい》しようとするけど、子《こ》どもは素直《すなお》だから「このお兄《にい》ちゃん何言《なにい》ってんの？」ってなります。だから、日本語学校《にほんごがっこう》で勉強《べんきょう》していた日本語《にほんご》と普通《ふつう》の日本語《にほんご》は違《ちが》うということが高等学校《こうとうがっこう》に入《はい》ってわかったんです。それで最初《さいしょ》は苦労《くろう》しました。でも、普通《ふつう》の生徒《せいと》と同《おな》じにして特別扱《とくべつあつか》いをしない方針《ほうしん》だったおかげで普通《ふつう》の日本語《にほんご》や文化《ぶんか》を勉強《べんきょう》することができたんです。

同《おな》じ単語《たんご》、同《おな》じ行動《こうどう》でも、give も自分《じぶん》からだと「あげる」とか「さしあげる」とか、相手《あいて》からだと「いただく」とか「くれる」とかまた違《ちが》う。そういうのはやっぱり難《むずか》しいです。国語《こくご》も「現代文《げんだいぶん》」「古文《こぶん》」「漢文《かんぶん》」を勉強《べんきょう》しないといけないし、もう大変《たいへん》でした。僕《ぼく》は、小学校《しょうがっこう》で中国語《ちゅうごくご》を勉強《べんきょう》していたので、漢字《かんじ》を書《か》くことは全然《ぜんぜん》問題《もんだい》なかったのですが、同期《どうき》で中国語《ちゅうごくご》を勉強《べんきょう》していなかった人《ひと》は、「絵《え》を描《か》くみたいな感《かん》じだよ…」ととても苦労《くろう》していました。ひらがなもカタカナも難《むずか》しいのに。だから僕《ぼく》はまだ少《すこ》しラクだったと思《おも》います。

今《いま》でも忘《わす》れられない、1年《ねん》間《かん》毎《まい》日《にち》作《つく》ってくれた「お弁《べん》当《とう》」。

実《じつ》は、クラスメイトの１人《ひとり》が１年間毎日《ねんかんまいにち》お弁当《べんとう》を作《つく》ってくれたんです。我々《われわれ》は特別扱《とくべつあつか》いをしないということでしたが、クラスメイトはみんなお家《うち》から学校《がっこう》へ通《かよ》っているからお母《かあ》さんがお弁当《べんとう》を作《つく》ってくれますよね。で、我々《われわれ》５人《にん》は、男性《だんせい》４人女性１人《にんじょせいひとり》で、女《じょ》性《せい》は自分《じぶん》で弁当《べんとう》を作《つく》ってましたが男性《だんせい》４人《にん》は、夕飯《ゆうはん》はなんとか作《つく》るけど、お弁当《べんとう》まではさすがに余裕《よゆう》がなくて。だから、みんなサンドイッチとかパンを持《も》ってきていました。

それで、２年生《ねんせい》のときに一緒《いっしょ》のクラスになった女《おんな》の子《こ》がいて、席替《せきが》えがあって、その女《おんな》の子《こ》が隣《となり》になって、「いつもお昼《ひる》とかどうしてるの？」と聞《き》かれて「パンとかサンドイッチとかを食《た》べてるよ」と言《い》ったら「大変《たいへん》だね〜」と「じゃあちょっとうちのお母《かあ》さんに聞《き》いてみるよ。どうせお弁当《べんとう》を作《つく》るんだったら１つも２つも変《か》わらないと思《おも》うし」。そしたら翌日《よくじつ》、「お母《かあ》さんが作《つく》ってくれたよ〜」と。それから毎日自分《まいにちじぶん》のものと僕《ぼく》のものとお弁当《べんとう》を持《も》ってきてくれたんです。２週間後《しゅうかんご》に席替《せきが》えがあっても１年間毎日《ねんかんまいにち》お弁《べん》当《とう》を持《も》ってきてくれましたね。嬉《うれ》しかったですね。

食《た》べるときは、彼女《かのじょ》は女性《じょせい》のグループで、僕《ぼく》は男性《だんせい》のグループで食《た》べて、お弁当箱《べんとうばこ》を返《かえ》して、たまに「お母《かあ》さんがどっか行《い》くのでこの数日《すうじつ》は弁当《べんとう》がないからパン買《か》ってね〜」なんて教《おし》えてくれたり、１年間《ねんかん》ずっと続《つづ》きましたね。で、珍《めずら》しいのはクラスの中《なか》でも「おい、彼女《かのじょ》となんかあるんじゃないの？」と誰《だれ》も言《い》わなかったし、彼女《かのじょ》もそういうことで弁当《べんとう》を持《も》ってきてくれたわけでもない。

実《じつ》は、この話《はなし》には続《つづ》きがあって。

卒業《そつぎょう》以来《いらい》、彼女《かのじょ》には会《あ》っていなかったんですよ。でも、あの1年間《ねんかん》のお弁当《べんとう》が何《なに》かひっかかっていたんですよね。で、2002年《ねん》に東京《とうきょう》の大使館勤務《たいしかんきんむ》になって、卒業《そつぎょう》アルバムに住所《じゅうしょ》と電話番号《でんわばんごう》が書《か》いてあったんです。でもさすがにもうここには住《す》んでいないでしょうと勝手《かって》に思《おも》いながら、1回目《かいめ》の大使館勤務《たいしかんきんむ》は連絡《れんらく》をしないまま終《お》わってしまったんです。同《おな》じバドミントン部《ぶ》の同期《どうき》とは連絡《れんらく》をとっていたので小学校《しょうがっこう》の先生《せんせい》をしているとだけ聞《き》いて2006年《ねん》にタイに帰《かえ》りました。

で、2回目《かいめ》の赴任《ふにん》で2010年《ねん》にまた東京《とうきょう》に来《き》て、また彼女《かのじょ》のことを思《おも》い出《だ》して、そのとき今《いま》の大使館《たいしかん》の建物《たてもの》が建設《けんせつ》されていて我々《われわれ》は仮事務所《かりじむしょ》にいたんですが、それが千代田区《ちよだく》の九段《くだん》にあったんですよ。品川区《しながわく》ではいつも子《こ》どもたちにタイ文化《ぶんか》を体験《たいけん》してもらう学校《がっこう》との交流《こうりゅう》をしていました。千代田区《ちよだく》でも一時的《いちじてき》にですがせっかくだからやろうとなって区《く》に話《はな》したんです。それが、区《く》から各《かく》学校《がっこう》にわたって、そのとき彼女《かのじょ》は九段小学校《くだんしょうがっこう》にいたんです。当時《とうじ》の仮事務所《かりじむしょ》の目《め》と鼻《はな》の先《さき》の歩《ある》ける距離《きょり》に。

あとから彼女《かのじょ》に聞《き》いたら、校長先生《こうちょうせんせい》からタイ大使館《たいしかん》との交流《こうりゅう》について聞《き》いて、高校時代《こうこうじだい》のことを思《おも》い出《だ》して調《しら》べたら僕《ぼく》だとわかって、覚《おぼ》えていなかったらどうしようとけっこう勇気《ゆうき》を出《だ》して電《でん》話《わ》をかけたみたいです。電話《でんわ》をとった大使館《たいしかん》の職員《しょくいん》も昔話《むかしばなし》を聞《き》いていたので「もしかして、公使《こうし》（当時僕《とうじぼく》は公使《こうし》でした）の高校時《こうこうじ》代《だい》の？」ってなって、そのとき僕《ぼく》は外出《がいしゅつ》していたので、そのあと電話《でんわ》をして、今度《こんど》お昼《ひる》でもどうですかと再会《さいかい》することになりました。

その年《とし》はちょうど大震災《だいしんさい》があって毎年代々木公園《まいとしよよぎこうえん》でやっているタイフェスティバルを靖国神社《やすくにじんじゃ》でやることになったんです。で、彼女《かのじょ》を誘《さそ》ったら、お母《かあ》さんも連《つ》れてきてくれて、ちゃんと挨拶《あいさつ》をしました。その後《ご》、ナショナルデーのレセプションに彼女《かのじょ》とお母《かあ》さんを招待《しょうたい》して、そのとき、僕《ぼく》が臨時代理大使《りんじだいりたいし》をやっていて、帝《てい》国《こく》ホテルでスピーチをしたら、お母《かあ》さんが涙《なみだ》を流《なが》していて、自分《じぶん》が作《つく》ったお粗末《そまつ》なお弁当《べんとう》がこんなに立派《りっぱ》な外交官《がいこうかん》を育《そだ》てたことになってと、こちらも実《じつ》は１年間《ねんかん》の弁当《べんとう》でここまで成長《せいちょう》できたよなんて言《い》って。

Q

今《いま》の仕事《しごと》についたきっかけは？

大使《たいし》になったきっかけは、アルバイト。

大学《だいがく》で勉強《べんきょう》をしたのは経済《けいざい》でした。タイ政府《せいふ》の奨学金《しょうがくきん》だと勉強《べんきょう》をしたい分野《ぶんや》を選《えら》んで、卒業《そつぎょう》したら国家公務員《こっかこうむいん》になって、その分《ぶん》野《や》の仕事《しごと》につきます。自分《じぶん》の同期《どうき》の５人《にん》は、財務省《ざいむしょう》、商務省《しょうむしょう》、大《だい》学《がく》の先生《せんせい》、工業省《こうぎょうしょう》になりました。

僕《ぼく》は、大学《だいがく》の段階《だんかい》で時間《じかん》に余裕《よゆう》があってアルバイトを始《はじ》めたんです。当時《とうじ》はタイのレストランとかも少《すく》ない時代《じだい》で、もう日本《にほん》に４～５年住《ねんす》んでいたので、タイ語日本語《ごにほんご》の翻訳通訳《ほんやくつうやく》のアルバイトをすることになりました。お金《かね》もいいし、言葉《ことば》の能力《のうりょく》を使《つか》って仕事《しごと》がしたいと思《おも》っていました。タイ政府《せいふ》の留学生《りゅうがくせい》なので様々《さまざま》な行事《ぎょうじ》でタイ大使館《たいしかん》に行《い》くことがあって、何回《なんかい》かタイの外務省《がいむしょう》の人《ひと》が出張《しゅっちょう》で来《き》たときに通訳《つうやく》をしていたら、留学生《りゅうがくせい》という話《はなし》になって、「配属《はいぞく》は？」と聞《き》かれて「これからです」と答《こた》えたら、「じゃあ外《がい》務省《むしょう》を選《えら》んだらどう？」とすすめられました。それもわるくないかと思《おも》って、卒業《そつぎょう》する前《まえ》に志望《しぼう》を出《だ》して、第一志望《だいいちしぼう》は外務省《がいむしょう》で、それで外務省《がいむしょう》に入《はい》ることに決《き》まったんです。

Q

日本《にほん》で「みんなとちょっと違《ちが》う」ことの強《つよ》みや弱《よわ》みは？

海外《かいがい》から日本《にほん》に来《く》るといい意味《いみ》でも悪《わる》い意味《いみ》でも区別《くべつ》されます。

僕《ぼく》の場合《ばあい》は、華僑《かきょう》だったこともあり自分《じぶん》では気《き》づかなかったんですが、小《ちい》さいときから異文化《いぶんか》の環境《かんきょう》で育《そだ》ったんですよね。タイの場合《ばあい》は陸続《りくつづ》きで異文化《いぶんか》の社会《しゃかい》が浸透《しんとう》しているので、「お前《まえ》は華《か》僑《きょう》だ」「中国人《ちゅうごくじん》だ」とか「肌《はだ》の色《いろ》が違《ちが》う」とかそういういじめはあまりなかったかもしれません。でも、日本《にほん》の場合《ばあい》はもっと難《むずか》しいと思《おも》うんですよね。今《いま》だから本当《ほんとう》にオープンになっていますが、昔《むかし》はやっぱり島国《しまぐに》なので海外《かいがい》から来《き》ちゃうと「外国人《がいこくじん》」とか「ガイジン」とかいい意味《いみ》でも悪《わる》い意味《いみ》でも、区別《くべつ》する傾向《けいこう》があります。

いい意味《いみ》で外国人《がいこくじん》だから言葉遣《ことばづか》いをちゃんとしないといけないとか、外国人《がいこくじん》が入《はい》ってきて道《みち》を聞《き》かれ、英語《えいご》ができなくても「じゃあついてきて」なんて親切《しんせつ》に案内《あんない》するなどいい意味《いみ》での区別《くべつ》があるんです。でもやっぱりちょっと悪《わる》い意味《いみ》で差別《さべつ》や区別《くべつ》もあります。我々《われわれ》タイ人《じん》もちょっと肌《はだ》の色《いろ》が黒《くろ》いなど少《すこ》し見《み》た目《め》が違《ちが》う場合《ばあい》があります。うちの大使館《たいしかん》でも駅《えき》をでたら外国人《がいこくじん》っぽい顔《かお》をしているから警察《けいさつ》に「ちょっと身分証明書見《みぶんしょうめいしょみ》せて」とかそういうのがときどきあるんですよね。

僕《ぼく》の１回目《かいめ》の赴任《ふにん》はアメリカのロサンゼルスだったんですが、それこそ顔《かお》を見《み》てアメリカ人《じん》なのか外国人《がいこくじん》なのかわからないので、警察《けいさつ》がちょっとアジア人《じん》の顔《かお》の人《ひと》に「身分証明書《みぶんしょうめいしょ》を見《み》せて」とか言《い》ったら逆《ぎゃく》に訴《うった》えられるかもしれない。そういうのはアメリカだと絶対《ぜったい》ないんですよ。でも日本《にほん》では外国《がいこく》に対《たい》して、「違《ちが》う」という感覚《かんかく》があります。

Q

周《まわ》りからしてほしかったサポートは？

大人《おとな》は子《こ》どもたちに「肌《はだ》の色《いろ》や国籍《こくせき》が違《ちが》ってもみんな友達《ともだち》だよ」と教《おし》えてあげないといけない。

子《こ》どもたちは「あ、自分《じぶん》とちょっと違《ちが》う」と思《おも》ってもどうしたらいいかわからないんです。だから大人《おとな》（先生方《せんせいがた》や親《おや》とか）が「肌《はだ》の色《いろ》が違《ちが》うとか国籍自体《こくせきじたい》が違《ちが》うとしても友達《ともだち》だよ」とちゃんと教《おし》えてあげないといけないです。それがないと、子《こ》どもたちは自分《じぶん》たちと違《ちが》うたとえば黒人《こくじん》が入《はい》ってきたら「えー」となりますよね。

僕《ぼく》の子《こ》どもたちは本当《ほんとう》に運良《うんよ》くいろんな日本《にほん》の方《かた》に助《たす》けられて、１回目《かいめ》日本《にほん》にきたときは３年生《ねんせい》と１年生《ねんせい》で品川区立《しながわくりつ》の御殿山小学校《ごてんやましょうがっこう》に通《かよ》っていたんです。この小学校《しょうがっこう》は、いろんな国《くに》の子《こ》どもたちを受《う》け入《い》れて慣《な》れているんですよ。なぜかと言《い》うと、当時《とうじ》まだユーゴスラビアの大使館《たいしかん》、ミャンマーの大使館《たいしかん》があって、ミャンマーの子《こ》が非常《ひじょう》に多《おお》いんですよ。うちの子《こ》どものクラスにもミャンマーの大使館《たいしかん》の子《こ》どもたちが何人《なんにん》もいたんですよ。だから、学校《がっこう》も子《こ》どもたちに外国《がいこく》との文化交流《ぶんかこうりゅう》をして、とにかく一緒《いっしょ》のクラスメイトで国《くに》や肌《はだ》の色《いろ》に関係《かんけい》なく友達《ともだち》だという雰囲気《ふんいき》がありました。

子《こ》どもはルールではなく、理屈《りくつ》なしで言葉《ことば》を覚《おぼ》える。

僕《ぼく》も最初《さいしょ》は子《こ》どもたちが日本語《にほんご》ができないことが心配《しんぱい》でしたが、「大丈夫《だいじょうぶ》！　子《こ》どもは速《はや》いから！」って先生《せんせい》に言《い》われて、本当《ほんとう》に半年《はんとし》で子《こ》ども同士《どうし》が日本語《にほんご》で話《はな》すようになったんですよ。本当《ほんとう》に速《はや》いです。自然《しぜん》に身《み》について、理屈《りくつ》じゃないんですよね。１回《かい》目《め》の赴任《ふにん》で、僕《ぼく》は日本語《にほんご》ができるから、子《こ》どもを助《たす》けたりしていて、子《こ》どもも半年《はんとし》で日本語《にほんご》を覚《おぼ》えて、結局《けっきょく》家内《かない》だけが「何言《なにい》ってんの？　わからない…」となっていました。家内《かない》も日本語《にほんご》を勉強《べんきょう》し始《はじ》めて宿題《しゅくだい》を子《こ》どもたちに聞《き》いて、これは「は？」それとも「が？」。そうしたら「あーこれは、『は』だ」とか言《い》うんですが、大人《おとな》は「なんで？　なんで？」ってルールを知《し》りたがるんですよね。子《こ》どもは「わかんない。でも絶対《ぜったい》これだよね」って言《い》うんです。そういう感《かん》じなんですよね子《こ》どもって。だからやっぱりその環境《かんきょう》になったら子《こ》ども同士《どうし》は肌《はだ》が黒《くろ》くても白《しろ》くても、他《ほか》から違《ちが》うとわかってもみんな一緒《いっしょ》だよって友達《ともだち》になれる。でも最初《さいしょ》は子《こ》どもはわからないから大人《おとな》がその関係作《かんけいづく》りをしてあげないとダメだと思《おも》うんです。

都会《とかい》はたぶん問題《もんだい》が少《すく》ないと思《おも》うんですが、ちょっと地方《ちほう》に行《い》くとタイ人《じん》の場合《ばあい》、領事《りょうじ》の方《ほう》でいろんな問題《もんだい》があると聞《き》いてます。特《とく》に、日本人《にほんじん》と結婚《けっこん》して地方《ちほう》に住《す》んでいて、子《こ》どもも父親《ちちおや》が忙《いそが》しいから母親《ははおや》が面倒《めんどう》をみるんですが、母親《ははおや》はあまり日本語《にほんご》ができない。子《こ》どもが学校《がっこう》に行《い》くといじめというか慣《な》れなくて結局登《けっきょくとう》校拒否《こうきょひ》になってしまう。そういう場合《ばあい》も聞《き》きますよね。そういう人《ひと》は、学校《がっこう》とか自治体《じちたい》がちゃんと環境作《かんきょうづく》りをしてあげないとと思《おも》うんです。特《とく》に今《いま》、外国人労働者《がいこくじんろうどうしゃ》がけっこう入《はい》ってきていますよね。

Q

あなたの逆境《ぎゃっきょう》や困難《こんなん》を乗《の》り越《こ》えるコツは？

タイ人《じん》は大変《たいへん》なことがあっても「なんとかなるさ！」の精神《せいしん》。

僕《ぼく》の人生《じんせい》は、高校《こうこう》、大学受験《だいがくじゅけん》の失敗《しっぱい》くらいですよね。あとは、平凡《へいぼん》ですよ。挫折《ざせつ》がないといったらおかしいかなあ。あんまりないんですよ。「マイペンライ」の文化《ぶんか》があるというのもあるかもしれません。

たぶん仏教《ぶっきょう》の教《おし》えで、いいのか悪《わる》いのかタイ人《じん》の場合《ばあい》は、くよくよしないという考《かんが》えがあります。たとえば、大洪水《だいこうずい》があって自分《じぶん》の家《いえ》が膝《ひざ》まで水浸《みずびた》しになっても、笑《わら》ったりするんですよ。災害《さいがい》受《う》けたばかりなのに。「これからなんとかなる!!」という考《かんが》えなんです。仏教《ぶっきょう》の教《おし》えかもしれないけど、要《よう》するに災害《さいがい》を受《う》けるのは、きっと前世《ぜんせ》で何《なに》か悪《わる》いことをしたんだと、だから今《いま》の人生《じんせい》をちゃんと行《おこな》いよくしないといけないと思《おも》って「マイペンライ」精神《せいしん》なんですよね。もちろん全員《ぜんいん》がそうじゃないですが。

やっぱり、勝《か》ってみせないと ダメですよね。

僕《ぼく》は、顔《かお》が変《か》わらないからいじめとかは受《う》けてなかったけど、特《とく》に高校《こうこう》1年生《ねんせい》は苦労《くろう》したんです。でもたとえば、テストの成績《せいせき》が戻《もど》ってきて、誰《だれ》かに「おお、お前《まえ》はこういう成績《せいせき》なのか、おい、誰々《だれだれ》くん負《ま》けてるぞ！」と日本《にほん》のクラスメイトが言《い》ったんです。「なんで日本人《にほんじん》が漢文《かんぶん》で負《ま》けてるんだ⁉」ってなるんですよね。そういう瞬間《しゅんかん》があるから、努力《どりょく》すれば、頑張《がんば》れば勝《か》てるんだと思《おも》うようになるんですよね。

僕《ぼく》は、特《とく》に英語《えいご》がそうでした。英語《えいご》は下手《へた》なんですが、タイは小学校《しょうがっこう》から英語《えいご》があるんですよ。当時《とうじ》、日本《にほん》の場合《ばあい》、中学《ちゅうがく》から3年勉強《ねんべんきょう》して、高校《こうこう》で4年目《ねんめ》くらいです。でも僕《ぼく》らは小学校《しょうがっこう》から勉《べん》強《きょう》しているので6～7年勉強《ねんべんきょう》していることになります。だから自《じ》信《しん》があるんです。クラスでも他《ほか》の生徒《せいと》より英語《えいご》は成績《せいせき》が上《うえ》でした。和訳《わやく》は苦手《にがて》だけど文法《ぶんぽう》は自信《じしん》があって、日本《にほん》の友達《ともだち》も英語《えいご》を聞《き》いてくるんです。先生《せんせい》もわざと英語《えいご》の時間《じかん》に我々《われわれ》を当《あ》てるんですよ。それで答《こた》えると先生《せんせい》が日本《にほん》のクラスメイトに「こら、君《きみ》たちもしっかり勉強《べんきょう》してよ」と、今《いま》の時代《じだい》は比較《ひかく》されるのが嫌《いや》だとかがあるかもしれないけど、いいようにとったら「自分《じぶん》も他《ほか》の日《に》本《ほん》の生徒《せいと》よりも優《すぐ》れたところがある」ということに気《き》づかされます。

特技《とくぎ》もそうです。我々《われわれ》は一人暮《ひとりぐ》らしだからときどきアパートに友達《ともだち》を連《つ》れて、下手《へた》なタイ料理《りょうり》を作《つく》ってふるまいました。日本《にほん》の高校生《こうこうせい》、特《とく》に男性《だんせい》は料理《りょうり》はしないですよね。でも、「料理《りょうり》できるんだぞ！」と見《み》せたり、「これが、タイの文字《もじ》だよ」と文化《ぶんか》を教《おし》えたらクラスメイトが感動《かんどう》してくれました。我々《われわれ》にとっては普通《ふつう》のことでも、彼《かれ》らにとってはめずらしい、初《はじ》めての体験《たいけん》になります。それを見《み》せたり紹介《しょうかい》したりすると自分《じぶん》の中《なか》の成功体験《せいこうたいけん》につながります。

Q

次《つぎ》の世代《せだい》へのアドバイスやメッセージをどうぞ。

「自《じ》分《ぶん》は普《ふ》通《つう》の人《ひと》よりは能《のう》力《りょく》を持《も》っている」と子《こ》どもたちにもっと自《じ》信《しん》を持《も》ってほしいです。

今《いま》は日本《にほん》も単《たん》に「日本語《にほんご》」、「日本《にほん》」だけではもう無理《むり》なんですよ。たとえば、会社《かいしゃ》とか今《いま》はコロナで観光客《かんこうきゃく》が入《はい》ってこなくなってしまったんですけど[*2]、ユニクロとか一時期《いちじき》のラオックスとかの従業員《じゅうぎょういん》も日本人《にほんじん》だけじゃなくて外国人《がいこくじん》も採用《さいよう》しないといけない。そういう世《よ》の中《なか》になっていますから日本人《にほんじん》でも今《いま》まで日本語《にほんご》だけで、せいぜい英語《えいご》というだけではたりなくなっているので第三《だいさん》の外国語《がいこくご》も必要《ひつよう》になってきています。

だからたとえばタイ人《じん》でタイ語《ご》が話《はな》せてとかそういうマルチな文化《ぶんか》も言語《げんご》も持《も》っている能力《のうりょく》がある子《こ》どもたちはプラスになると思《おも》うんですよね。日本人《にほんじん》も外国語《がいこくご》を勉強《べんきょう》しないといけないように、外国《がいこく》の子《こ》どもたちがたとえば家《いえ》で母国語《ぼこくご》を話《はな》して、日本語《にほんご》も勉強《べんきょう》していけば将来絶対役立《しょうらいぜったいやくだ》つと思《おも》います。もちろん、顔《かお》とかは変《か》えられないからそれでいじめられることはあるかもしれないけど、でもこれから理解《りかい》してくれる人《ひと》がどんどん増《ふ》えていくと思《おも》うので、「自分《じぶん》は普通《ふつう》の人《ひと》よりは能力《のうりょく》を持《も》っている」ということで自《じ》信《しん》を持《も》ってやっていかないとダメだと思《おも》うんです。「自分《じぶん》は違《ちが》うぞ」という意識《いしき》を持《も》ってほしいです。

そのためには、大人《おとな》がまずちゃんと教《おし》えてあげないと、励《はげ》ましてあげないと子《こ》どもは「自分《じぶん》はなんで肌《はだ》が黒《くろ》いんだ？」「もう嫌《いや》だ」とかね、マイケル・ジャクソンじゃないけどどうしてそんなに肌《はだ》を白《しろ》くしたかったのかわからないですよね。でも彼《かれ》も彼《かれ》なりに苦労《くろう》していたと思《おも》うんですよ。子《こ》どもたち本人《ほんにん》に親《おや》や先生《せんせい》が「みんなと違《ちが》うからダメとかじゃないんですよ、違《ちが》うからいいんですよ」と。結局《けっきょく》みんな違《ちが》うし、日本人《にほんじん》だってみんなそれぞれやっぱり違《ちが》うでしょう。

我々《われわれ》の子《こ》どもは親《おや》が外交官《がいこうかん》だから、恵《めぐ》まれているんでしょうけど、恵《めぐ》まれない子《こ》どもたちもいます。でも自分《じぶん》が違《ちが》うということをプラスに考《かんが》えないとダメなんですよ絶対《ぜったい》に。僕《ぼく》も外国人《がいこくじん》で外国《がいこく》人《じん》が日本語《にほんご》をしゃべっているのを見《み》ると、すごいなあと。デーブ・スペクターさんとかそういう人《ひと》たちがテレビ番組《ばんぐみ》にでているとやっぱり昔苦労《むかしくろう》していたんだろうけど、これは成功《せいこう》なんだろうねと思《おも》います。

・・・

*1　英語《えいご》の the cream of something（最高《さいこう》の〜）という慣用句《かんようく》より、ここではエリートのという意味《いみ》。

*2　取材《しゅざい》をした時期《じき》がコロナ禍《か》の2021年《ねん》。

大《たい》変《へん》なこと
があっても

“なんとかなるさ！”の精《せい》神《しん》

2

杉本《すぎもと》亜美奈《あみな》さん

fermata 株式会社《かぶしきがいしゃ》CEO／
公衆衛生博士《こうしゅうえいせいはくし》

プロフィール

東京《とうきょう》大学《だいがく》修士号《しゅうしごう》、London School of Hygiene & Tropical Medicine（英《えい》）公衆衛《こうしゅうえい》生博士号《せいはくしごう》取得《しゅとく》。福島第一《ふくしまだいいち》原子力《げんしりょく》発電所《はつでんしょ》事故《じこ》による被災者《ひさいしゃ》の内外《ないがい》被曝《ひばく》及《およ》び健康管理《けんこうかんり》の研究《けんきゅう》を行《おこな》い、東京電力《とうきょうでんりょく》福島原子力《ふくしまげんしりょく》発電所《はつでんしょ》事故《じこ》調査《ちょうさ》委員会《いいんかい》のメンバーでもある。日本《にほん》医療《いりょう》政策《せいさく》機構《きこう》にて、世界《せかい》認知症《にんちしょう》審議会《しんぎかい》の日本《にほん》誘致《ゆうち》を担当《たんとう》。厚生労働省《こうせいろうどうしょう》のヤングプロフェショナルメンバーにも選《えら》ばれ、「グローバル・ヘルスの体制《たいせい》強化《きょうか》伊勢志《いせし》摩《ま》サミット・神戸《こうべ》保健《ほけん》大臣《だいじん》会合《かいごう》への提言書《ていげんしょ》」の執筆《しっぴつ》に関《かか》わる。近年《きんねん》、Mistletoe 株《かぶ》式会社《しきがいしゃ》に参画《さんかく》。また、元《もと》 evernote CEO の Phil Libin 氏《し》が率《ひき》いる AI スタートアップスタジオ All Turtles の元《もと》メンバーでもある。

日本《にほん》の
バックグラウンドを持《も》つ
幼少時代《ようしょうじだい》が
経験《けいけん》できたと思《おも》う。

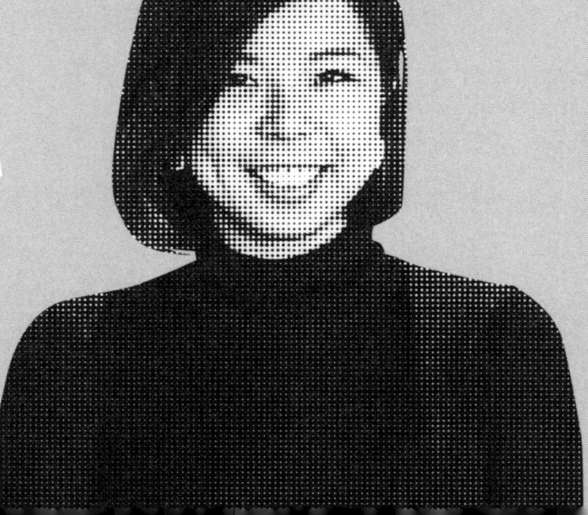

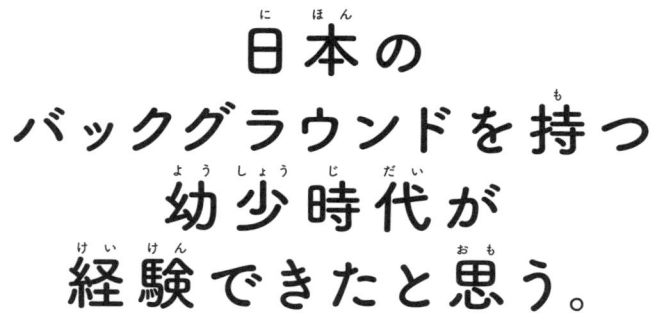

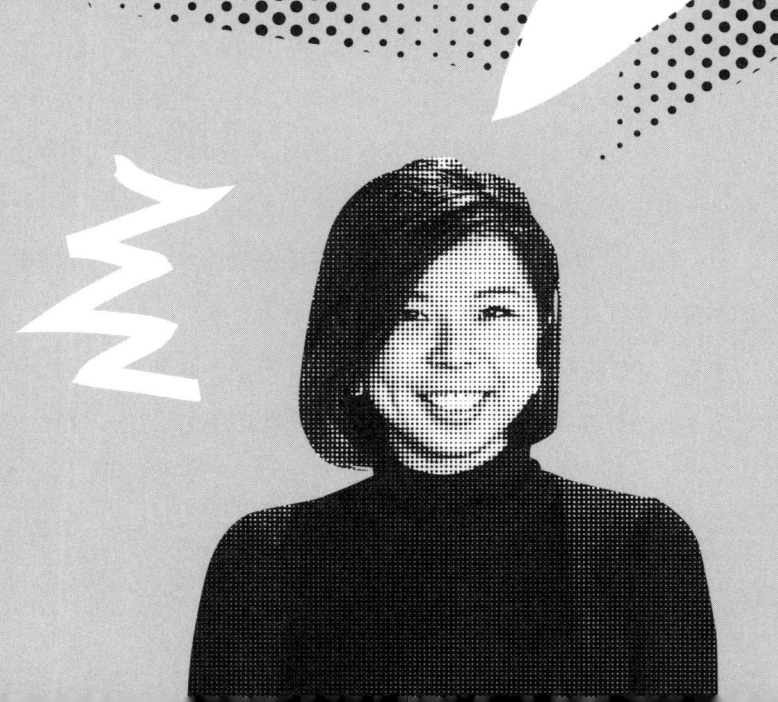

Q

どんな子《こ》ども時代《じだい》でしたか？　どんな子《こ》どもでしたか？

日本《にほん》のバックグラウンドを持《も》つ幼少時代《ようしょうじだい》が経験《けいけん》できたと思《おも》う。

　実《じつ》は私《わたし》、父《ちち》が中華系《ちゅうかけい》マレーシア人《じん》で母《はは》は九州《きゅうしゅう》の福岡出身《ふくおかしゅっしん》です。母《はは》は起業《きぎょう》をして花屋《はなや》さんをやっていて、30代《だい》を超《こ》えはじめて結婚《けっこん》を諦《あきら》めていたんです。でも、あるタイミングで国費留学《こくひりゅうがく》をしていた父《ちち》に出会《であ》って、両親《りょうしん》からはものすごく反対《はんたい》されながら駆《か》け落《お》ち同然《どうぜん》で東京《とうきょう》にきて、結婚《けっこん》して、子《こ》どもが生《う》まれた。それが私《わたし》です。母《はは》は、ある程度《ていど》お金《かね》がある家《いえ》に生《う》まれたのに対《たい》して、父《ちち》は、裕福《ゆうふく》とはいえないマレーシアの田舎《いなか》の出身《しゅっしん》。マレーシアでは、優秀《ゆうしゅう》な子《こ》どもはどんどん国《くに》がお金《かね》をだして、飛《と》び級《きゅう》させて、最終的《さいしゅうてき》には、日本《にほん》かイギリスへの国費留学《こくひりゅうがく》というオプションがあるんです。マレーシアでは、中華系《ちゅうかけい》だとビジネスのイメージがあり、政府関係《せいふかんけい》の仕事《しごと》にはつけないという差別《さべつ》も当時《とうじ》はあったらしく。だったら、見《み》た目《め》が同《おな》じで差別《さべつ》をされない日本《にほん》を選《えら》んできたら日本《にほん》の方《ほう》が差別《さべつ》されて、イギリスの方《ほう》がよかったという笑《わら》い話《ばなし》をよく父《ちち》とするんです。そういう環境《かんきょう》で生《う》まれて、千葉《ちば》と福岡《ふくおか》を行《い》ったり来《き》たりして育《そだ》ちました。父《ちち》がずっと国際開発《こくさいかいはつ》の仕事《しごと》をしていたので、３～４ヶ月海外《げつかいがい》に行《い》っていて、その間《あいだ》は、母《はは》と九州《きゅうしゅう》に。家庭内《かていない》では、父《ちち》が好《す》きな中華系《ちゅうかけい》の料理《りょうり》が出《で》てきたり、マレーシアの人《ひと》が遊《あそ》びにきたり、父《ちち》が電話《でんわ》で英語《えいご》とか中国語《ちゅうごくご》をしゃべったりしていたんですけど、母《はは》はどちらかというとザ・ジャパニーズで、今《いま》でも英語《えいご》をしゃべらないんですよ。家《いえ》の中《なか》では最初《さいしょ》、マンダリン、英語《えいご》、マレー語《ご》、日本語《にほんご》を教《おし》えようとしていたみたいですが、2、3歳《さい》になったときに、私《わたし》が疲《つか》れちゃって突然《とつぜん》、何《なに》も言葉《ことば》を発《はっ》せられなくなり、親《おや》もびっくり。それがきっかけで、いつか海外《かいがい》に連《つ》れ出《だ》すまでは、第一言語《だいいちげんご》とアイデンティティを持《も》たせるのが大事《だいじ》ということで、家庭内《かていない》は全部《ぜんぶ》日本語《にほんご》になったと聞《き》いてます。今《いま》になって、英語《えいご》やマレー語《ご》などを教《おし》えてくれていたらよかったのにとは思《おも》うんですけどね。(笑《わらい》)

アフリカに行《い》くのは嘘《うそ》で、本当《ほんとう》は夜逃《よに》げなのではと。

小《しょう》4か小《しょう》5の10か11歳《さい》のときに、父《ちち》がアイデンティティをつくる期間《きかん》をちゃんと日本《にほん》で過《す》ごしたからと、家族全員《かぞくぜんいん》で東《ひがし》アフリカのタンザニアに移住《いじゅう》することになりました。最近笑《さいきんわら》い話《ばなし》になったのは、当時《とうじ》90年代《ねんだい》の終《お》わりで景気《けいき》がすごく悪《わる》かった時代《じだい》で、「同情《どうじょう》するなら金《かね》をくれ」というドラマがあって「夜逃《よに》げ」という言葉《ことば》が何《なに》かわからないけれど、子《こ》どもたちの間《あいだ》で流行《はや》っていました。父《ちち》は決《き》めたらすぐに動《うご》くタイプなので、いきなり家《いえ》のものが片付《かたづ》けられ大《おお》きなジュラルミンケースに日本食《にほんしょく》などが詰《つ》められた。チケットがヨーロッパ経由《けいゆ》だったので、夜中《よなか》に出《で》て、成田空港《なりたくうこう》のホテルで1泊《ぱく》したんです。私《わたし》は、「絶対《ぜったい》これ夜逃《よに》げだ」と思《おも》って。それで、気《き》づいたら経由地《けいゆち》のスイスにいて、そしてアフリカにいました。外《そと》にでたら、「みんな、黒《くろ》い！」という第一印象《だいいちいんしょう》。黒《こく》人《じん》さんは、見《み》たことはあったんですけどそれはテレビの世界《せかい》だし、１人《ひとり》か２人《ふたり》。でも、ここは全員黒《ぜんいんくろ》かった。そして、変《へん》な話《はなし》、空港《くうこう》で一番先《いちばんさき》に覚《おぼ》えているのは人間《にんげん》の体臭《たいしゅう》。臭《くさ》いのかわからないけど、異様《いよう》な匂《にお》いを初《はじ》めて嗅《か》ぐ。それに対《たい》して何《なに》かというのはないですけど、記憶《きおく》には残《のこ》っています。

半年間《はんとしかん》、家《いえ》から出《で》られない
ホームスクーリング。

タンザニアは、ドドマとダル・エス・サラームという２つの街《まち》があって、アメリカでいうと、前者《ぜんしゃ》がワシントンD.C.で後者《こうしゃ》はニューヨークといった感《かん》じです。父《ちち》が派遣《はけん》されたのは、ドドマ。でも、ワシントンD.C.のはずが何《なに》もなくて、両親《りょうしん》がここの現地校《げんちこう》には入《い》れづらいと判断《はんだん》。そこから車《くるま》で半日《はんにち》か１日《にち》くらいかかるダル・エス・サラームという海側《うみがわ》で一番栄《いちばんさか》えてる都市《とし》に家族《かぞく》で引《ひ》っ越《こ》し、父《ちち》が仕事《しごと》のために行《い》ったり来《き》たりすることになったんです。

日本政府《にほんせいふ》から許可《きょか》がおりるまで半年《はんとし》くらいかかりました。その間私《あいだわたし》たちは、学校《がっこう》に行《い》けない。だから、ホームスクーリングでした。危《あぶ》ないから窓《まど》には鉄格子《てつごうし》があって、家《いえ》の周《まわ》りは壁《かべ》で、外《そと》は自由《じゆう》に歩《ある》けない、ドライバーがいる車社会《くるましゃかい》。そういう生活《せいかつ》にいきなりなった。寝《ね》るときは、マラリアもあって絶対蚊帳《ぜったいかや》が必要《ひつよう》。狂犬《きょうけん》病《びょう》や破傷風《はしょうふう》の危険《きけん》もあったから、ワクチンを打《う》っていてもむやみに動物《どうぶつ》にも触《さわ》れない。さらに、食《た》べ物《もの》が合《あ》わないし、生物《なまもの》は食《た》べられない。お風呂《ふろ》は、膀胱炎《ぼうこうえん》になるといけないので、基本的《きほんてき》にシャワーだけ。シャワーも、泥《どろ》がついていることも。当時《とうじ》はスーパーマーケットも一《ひと》つだけとかそういう世界《せかい》でした。母《はは》の目《め》から見《み》ると、すごく窮屈《きゅうくつ》でストレスがたまっていたようです。子《こ》どもは子《こ》どもなりに過酷《かこく》な世界《せかい》にすぐ慣《な》れて、つらいとは言《い》っていたけれど、親《おや》が思《おも》ってるほどそこまでつらくはなかった。

父《ちち》から「これだけしゃべれたら大丈夫《だいじょうぶ》」と言《い》われた3つの言葉《ことば》。

学校《がっこう》はインターナショナルスクールで、外交官《がいこうかん》か途上国《とじょうこく》の開発《かいはつ》をしている人《ひと》たちの子《こ》どもたちが集《あつ》まっていた。80パーセントが白人《はくじん》、20パーセントがインド系《けい》、黒人《こくじん》はほぼいなかったです。学校《がっこう》の時間《じかん》になると、送《おく》り迎《むか》えの車《くるま》がバーッと並《なら》んで子《こ》どもたちがドロップオフされる。全員《ぜんいん》もちろん、ボディーガードとドライバーがいて、学校《がっこう》の前《まえ》には、銃《じゅう》を持《も》ったガードがいて。そういう人《ひと》たちにも最初《さいしょ》はびっくりしたけれど、「よっ、ジョン！」とすぐになじんだのは覚《おぼ》えています。

だけど、英語《えいご》がしゃべれなかった。初日《しょにち》、学校《がっこう》へ向《む》かう車《くるま》の中《なか》で父《ちち》から3つしゃべれたら大丈夫《だいじょうぶ》だからとHello. Goodbye. Thank you. だけを教《おそ》わりました。こんにちは。さようなら。ありがとう。でも学校《がっこう》に行《い》って、「本当《ほんとう》マジで嘘《うそ》つき！　絶対無理《ぜったいむり》！」と思《おも》いました。それと、1人《ひとり》ケニア育《そだ》ちの日本人《にほんじん》の同級生《どうきゅうせい》の男《おとこ》の子《こ》がいたんですよ。同《おな》じクラスにしてほしかったけれど、父《ちち》が最《さい》初《しょ》の校長先生《こうちょうせんせい》との面談《めんだん》で、その男《おとこ》の子《こ》とは違《ちが》うクラスにしてくれと言《い》ったそう。頼《たよ》っちゃうからです。

学校《がっこう》が好《す》きな人《ひと》だったと思《おも》うんですよ。だけど、全《まった》く言葉《ことば》が通《つう》じない世界《せかい》で、小学校高学年《しょうがっこうこうがくねん》で自《じ》我《が》も出《で》はじめたので、それなりにつらかったです。国語《こくご》（英語《えいご》）の授業《じゅぎょう》は、本《ほん》を与《あた》えられて、授業中《じゅぎょうちゅう》のクラスメイトの朗読《ろうどく》にそって、文章《ぶんしょう》を目《め》でおっているんだけど、気《き》づいたらみんな何《なん》ページも進《すす》んでいてついていけない。もうとにかく時計《とけい》だけずっと見《み》て、「あ、あと10分《ぷん》」みたいに。家《いえ》に帰《かえ》れるから、学校《がっこう》のゲートで、迎《むか》えにきてくれているドライバーの顔《かお》を見《み》るのが嬉《うれ》しかった。

母《はは》のアメ。父《ちち》のムチ。
それが、よかったんです。

泣《な》きつくのはいつも母《はは》でした。父《ちち》はグローバル感覚《かんかく》を持《も》っていたので、「そんなんでへこたれてるんじゃないよ！」と。母《はは》は「わかってあげられなくてごめんね」と言《い》ってくれました。学校《がっこう》で、ザンジバルという島《しま》に2泊《はく》で行《い》く行事《ぎょうじ》があったとき、「3日間《かかん》も行《い》きたくない！」と駄々《だだ》をこねたんです。でも父《ちち》に頑《がん》として「行《い》かないといけない！」とひきずられて船《ふね》に乗《の》せられた。「全《まった》く言語《げんご》が通《つう》じないとかでベソかくな。当《あ》たり前《まえ》だ」と父《ちち》は思《おも》っていたそうです。帰《かえ》ってくると自信《じしん》にはちょっとなりました。お友達《ともだち》ができたんです。

ある日《ひ》、お友達《ともだち》から家《いえ》に電話《でんわ》がかかってきて、わかんないから父《ちち》に電話《でんわ》を渡《わた》しました。お泊《と》まりに来《き》てって言《い》ってるみたいで、もうその時点《じてん》で、私《わたし》にどうするとか聞《き》かないんですよ。イエスと言《い》って、サンキュー、ガチャと。そこでもまた「絶対行《ぜったいい》きたくない！」と駄々《だだ》をこねたら、父《ちち》は「１回《かい》ノーと言《い》ったらもう二度《にど》と誘《さそ》われないよ」。で、母《はは》は「お泊《と》まりだなんて、女《おんな》の子《こ》なんだからダメよ」と言《い》っていたけど、父《ちち》は「インターナショナルスクールという場《ば》で、外交官《がいこうかん》の子《こ》どもたちが集《あつ》まって一緒《いっしょ》にお泊《と》まりをして、その家族《かぞく》ぐるみでお付《つ》き合《あ》いする。そこに、せっかく今《いま》ドアが開《ひら》いたんだから、入《はい》らないなんて」と言《い》い張《は》って、結局《けっきょく》またひきずられていき……そんなところからですかね、徐々《じょじょ》にコミュニティに入《はい》っていったのは。

英語《えいご》でちゃんとコミュニケーションは取《と》れないけれど、みんなが笑《わら》ったらとにかく笑《わら》ってみる。みんながブーイングしていたらブーイングしてみる。けっこう負《ま》けず嫌《ぎら》いな性格《せいかく》ではあったので、学年《がくねん》の中《なか》でちょっとクールなグループのそのお泊《と》まりの子《こ》たちと仲良《なかよ》くなりたくて、その子《こ》たちについて回《まわ》るみたいなことはやっていたと思《おも》う。そしたら、パーティーに呼《よ》ばれたりと、気《き》づいたら楽《たの》しい中学校生活《ちゅうがっこうせいかつ》でした。そして、気《き》づいたらある程度《ていど》しゃべっていたと思《おも》います。

答《こた》えがない中《なか》で、白《しろ》黒《くろ》じゃなくて、グレーなんだと気《き》づく。

アフリカでユニークなところと言《い》えば、絶対的貧困《ぜったいてきひんこん》っていう世《せ》界《かい》があるじゃないですか、家族《かぞく》が１ドル以下《いか》で生活《せいかつ》するとか。ものすごく多感《たかん》な時期《じき》をそこで過《す》ごしたのは、大人《おとな》になってからよかったなと思《おも》います。大人《おとな》でも説明《せつめい》できないような理不尽《りふじん》な現実《げんじつ》世界《せかい》があって、紛争《ふんそう》もあるし、それを見《み》て経験《けいけん》して、答《こた》えがない中《なか》で、グレーであるとメタ認知《にんち》をしながらも、グレーを楽《たの》しむじゃないけれど、グレーも正解《せいかい》なんだという感覚《かんかく》は、その時期《じき》に鍛《きた》えられたような気《き》がします。

露骨《ろこつ》に差別《さべつ》があった世界《せかい》ではありました。学校《がっこう》では楽《たの》しく話《はな》す友達《ともだち》ができても、学校《がっこう》の外《そと》では白人《はくじん》の世界《せかい》なんですよね。ヨットクラブにアイスクリーム屋《や》さんがあって、メンバーの友達《ともだち》とそこに行《い》ったとき、オールインクルーシブなはずなのに私《わたし》が「アイスクリームください」と言《い》っても、アジアの女《おんな》の子《こ》にはくれない。そこで、大人《おとな》か白人《はくじん》の子《こ》を連《つ》れて行《い》ってアイスクリームをもらう。黒人社会《こくじんしゃかい》の中《なか》で、特《とく》に東《ひがし》アフリカは奴隷《どれい》の歴史《れきし》が強《つよ》く残《のこ》っていた地域《ちいき》でもあるので、言葉《ことば》で決《き》まっているわけではないけど、なんとなく、社会《しゃかい》の中《なか》で、当《あ》たり前《まえ》とされるランキングがあった。当《とう》時《じ》は中華系《ちゅうかけい》の人《ひと》たちが入《はい》ってきていて、現地《げんち》の人《ひと》と同《おな》じようなレベルで工事《こうじ》の仕事《しごと》をしていて、東《ひがし》アジア系《けい》の女《おんな》の子《こ》はもうボトムオブザピラミッド、つまり底辺《ていへん》だったんです。それは今話《いまはな》していても、あ、そうだったんだなと思《おも》うけれど、その当時《とうじ》は、それが当《あ》たり前《まえ》だったから、それに対《たい》しては別《べつ》に何《なに》もなかった。

中《ちゅう》3のときに1人《ひとり》で日本《にほん》に帰《かえ》らせて
くれって父《ちち》にお願《ねが》いして。

イギリス発《はつ》のボーディングスクールで、United World Colleges（UWC）という学校《がっこう》があります。私《わたし》のときはネルソン・マンデラが会長《かいちょう》で、今《いま》はヨルダンの王妃《おうひ》かな。第一次世界大戦後《だいいちじせかいたいせんご》にヨーロッパはすごく被害《ひがい》があったから、どうやったら平和《へいわ》が訪《おとず》れるのかをヨーロッパの研究者《けんきゅうしゃ》たちが考《かんが》えたときに、10代《だい》からいろんな国《くに》の子《こ》どもたちを一《ひと》つの屋根《やね》の下《した》で暮《く》らさせたらいいんじゃない？という発想《はっそう》で始《はじ》まった学校《がっこう》。理念的《りねんてき》には「教育《きょういく》が世界平和《せかいへいわ》をつくる」で、当時《とうじ》は、お金持《かねも》ちであっても入《はい》れない。親《おや》のバックグラウンドは関係《かんけい》なくその人《ひと》の素質《そしつ》を見《み》るんです。日本《にほん》は経団連《けいだんれん》に事務局《じむきょく》があって、第一次試験《だいいちじしけん》が国語《こくご》、英語《えいご》、数学《すうがく》、第二次試験《だいにじしけん》が面接《めんせつ》で選抜《せんばつ》される。私《わたし》はその学校《がっこう》にものすごく行《い》きたかった。

当時《とうじ》、父《ちち》からは２つオプションをもらっていました。マレーシアかシンガポールのボーディングスクールに行《い》くか、日本《にほん》の学校《がっこう》に戻《もど》るか。でもアジアに戻《もど》るという想像《そうぞう》が逆《ぎゃく》にできなかった。父《ちち》のオプションに納得《なっとく》がいかず自分《じぶん》で探《さが》してきたのがUWCで、そのイギリス校《こう》に行《い》きたいと。奨学金《しょうがくきん》が必要《ひつよう》だったから経団連《けいだんれん》で受《う》けるしかルートがなく、父《ちち》に中《ちゅう》３のときに１人《ひとり》で日本《にほん》に帰《かえ》らせてくれってお願《ねが》いをしました。その時点《じてん》で、小《しょう》５から中学《ちゅうがく》３年《ねん》まで日本語《にほんご》での勉強《べんきょう》をしてなかったんです。でも、UWCに行《い》くために日本語《にほんご》の国語《こくご》のテストを受《う》けなきゃいけない。そこで、1人《ひとり》だけ日本《にほん》に帰《かえ》って福岡《ふくおか》の西南学院《せいなんがくいん》に通《かよ》い一人暮《ひとりぐ》らしをすることに。だから家《いえ》を出《で》たのが14歳《さい》ですかね。

あっ、私《わたし》いじめられてたんだって初《はじ》めて気《き》づいたんです。

西南学院《せいなんがくいん》は「帰国枠《きこくわく》」で入《はい》りました。人生《じんせい》であんなに勉強《べんきょう》したことはないほど勉強《べんきょう》しました。最初《さいしょ》は、1学年《がくねん》、500人《にん》ぐらいいる学校《がっこう》で成績《せいせき》が下《した》から2番目《ばんめ》だったんですよ。でも1年《ねん》の最後《さいご》はトップ3に入《はい》ったんです。結局運《けっきょくうん》よくUWCに受《う》かってイギリスに行《い》くときに、福岡空港《ふくおかくうこう》にクラスの同級生《どうきゅうせい》がみんな来《き》てくれて色紙《しきし》をもらいました。飛行機《ひこうき》に乗《の》って開《あ》けたら、みんな「最初《さいしょ》はいじめててごめんね」、から始《はじ》まってるんですよ。そのときに、「あっ、私《わたし》いじめられてたんだ」って初《はじ》めて気《き》づいたんです。たぶん最初《さいしょ》はこの子変《こへん》だなあと無視《むし》されていたようで。でも私《わたし》は、何言《なにい》われてるかわからないところにずっといるのは慣《な》れていたし、なんっとも思《おも》わなかったんですよね。そのうち、この子《こ》は何《なに》しても何言《なにい》ってもケロッとしているから、1ヶ月《げつ》ぐらいでみんな呆《あき》れてしまったらしくって。それから仲良《なかよ》くしてくれるようになった。

Q

あなたの逆境《ぎゃっきょう》や困難《こんなん》を乗《の》り越《こ》えるコツは？

自分《じぶん》の強《つよ》みを活《い》かして
楽《たの》しくやるしかない。

UWC に２年間《ねんかん》通《かよ》ったんです。全校生徒《ぜんこうせいと》300人《にん》、１学年《がくねん》150人《にん》でしたが、その６割《わり》はアイビーリーグ、オックスブリッジ[*1]に行《い》くような人《ひと》たち。一番最初《いちばんさいしょ》の授業《じゅぎょう》で、みんな「あなたは自分《じぶん》の国《くに》で何《なん》位《い》だったの？」みたいな会話《かいわ》が始《はじ》まるわけです。私《わたし》３位《い》、２位《い》とか。やばい、私《わたし》なんか日本《にほん》の地方《ちほう》の学校《がっこう》で下《した》から２位《い》だったんですけど、と劣等感《れっとうかん》の塊《かたまり》でした。この人《ひと》たちに言語《げんご》と頭《あたま》では勝《か》てない。私《わたし》の中《なか》の目的《もくてき》は、アフリカにいる時点《じてん》から医者《いしゃ》になりたい、医学部《いがくぶ》に行《い》きたいということでした。絶対的貧困《ぜったいてきひんこん》と、国境《こっきょう》なき医師団《しだん》の現場《げんば》を見《み》ているので、そういう人《ひと》たちと仕事《しごと》をしたいと思《おも》っていました。ある程度《ていど》サバイバル能力《のうりょく》が身《み》に付《つ》いていたので、目標《もくひょう》を達成《たっせい》するためにどうやって目立《めだ》つか、自分《じぶん》の存在《そんざい》を発揮《はっき》できるかを考《かんが》えていました。

ある日校長先生《ひこうちょうせんせい》が、こんな話《はなし》をしてくれました。「この学校《がっこう》をサバイブするために３つの S があります。それが、Study、Sleep、Socialize。勉強《べんきょう》、睡眠《すいみん》、社会活動《しゃかいかつどう》。この３つを全部《ぜんぶ》することはできません。生《い》き残《のこ》りたかったら２つにフォーカスしましょう」。なるほど、私《わたし》は絶対《ぜったい》、Sleep と Socialize しかない。睡眠《すいみん》と社会活《しゃかいかつ》動《どう》。逆《ぎゃく》にそれでいいんだ、と思《おも》いました。学校《がっこう》の中《なか》でクラブのようなダンスホールがあって、そこで音楽《おんがく》を流《なが》すDJの人《ひと》たちとバーをマネージメントする人《ひと》たちがいたんです。このチームは学校《がっこう》のスチューデントコミュニティ（生徒会《せいとかい》）よりも力《ちから》があった。だからとにかくここに入《はい》ろうと思《おも》いました。私《わたし》は音楽関係《おんがくかんけい》じゃないからバーだなと。そのバーのメンバーに選挙《せんきょ》で選《えら》ばれて、チームに入《はい》ったんです。

ちょっとは愚《ぐ》痴《ち》ったり、泣《な》いたり、はけ口《ぐち》は絶《ぜっ》対《たい》に必《ひつ》要《よう》です。

最初《さいしょ》の6ヶ月間《げつかん》ぐらいは記憶《きおく》がないです。たぶんそれぐらいつらかった。でも私《わたし》の中《なか》では、両親《りょうしん》に無理《むり》を言《い》ってまで来《こ》させてもらっているので、崖《がけ》っぷちなんですよ。もう逃《に》げられない。10歳《さい》年上《としうえ》の家族《かぞく》ぐるみで仲良《なかい》いファミリーフレンドがいるんですが、その子《こ》にイギリスから長電話《ながでんわ》して号泣《ごうきゅう》しました。何《なに》についてつらいかもよくわからないぐらいつらかった。つらいのが当《あ》たり前《まえ》だとも思《おも》ったかもしれない。一時的《いちじてき》な感情《かんじょう》のダウンも必要《ひつよう》、でも、そこで立《た》ち止《ど》まるのではなく、そこから学《まな》びを得《え》て、前《まえ》に進《すす》む。だから、ちょっとは愚痴《ぐち》ったり、泣《な》いたり、はけ口《ぐち》は絶対《ぜったい》に必要《ひつよう》です。

楽観的《らっかんてき》でいること。

前《まえ》をちゃんと向《む》く。人《ひと》の目《め》もあんまり気《き》にしないかもしれない。何《なに》をしていたら自分《じぶん》の自己肯定感《じここうていかん》とか自己効力感《じここうりょくかん》が上《あ》がるか、その道《みち》を見《み》つけて、やる。だって勉強《べんきょう》でかなうわけないじゃないですか。各国《かっこく》のトップ2、トップ3、ハーバード首席《しゅせき》で卒業《そつぎょう》する子《こ》がいるわけですよ。周《まわ》りのこうあるべきは全部《ぜんぶ》ぶち壊《こわ》されてきているので、周《まわ》りは気《き》にせずやっていました。自分《じぶん》で、自分《じぶん》のご機嫌《きげん》を取《と》るしかないんです。

Q

大人《おとな》から言《い》われてよかったことやアドバイスは？

私《わたし》は親《おや》や周《まわ》りに
すごく恵《めぐ》まれたと思《おも》います。

人生《じんせい》の中《なか》で心《こころ》に刺《さ》さる言葉《ことば》ってあるじゃないですか。それをちゃんと解釈《かいしゃく》して貯《た》めて大事《だいじ》にしています。たとえば日本《にほん》の高校《こうこう》の恩師《おんし》、ツルミ先生《せんせい》。西南学院《せいなんがくいん》で唯一英語《ゆいいつえいご》がしゃべれた先生《せんせい》で、私《わたし》のいる世界《せかい》もわかってくれていた。その先生《せんせい》が、私《わたし》が学校《がっこう》を１年《ねん》でやめてイギリスに行《い》くと言《い》ったら、「川《かわ》が流《なが》れてるとしたらあみなは川《かわ》の中《なか》に浮《う》いている葉《は》っぱだよ。いろんなとこに行《い》けるけど、どこかにちゃんと種《たね》を植《う》えて、とどまって木《き》として成長《せいちょう》しないと大《おお》きなことは成《な》し遂《と》げられない」と言《い》われました。その言葉《ことば》はずっと頭《あたま》の中《なか》にある。つらいことがあったときに、今《いま》ここにいることを自分《じぶん》の中《なか》で意識的《いしきてき》に受《う》け入《い》れる、理解《りかい》するということをしていました。

それと父《ちち》も貧《まず》しい環境《かんきょう》で育《そだ》ったから、小《ちい》さい頃《ころ》から私《わたし》たちに、「財産《ざいさん》は残《のこ》せないけどちゃんとした教育《きょういく》は残《のこ》す」と言《い》ってくれていました。勉強《べんきょう》しろとは言《い》わなかったけれど、学《まな》びや選択肢《せんたくし》をほしがったときは、全力《ぜんりょく》で応援《おうえん》してくれた。小《ちい》さい頃《ころ》からちょっとした成功体験《せいこうたいけん》を私《わたし》たちにさせてくれたのも大《おお》きいです。たとえば、日本《にほん》に母《はは》と妹《いもうと》と３人《にん》で帰《かえ》ってきたとき。おじいちゃんが体調《たいちょう》が悪《わる》くて母《はは》が残《のこ》らないといけない。でも私《わたし》たちは、学校《がっこう》が始《はじ》まるから帰《かえ》らなきゃいけない。そのときに、タンザニアまで妹《いもうと》と私《わたし》を２人《ふたり》で帰《かえ》らせたんです。福岡《ふくおか》から大阪《おおさか》の空港《くうこう》まで行《い》ってそこからドバイまで行《い》って、ドバイからタンザニアに。中《ちゅう》１と小《しょう》４とかですよ。でもあとから聞《き》くと、一緒《いっしょ》に絶対《ぜったい》ついてくるおじちゃんがいたんですよ。コーヒーとかお菓子《かし》とかジュースを買《か》ってくれたりして。そのおじちゃんが途中《とちゅう》で変《か》わったり、違《ちが》うお姉《ねえ》ちゃんに変《か》わったり。要《よう》は、父《ちち》の同僚《どうりょう》や青年海外協力隊員《せいねんかいがいきょうりょくたいいん》さんに飛行機《ひこうき》のタイミングを合《あ》わせてもらっていた。「はじめてのおつかい」ですよね、もう、完璧《かんぺき》に。ある程度《ていど》、どん底《ぞこ》に落《お》とされるような経験《けいけん》もあるんだけど、ちょっとした成功体験《せいこうたいけん》もさせてくれたんです。

うちの家族《かぞく》は、父《ちち》と母《はは》が違《ちが》う文化《ぶんか》だったからよく家族会議《かぞくかいぎ》をした。

1回《かい》私《わたし》が養子《ようし》をとりたいと言《い》い始《はじ》めたことがあります。アフリカにいたとき、孤児院《こじいん》でボランティアをして現地《げんち》の子《こ》どもたちと友達《ともだち》になった。でも帰《かえ》ると、家《いえ》は比《くら》べ物《もの》にならないぐらい豪邸《ごうてい》なんです。プールもあって、メイドさんもいて、ご飯《はん》が出《で》てきて、きれいな洋服《ようふく》を着《き》られて。そのギャップが、中《ちゅう》1の感覚《かんかく》では受《う》け入《い》れきれなかった。うちには部屋《へや》が余《あま》っていてご飯《はん》もあるし、1人《ひとり》ぐらい孤児院《こじいん》から養子《ようし》をとってもいいんじゃないかと真剣《しんけん》に言《い》っていたんです。妹《いもうと》はリアリスティック、現実的《げんじつてき》な小《しょう》4で、「その子《こ》を日本《にほん》に連《つ》れて帰《かえ》っても黒人《こくじん》さんだから差別《さべつ》にあうよ」と言《い》ったり。で、家族《かぞく》で会議《かいぎ》が開《ひら》かれました。「なんで、マリちゃん（妹《いもうと》）はそう思《おも》うの？」とか、「なんであみなはそんなに孤児《こじ》を受《う》け入《い》れたいと思《おも》ってるの？」のように。当時《とうじ》は、私《わたし》の周《まわ》りの友達《ともだち》も養子《ようし》を受《う》け入《い》れるのが普通《ふつう》の感覚《かんかく》だったんです。でも、いつか日本《にほん》に帰《かえ》るときに、その子《こ》が1人《ひとり》だけ黒人《こくじん》さんで、その現実《げんじつ》にその子《こ》はどう向《む》き合《あ》えばいいのか、向《む》き合《あ》えるのか、家族《かぞく》で話《はな》していました。

Q

自分《じぶん》のアイデンティティについてどうとらえていますか？

めちゃくちゃ アイデンティティクライシスが あったんですよ。

高校《こうこう》3年生《ねんせい》のときに、半分鬱《はんぶんうつ》になった。イギリスの学校《がっこう》の卒業《そつぎょう》が近《ちか》づいていたタイミングでした。2年以上《ねんいじょう》いろんなことがあって、全寮制《ぜんりょうせい》なのでそこが自分《じぶん》の家《いえ》なんですよね。一緒《いっしょ》に過《す》ごした150人《にん》の仲間《なかま》に、卒業《そつぎょう》したらもう一生会《いっしょうあ》えないかもしれない。90ヶ国《こく》ぐらいから来《き》ていたので、また世界中《せかいじゅう》に散《ち》らばる。一緒《いっしょ》のところに戻《もど》る可能性《かのうせい》はゼロに近《ちか》いなと。それと、両親《りょうしん》がそのタイミングでタンザニアを出《で》ることを急《きゅう》に決《き》めたんです。一気《いっき》に自分《じぶん》の帰《かえ》る場所《ばしょ》が無《な》くなった気《き》がしてすごい恐怖《きょうふ》だった。母《はは》や父《ちち》にも当《あ》たっていました。寮《りょう》にいられなくてカウンセラーがいるナーシングルーム（保健室《ほけんしつ》）に1週間閉《しゅうかんと》じ込《こ》められたこともあった。

自分《じぶん》が何者《なにもの》かと言《い》われたら、長《なが》い間日本人《あいだにほんじん》だと思《おも》っていた。

でも日本《にほん》に帰《かえ》って来《き》てから、やっぱり私日本人《わたしにほんじん》じゃないなとは思《おも》う。よく考《かんが》えたら、ジャパニーズと接《せっ》したこともほとんどなかったんですよね。だから逆《ぎゃく》に、日本《にほん》の「こうあるべき」に染《そ》まってない私《わたし》は、やりたい放題《ほうだい》やれる。「あ、あみなさんアフリカで育《そだ》ったもんね」、と意外《いがい》とオーケー。

Q

今《いま》の仕事《しごと》についたきっかけは？

日本《にほん》には、なりゆきで帰《かえ》ってきました。

どこかに一度種《いちどたね》を植《う》えて根《ね》を生《は》やさないと大《おお》きくならないと、高校《こうこう》のときの先生《せんせい》が言《い》った川《かわ》の話《はなし》が大《おお》きい。私《わたし》がイギリスやドイツに行《い》っていたのは、自分《じぶん》と似《に》たような人《ひと》たちがいるそこが居《い》心地《ごこち》がいいから。でもロンドンに残《のこ》ったとしても、今《いま》の私《わたし》がいる東京《とうきょう》よりももっと狭《せま》いエキスパートコミュニティの中《なか》で、外資企《がいしき》業《ぎょう》に勤《つと》めての世界《せかい》だったと思《おも》うんです。そんな世界《せかい》も想像《そうぞう》しつつ、あの当時《とうじ》は、ブレグジットがまず起《お》こり、トランプも起《お》こったんです。[*2] 私《わたし》の周《まわ》りの友達《ともだち》も、どんどんイギリスからベルリンなどに移《うつ》りました。私《わたし》はパスポートが日本《にほん》だし、日本《にほん》に帰《かえ》って来《く》るか、と思《おも》ったのが一《ひと》つ。あとは、ブレグジットが起《お》こったときにコンペティション（競争《きょうそう》）がめっちゃ上《あ》がったんです。ロンドンでアジア系《けい》で英語《えいご》がしゃべれる、PhD（博士号《はくしごう》）を持《も》っている人《ひと》はごまんといる。日本語《にほんご》をしゃべれるのはプラスでもなんでもない。となると、日本企業《にほんきぎょう》のイギリス支社《ししゃ》に勤《つと》めない限《かぎ》り他《ほか》の人《ひと》との違《ちが》いや強《つよ》みを活《い》かせなかった。じゃあそういうところで働《はたら》きたいかというとそうでもなかった。逆《ぎゃく》に、東京《とうきょう》って大都市《だいとし》にもかかわらずそういう人《ひと》たちが少《すく》ないんですよね。圧倒的《あっとうてき》に。だから、自分《じぶん》の培《つちか》ってきた感覚《かんかく》や言語能力《げんごのうりょく》を意外《いがい》と活《い》かせるのは日本《にほん》だった。さっきのサバイバル能力《のうりょく》かもしれません。居心地《いごこち》は悪《わる》くても、なんとかなる。

今《いま》この仕事《しごと》に就《つ》いてることに対《たい》して自分《じぶん》も周《まわ》りもびっくり。

一《ひと》つは、学者《がくしゃ》の世界《せかい》に長《なが》くいたので就職《しゅうしょく》というものが全《まった》く想像《そうぞう》がつかなかった。だから必然的《ひつぜんてき》に個人事業主《こじんじぎょうぬし》で仕事《しごと》をしていた。でも個人事業主《こじんじぎょうぬし》ってコンサルティングみたいなものだから自分《じぶん》の体《からだ》や頭《あたま》が動《うご》かなくなったら収入《しゅうにゅう》がポッて途絶《とだ》えるんです。私《わたし》は長《なが》く大学《だいがく》にいたので、貯金《ちょきん》が全《まった》くなかった。というか借金《しゃっきん》があるからマイナスから始《はじ》まっているんです。個人事業主《こじんじぎょうぬし》は就職《しゅうしょく》するよりも給料《きゅうりょう》は多《おお》いかもしれないけれど、何《なに》か自分《じぶん》の身《み》に起《お》こったときに生活《せいかつ》が立《た》ち行《ゆ》かなくなる。子《こ》どもがほしいとなってもサポートは全《まった》くない。単純《たんじゅん》に、「あ、会社作《かいしゃつく》ってある程度《ていど》リスクをとって最《さい》初《しょ》に頑張《がんば》ったら、時間《じかん》とお金《かね》が手《て》に入《はい》るかも」という短絡的感覚《たんらくてきかんかく》だったんですよ。

私《わたし》は、新《あたら》しいことに興味《きょうみ》を持《も》つと、ビャーっていくタイプ。そのタイミングでたまたまスタートアップというものに出会《であ》ったんです。元々医療関係《もともといりょうかんけい》だったので、その領域《りょういき》からはブレてはいないんですが、テクノロジーの力《ちから》を使《つか》って、女性《じょせい》の健康周《けんこうまわ》りを解決したいと思《おも》ったんです。でも、私はフェミニストでは全《まった》くなく。女《じょ》性《せい》の権利《けんり》とかよくわからなかったんですよ、当時《とうじ》。人種《じんしゅ》とか宗教《しゅうきょう》のヒエラルキーという差別《さべつ》は感《かん》じたことあるけど、性別《せいべつ》での差別《さべつ》はなかった。最後《さいご》は、会社《かいしゃ》を立《た》ち上《あ》げるのが自分《じぶん》の生《い》き方《かた》にマッチしているなと。この3つの感覚《かんかく》だけで立《た》ち上《あ》げました。

Q

次《つぎ》の世代《せだい》へのアドバイスやメッセージをどうぞ。

私《わたし》の最近《さいきん》の口癖《くちぐせ》は、苦労《くろう》したもの勝《が》ち。

絶対《ぜったい》そうじゃないですか？　友達《ともだち》の子《こ》が、幼稚園《ようちえん》Aから幼稚園《ようちえん》Bへ変《か》わっただけでお友達《ともだち》がいなくてかわいそうと言《い》っていましたが、「はあ？」と思《おも》って。ほっときゃいいのよと思《おも》うんです。幼《よう》稚園《ちえん》は、5年後記憶《ねんごきおく》にないからって。でも、その小《ちい》さい頃《ころ》の苦労《くろう》は記憶《きおく》になくても細胞《さいぼう》に何《なに》か刻《きざ》まれていたり、それも忘《わす》れたり。今苦《いまくる》しいと思《おも》っているものがあれば、もうこっちのもんだって私《わたし》は思《おも》う。逆《ぎゃく》にそれがなくては、ハッピーでも何《なに》も感《かん》じない。

感情《かんじょう》の欠落《けつらく》のようなことが日本社会《にほんしゃかい》では起《お》こっていると思《おも》っています。あまりにも守《まも》られて、きれいなところだけ見《み》て育《そだ》った子《こ》たちは、自分《じぶん》がつらい思《おも》いをしていることにも気《き》づかない。逆《ぎゃく》にすごく嬉《うれ》しいことにも気《き》づかない。つらいと思《おも》えないからそれを周《まわ》りにも伝《つた》えられない。自分《じぶん》の中《なか》でどういう感情《かんじょう》があってどういうふうに動《うご》いてるのか、意識的《いしきてき》に向《む》き合《あ》おうともしない。つらいことがいっぱいあると、向《む》き合《あ》わなきゃいけないですよね。それは絶対《ぜったい》マイナスではないと思《おも》うんです。時間《じかん》がかかってもいいから、自分《じぶん》なりにちゃんと整理《せいり》をしていくプロセスは大事《だいじ》だと思《おも》います。特《とく》に日本《にほん》だと、つらさを感《かん》じる子《こ》たちは、周《まわ》りの子《こ》たちが持《も》てない世界《せかい》を見《み》てメタ認知能力《にんちのうりょく》が上《あ》がってると思《おも》えば、将来《しょうらい》の自分《じぶん》は、今《いま》の自分《じぶん》に感謝《かんしゃ》するんじゃないですかね。

ヘビみたいな枝《えだ》と思《おも》うか、枝《えだ》みたいなヘビと思《おも》うか。

世界《せかい》をリードする学校《がっこう》には、脳《のう》のマインドセットの切《き》り替《か》え方《かた》を教《おし》えているところがあります。守《まも》りに入《はい》っている「動物脳《どうぶつのう》」から成長《せいちょう》できる「人間脳《にんげんのう》」に切《き》り替《か》えていくやり方《かた》。たとえば、山《やま》の中《なか》をハイキングしているときに、目《め》の前《まえ》に枝《えだ》が落《お》ちています。その枝《えだ》を見《み》て、ヘビみたいな枝《えだ》と思《おも》うか、枝《えだ》みたいなヘビと思《おも》うか。人間《にんげん》の脳《のう》は、本能的《ほんのうてき》に自分《じぶん》を守《まも》らなきゃいけないから、枝《えだ》みたいなヘビかなと思《おも》うんです。それは、自分《じぶん》の守《まも》りに入《はい》っている。ネガティブ思考《しこう》とか落《お》ち込《こ》むことで、精神的《せいしんてき》に1回自分《かいじぶん》の心《こころ》を守《まも》るために、脳《のう》は動物《どうぶつ》になる。そうなったときに、今動物脳《いまどうぶつのう》が発動《はつどう》してるなとどれだけ気付《きづ》けるか。成長脳《せいちょうのう》、人間《にんげん》の脳《のう》にできるか。この脳《のう》の使《つか》い方《かた》は、性別《せいべつ》で異《こと》なることが、最新《さいしん》の研究《けんきゅう》でわかってきています。たとえば大《おお》きなミーティングで偉《えら》い人《ひと》がいっぱいいる中《なか》で、自分《じぶん》はここにいてもいいのかなと思《おも》う。実際《じっさい》に仕事《しごと》の応募《おうぼ》では、男性《だんせい》は6割《わり》ぐらい自分《じぶん》ができたらもう絶対受《ぜったいう》かると思《おも》っているけれど、女性《じょせい》は120パーセント、150パーセントでも私大丈夫《わたしだいじょうぶ》かなと思《おも》ってしまう。生物学的《せいぶつがくてき》にそういう頭《あたま》の使《つか》い方《かた》の傾向《けいこう》が出《で》ているんです。私《わたし》もときどき、打《う》ち合《あ》わせでこんなところにいてもいいのかなって思《おも》ったとき、あ、動物脳《どうぶつのう》が発動《はつどう》したから、あみな脳《のう》に変《か》えていこうと思《おも》うようにしています。どれだけ脳《のう》のマインドセットを変《か》えられるか。それは練習《れんしゅう》だと思《おも》うんです。昔《むかし》は無意識的《むいしきてき》にやってたけど、今《いま》は、意識的《いしきてき》にやるようになってだいぶ楽《らく》になりました。

・・・

*1　アイビーリーグは、アメリカにあるハーバードなど8つの私立大学《しりつだいがく》の総称《そうしょう》。オックスブリッジとはイギリスにあるオックスフォード大学《だいがく》とケンブリッジ大学《だいがく》のこと。

*2　2020年《ねん》にイギリスが欧州連合《おうしゅうれんごう》（EU）を離脱《りだつ》し、2016年《ねん》のアメリカ大統領選挙《だいとうりょうせんきょ》では共和党《きょうわとう》ドナルド・トランプ氏《し》が当選《とうせん》した。

02

ヘビみたいな枝《えだ》と思《おも》うか

杉本亜美奈さん

02

杉本亜美奈さん

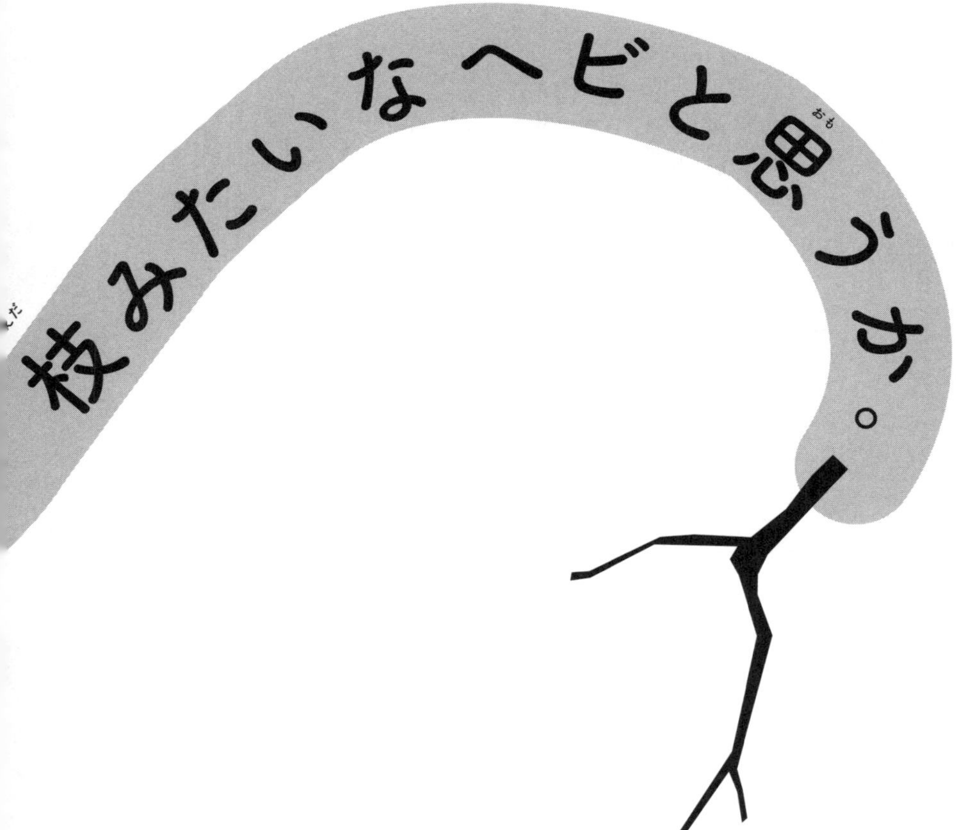

03

趙正美《ちょうちょんみ》さん

ソーシャル・チェンジ・プロデューサー

プロフィール

大手広告代理店《おおてこうこくだいりてん》で戦略《せんりゃく》プランナーとしてグローバルブランドのブランディング業務《ぎょうむ》に従事《じゅうじ》。その後《ご》、世界最大規模《せかいさいだいきぼ》の国際人権《こくさいじんけん》NGOであるHuman Rights Watchにて、日本《にほん》で初《はじ》めての大規模《だいきぼ》な寄付《きふ》を募《つの》るファンドレイザーとなる。2019年《ねん》に米国《べいこく》ニューヨーク本部《ほんぶ》へ異動《いどう》、シニア・クリエーティブ・ディレクターとして団体《だんたい》の外部《がいぶ》コミュニケーションとブランディングを統括《とうかつ》。2022年《ねん》にフリーランスとして独立《どくりつ》、社会変革《しゃかいへんかく》を起《お》こそうとする企業《きぎょう》や個人《こじん》のプロジェクトを専門《せんもん》にプロデュースしている。現在《げんざい》も米国在住《べいこくざいじゅう》。

「なんでも日本人《にほんじん》の
120パーセント
できないとだめ」
という母《はは》の言葉《ことば》。

Q

どんな子《こ》ども時代《じだい》でしたか？　どんな子《こ》どもでしたか？

「なんでも日本人《にほんじん》の120パーセントできないとだめ」という母《はは》の言葉《ことば》。

私《わたし》は東京《とうきょう》の荒川区《あらかわく》生《う》まれ育《そだ》ちで、父《ちち》が在日韓国人《ざいにちかんこくじん》の二世《にせい》、母《はは》が一世《いっせい》で、韓国人《かんこくじん》として生《う》まれました。兄《あに》が２人《ふたり》いて３人兄妹《にんきょうだい》。小学校《しょうがっこう》に上《あ》がるときに母親《ははおや》がどの学校《がっこう》に行《い》かせようかすごい悩《なや》んで、日本《にほん》の国立私立《こくりつしりつ》、インターナショナルスクール、朝鮮学校《ちょうせんがっこう》という三択《さんたく》が頭《あたま》の中《なか》にはあって。私《わたし》は国立小学校《こくりつしょうがっこう》は全部《ぜんぶ》落《お》ちてしまい、インターナショナルスクールと朝鮮学校《ちょうせんがっこう》は、当時《とうじ》、大学入学《だいがくにゅうがく》資格《しかく》がなかったから、日本《にほん》の大学《だいがく》に進学《しんがく》できないということを親《おや》が心配《しんぱい》してやめて、結局《けっきょく》、区立《くりつ》の日本《にほん》の小学校《しょうがっこう》に行《い》くことになりました。荒川区《あらかわく》は当時《とうじ》、東京《とうきょう》の中《なか》では荒《あ》れていたため、母《はは》は私《わたし》を連《つ》れて新宿区《しんじゅくく》に引《ひ》っ越《こ》しまして。それで両親別居《りょうしんべっきょ》の元《もと》、高田馬場《たかだのばば》の小学校《しょうがっこう》に通《かよ》いました。

小学校《しょうがっこう》のとき、すごい成績《せいせき》がよかったんです。母《はは》は私《わたし》が小《ちい》さいときから、「日本人《にほんじん》と同《おな》じだけできても絶対差別《ぜったいさべつ》されて生《い》きていくことになるから、なんでも日本人《にほんじん》の120パーセントできないとダメだ」って言《い》っていた。３年生《ねんせい》ぐらいのとき、私《わたし》は勉強《べんきょう》もピアノも運動《うんどう》もすべて普通《ふつう》の人《ひと》より120パーセントぐらいできたんですね。それが逆《ぎゃく》にみんなから反感《はんかん》を買《か》うことになった。私《わたし》も、少《すこ》し鼻《はな》持《も》ちならない部分《ぶぶん》もあったんだと今《いま》振《ふ》り返《かえ》れば思《おも》うんですが。「あいついい気《き》になってる。韓国人《かんこくじん》のくせに」って言《い》われるようになり、すごくいじめられたんです。自分《じぶん》VSクラス全員《ぜんいん》みたいな。1人《ひとり》、力《ちから》のある女子《じょし》の児童《じどう》がクラスにいて、彼女《かのじょ》が「あいつのこと無視《むし》しようぜ」と。みんな、自分《じぶん》も被害者《ひがいしゃ》になりたくないから加担《かたん》する。韓国人《かんこくじん》だから国《くに》に帰《かえ》れとかキムチ臭《くさ》いとかよく言《い》われたり、上履《うわば》きがなくなるとか、机《つくえ》がないとか椅子《いす》がないとか、机《つくえ》の上《うえ》が黒板消《こくばんけ》しでバンバン叩《たた》かれて真《ま》っ白《しろ》になったりとか、持《も》ち物《もの》に落書《らくが》きされたりとかは日常茶飯事的《にちじょうさはんじてき》に起《お》きていました。蹴《け》られるとか、フィジカルな暴力《ぼうりょく》をたまに男子《だんし》から受《う》けたことも。それが卒業《そつぎょう》するまで3年《ねん》ぐらい続《つづ》きました。

韓国人《かんこくじん》であることは恥《は》じることは何一《なにひと》つないんだから、頭《あたま》を高《たか》く上《あ》げて学校《がっこう》に行《い》き続《つづ》けなさい。

あるとき、母親《ははおや》に言《い》ったんです。「もう私学校《わたしがっこう》に行《い》きたくないです」と。母《はは》は、「あなたは悪《わる》いことは何一《なにひと》つしてないと自分《じぶん》の胸《むね》に手《て》を当《あ》てて言《い》えるのであれば、恥《は》じ入《い》ることは何一《なにひと》つない。そこで休《やす》むとか転校《てんこう》するのは、いわれがない理由《りゆう》でいじめてる人《ひと》に屈《くっ》することになるからそれはダメだ。とにかく頭《あたま》を上《あ》げて学校《がっこう》行《い》け」って言《い》いました。絶望的《ぜつぼうてき》な気持《きも》ちになりつつも、登下校《とうげこう》の時《じ》間《かん》は暴力《ぼうりょく》にあわないよう母《はは》は付《つ》き添《そ》ってくれた。フルタイムで働《はたら》いていたので、今思《いまおも》えば大変《たいへん》な苦労《くろう》だったんだろうなってありがたく思《おも》います。

　あまりに酷《ひど》くいじめられていたので、自殺《じさつ》を考《かんが》えたこともありました。韓国人《かんこくじん》であるだけでなぜこんな目《め》にあわなきゃいけないのか理解《りかい》ができませんでした。でも、塾《じゅく》の友達《ともだち》が心《こころ》の支《ささ》えになりました。みんな違《ちが》う小学校《しょうがっこう》から来《き》ていたし、塾《じゅく》は成績順《せいせきじゅん》が絶対《ぜったい》。私は成績《せいせき》がけっこうよかったのと、自分《じぶん》の小学校《しょうがっこう》でどういう扱《あつか》いを受《う》けてるかを知《し》っている人《ひと》がほとんどいなかったので、塾《じゅく》では人気《にんき》があった。お友達《ともだち》もできました。最終的《さいしゅうてき》にはその友達《ともだち》の助《たす》けでなんとか小学校時代《しょうがっこうじだい》を終《お》えられたって感《かん》じです。

受験《じゅけん》に成功《せいこう》して中学《ちゅうがく》で私立《しりつ》に上《あ》がらないと死《し》ぬと思《おも》い、必死《ひっし》で勉強《べんきょう》したんです。

　同《おな》じ人達《ひとたち》と区立《くりつ》の中学《ちゅうがく》に行《い》っちゃうのはやばいと必死《ひっし》で勉強《べんきょう》し、千代田区《ちよだく》にある女子学院《じょしがくいん》という私立《しりつ》の中高一貫《ちゅうこういっかん》の女子校《じょしこう》に行《い》きました。偏差値《へんさち》が高《たか》い学校《がっこう》で、韓国人《かんこくじん》だからといじめる人《ひと》はいなかった。学年《がくねん》が250人《にん》ぐらいいて、自分《じぶん》の成績《せいせき》は下《した》から数《かぞ》えた方《ほう》が早《はや》い。そんなふうに、大半《たいはん》の人達《ひとたち》が自分《じぶん》より頭《あたま》がよい状態《じょうたい》が衝撃的《しょうげきてき》でした。地元《じもと》の学校《がっこう》ではいつも１番《ばん》と言《い》われていたから。それですっかり勉強《べんきょう》する気《き》を失《うしな》いました。親《おや》も、大学受験《だいがくじゅけん》までまだ時間《じかん》があるから中学《ちゅうがく》ぐらいのんびりしてもいいんじゃないとなって、ほとんど勉強《べんきょう》しなかった。本《ほん》をたくさん読《よ》んだり、テニス部《ぶ》に入《はい》って一生懸命《いっしょうけんめい》テニスをやったり。中学《ちゅうがく》３年《ねん》の夏休《なつやす》みに、２ヶ月《げつ》アメリカの大学《だいがく》の語学学校《ごがくがっこう》に親《おや》の勧《すす》めで参加《さんか》しました。そこが意外《いがい》と楽《たの》しくて、英語《えいご》に目覚《めざ》める体験《たいけん》になりました。

高校《こうこう》に上《あ》がるときに、本格的《ほんかくてき》に英語《えいご》ができるようになりたい、もうちょっと刺激《しげき》があるところに身《み》を置《お》きたいなと思《おも》うようになり、アメリカに１年交換留学《ねんこうかんりゅうがく》に行《い》こうと勝手《かって》に決《き》めました。あまり裕福《ゆうふく》な家《いえ》ではなかったので、お金《かね》がないからと断《ことわ》られるんだろうなと思《おも》い、満額《まんがく》で奨学金《しょうがくきん》を出《だ》してくれるところの試験《しけん》を自分《じぶん》で受《う》けました。試験《しけん》に受《う》かり、親《おや》に「実《じつ》は１年《ねん》アメリカに留学《りゅうがく》したいけど、満額奨学金《まんがくしょうがくきん》くれるところに受《う》かったから行《い》っていいですか」と言《い》ったら、「行《い》って来《き》なさいよ」と。親《おや》は、若《わか》いときに戦争《せんそう》を２つ経験《けいけん》しているので、留学《りゅうがく》の夢《ゆめ》を果《は》たせなかった。あなたはもし今《いま》行《い》けるんだったら行《い》きなさいと背中《せなか》を押《お》してくれました。

アメリカに行《い》く直前《ちょくぜん》、外交官《がいこうかん》になりたいという夢《ゆめ》が見《み》つかった。

いろんな国《くに》に行《い》くことや交渉《こうしょう》するのが好《す》きでした。調《しら》べていたら、日本《にほん》の国《くに》で外交官《がいこうかん》になるには、日本国籍《にほんこくせき》がないとだめだと知《し》りました。その国《くに》を代表《だいひょう》して交渉《こうしょう》するわけなのだから、当《あ》たり前《まえ》ですよね。私《わたし》は日本国籍《にほんこくせき》を持《も》っていないんです。かつ両親《りょうしん》が韓国《かんこく》の民主化運動《みんしゅかうんどう》に積極的《せっきょくてき》に関与《かんよ》していたので、日本国籍《にほんこくせき》に帰化《きか》することに反対《はんたい》だったんです。「外交官《がいこうかん》になるために日本人《にほんじん》に帰化《きか》します」とは、怖《こわ》くて口《くち》が裂《さ》けても言《い》えなかった。やっぱり国籍《こくせき》のことで邪魔《じゃま》されちゃうんだなと思《おも》いました。それなら国連職員《こくれんしょくいん》はどうだろうと思《おも》いました。国連職員《こくれんしょくいん》は、何人《なにじん》でもなれるということがわかり、英語《えいご》を勉強《べんきょう》してゆくゆくは国連《こくれん》で働《はたら》けたらいいなと思《おも》うようになりました。

事《じ》実《じつ》上《じょう》難《なん》民《みん》状《じょう》態《たい》だったんですよね。パスポートを持《も》たずにアメリカに留《りゅう》学《がく》したんです。

特殊《とくしゅ》な事情《じじょう》なんですけど、両親《りょうしん》が民主化運動《みんしゅかうんどう》に積極的《せっきょくてき》に参与《さんよ》していたおかげで、家族全員《かぞくぜんいん》が韓国政府《かんこくせいふ》からパスポートの発給《はっきゅう》を拒《きょ》否《ひ》されていました。事実上政治難民《じじつじょうせいじなんみん》だったんです。それを知《し》ったのは中学《ちゅうがく》３年生《ねんせい》のとき。難民《なんみん》って私《わたし》の中《なか》では当時《とうじ》カンボジアとかから来《く》るボートピープルの人《ひと》のイメージが強《つよ》かった。命《いのち》からがら逃《に》げて来《き》た人《ひと》というイメージです。私《わたし》、東京《とうきょう》で一軒家《いっけんや》に住《す》んで私《し》立《りつ》の中学校《ちゅうがっこう》に行《い》っているのにそれでも難民《なんみん》になっちゃうんだなあって。じゃあ難民《なんみん》ってどんな人《ひと》なのかを調《しら》べてみたら、思想《しそう》とか宗教《しゅうきょう》とか、いろんな理由《りゆう》で政府《せいふ》から不当《ふとう》に迫害《はくがい》される人《ひと》が、危《あぶ》なくてその国《くに》にいられなくなってよその国《くに》に移《うつ》り、よその国《くに》で保護《ほご》されている状態《じょうたい》。私達《わたしたち》は別《べつ》に韓国《かんこく》から逃《に》げてきたわけではなくて、元々《もともと》日本《にほん》にいながらにして両親《りょうしん》が活動《かつどう》を始《はじ》めたんです。でも、韓国政府《かんこくせいふ》からこの人達《ひとたち》は危険《きけん》な人物《じんぶつ》であると認定《にんてい》されたがために、私達子《わたしたちこ》ども達《たち》もパスポートを出《だ》してもらえなかった。アメリカに短期留学《たんきりゅうがく》したときも、１年交換留学《ねんこうかんりゅうがく》に行《い》ったときも、パスポートを持《も》たずに行《い》ったんです。

アメリカでは、アジア人《じん》は見分《みわ》けがつかないんだ。

高《こう》1の夏《なつ》から1年《ねん》、アメリカのオレゴン州《しゅう》の公立高校《こうりつこうこう》に留学《りゅうがく》しました。そこはアジア人《じん》を見《み》たのが10年《ねん》ぶりというくらい山奥《やまおく》の、人口《じんこう》が1500人《にん》ぐらいの村《むら》でした。その村《むら》の人達《ひとたち》から見《み》たら、私《わたし》が中国人《ちゅうごくじん》だか日本人《にほんじん》だか韓国人《かんこくじん》だかさっぱり見分《みわ》けがつかないんですよね。日本《にほん》に韓国人《かんこくじん》として住《す》んでいるといじめを受《う》けるほどの差別対象《さべつたいしょう》となる事象《じしょう》が、アメリカにはその差異《さい》すらわからない人々《ひとびと》が存在《そんざい》する。「どこかの常識《じょうしき》はどこかの非常識《ひじょうしき》」じゃないですが、パースペクティブがかわるんだなあと思《おも》って、気《き》が楽《らく》になったんです。

自分《じぶん》の出自《しゅつじ》について、「私はコリアンの両親《りょうしん》から生《う》まれて日本《にほん》で育《そだ》っているから両方《りょうほう》のカルチャーがあるよ」ってアメリカ人《じん》に言《い》うと、「でも日本《にほん》で生《う》まれてるから日本人《にほんじん》なんじゃないの？」と言《い》われる。「アメリカは生《う》まれるだけで国籍《こくせき》がもらえるけれども、日本《にほん》は生《う》まれるだけじゃ国籍《こくせき》がもらえない」と言《い》うと、「そうなんだ。でも生《う》まれて育《そだ》ってたらもう日本人《にほんじん》だよね」って言《い》われるわけです。私《わたし》の中《なか》でそれは違《ちが》うなって感《かん》じます。でもそれ以上《いじょう》、説明《せつめい》ができない。アメリカ人《じん》から見《み》たら正直《しょうじき》どっちでもいい。ほっとするというか、新《あたら》しい気《き》づきを得《え》た感《かん》じでしたね。

どっちからもお断《ことわ》りされてるんだなってよくわかって。

韓国政府《かんこくせいふ》からパスポートをもらったのは、高校《こうこう》を卒業《そつぎょう》したとき。韓国《かんこく》に初《はじ》めて行《い》ったのも18歳《さい》のときでした。日本側《にほんがわ》から受《う》け入《い》れられていないのは小学校《しょうがっこう》のときに散々思《さんざんおも》い知《し》った。でも、韓《かん》国《こく》に行《い》ったときに、向《む》こうでも歓迎《かんげい》されてないことを思《おも》い知《し》りました。韓国《かんこく》の中《なか》には、在日韓国人差別《ざいにちかんこくじんさべつ》というのがあります。在日《ざいにち》韓国人《かんこくじん》って、私《わたし》の祖父《そふ》みたいに、戦争中《せんそうちゅう》、もしくは戦争前《せんそうまえ》に日本《にほん》に来《き》て終戦《しゅうせん》のときに帰国《きこく》できずに日本国内《にほんこくない》に残《のこ》った人《ひと》が大半《たいはん》です。でも戦後《せんご》、日本《にほん》は高度経済成長《こうどけいざいせいちょう》で急《きゅう》に復活《ふっかつ》した。しかも朝鮮《ちょうせん》戦争《せんそう》をバネにして復活《ふっかつ》をした。韓国《かんこく》の人達《ひとたち》は、終戦《しゅうせん》の後大変《あとたいへん》だったわけです。第二次世界大戦《だいにじせかいたいせん》が終《お》わったあと、もう１回《かい》また朝鮮《ちょうせん》戦争《せんそう》があり、アメリカとソ連《れん》の企《たくら》みのせいで国《くに》を２つに分断《ぶんだん》されてしまった。そのあと復興《ふっこう》もままならなくて貧《まず》しい時代《じだい》が長《なが》かった。だから、「お前《まえ》ら日本《にほん》で金持《かねも》ちになっただろう」という妬《ねた》みが韓国本土《かんこくほんど》の人達《ひとたち》から在日《ざいにち》に対《たい》してあります。韓国《かんこく》の人《ひと》も在日《ざいにち》の人《ひと》を好《す》いていないんですよね。

かつ、韓国《かんこく》の人《ひと》は日本《にほん》の植民地統治下《しょくみんちとうちか》で日本語《にほんご》を学校《がっこう》で強要《きょうよう》されていたので、母語《ぼご》を奪《うば》われたことに対《たい》する恨《うら》みがあり、韓国語《かんこくご》への執着《しゅうちゃく》が強《つよ》い。「言葉《ことば》イコール国《くに》の魂《たましい》」のように。私《わたし》みたいに韓《かん》国語《こくご》がしゃべれないのは国民《こくみん》の恥《はじ》と怒《おこ》られる。両親《りょうしん》が家《いえ》で日本語《にほんご》でしゃべっていたのには、両親《りょうしん》なりの理由《りゆう》がありました。韓国語《かんこくご》でしゃべっていたら、私《わたし》の日本語《にほんご》に韓国語《かんこくご》のなまりがつくかもしれない。そうしたら小学校《しょうがっこう》でいじめられるだろうって心配《しんぱい》して、日本語《にほんご》をしゃべることにしたようでした。親《おや》の子《こ》どもに対《たい》する気《き》遣《づか》いだったのです。

自《じ》分《ぶん》自《じ》身《しん》のアイデンティティの問《もん》題《だい》を解《かい》決《けつ》するまではアメリカには出《だ》せない。

　中学《ちゅうがく》3年《ねん》から高校《こうこう》にかけて、私《わたし》の中《なか》でアイデンティティの拠《よ》り所《どころ》がないということを、大《おお》きな問題《もんだい》としてずーっと抱《かか》えていた。そんなときに、アメリカの高校《こうこう》に行《い》ってあまりに水《みず》が合《あ》ったんです。私《わたし》が住《す》むべきはここなんだと実感《じっかん》しました。そのままアメリカで高校《こうこう》を出《で》てアメリカの大学《だいがく》に進学《しんがく》したいと言《い》ったら、父親《ちちおや》はそれは絶対《ぜったい》にだめだと言《い》いました。「あなたは自分《じぶん》のアイデンティティの問題《もんだい》でどっちつかずだって悩《なや》んでいて、今《いま》アメリカに行《い》くとアメリカ人《じん》になれるっていうところに逃《に》げようとしている。それをやってしまうと一生《いっしょう》あなたのアイデンティティの問題《もんだい》は解《かい》決《けつ》されないまま、大《おお》きな悩《なや》みとして残《のこ》り続《つづ》ける。それをあなたに負《お》わせたくない。だからその問題《もんだい》を解決《かいけつ》するまではアメリカには出《だ》せない。それが解決《かいけつ》した暁《あかつき》には、好《す》きなだけアメリカに行《い》けばいい。ただ、逃《に》げるためにアメリカに行《い》くんだったらそれは絶対《ぜったい》にさせられない。僕《ぼく》はお金《かね》を出《だ》しません」って言《い》われました。さすがにアメリカの大学《だいがく》に行《い》くほどのお金《かね》を自分《じぶん》のバイトで稼《かせ》げるとも思《おも》えなかったので、日本《にほん》で高校《こうこう》を出《で》て大学《だいがく》に行《い》くということでまぁ合意《ごうい》せざるを得《え》ませんでした。だけど、そのとき私《わたし》は、

「あ、バレた」って思《おも》ったんです。うちの父《ちち》は私《わたし》がそのことで悩《なや》んでいたことをお見通《みとお》しで。

Q
自分《じぶん》のアイデンティティについてどうとらえていますか？

自分《じぶん》は、「在日韓国人《ざいにちかんこくじん》」っていう少数民族《しょうすうみんぞく》なんだ。

ようやく自分《じぶん》の中《なか》で、アイデンティティについての平和《へいわ》にたどり着《つ》いたのは、大学《だいがく》に入《はい》る直前《ちょくぜん》。「在日韓国人《ざいにちかんこくじん》っていう少数民族《しょうすうみんぞく》なんだ」と、腑《ふ》に落《お》ちる考《かんが》え方《かた》を見出《みいだ》しました。私達《わたしたち》は少数民族《しょうすうみんぞく》で日本《にほん》に住《す》んでいて、でも韓国語《かんこくご》を話《はな》したり韓国《かんこく》の食《た》べ物《もの》を食《た》べたり、文化的《ぶんかてき》には韓国《かんこく》とか朝鮮《ちょうせん》のルーツを持《も》っている。当時《とうじ》はまだ70万人《まんにん》ぐらい在日韓国人《ざいにちかんこくじん》・朝鮮人《ちょうせんじん》が日本《にほん》にいたから、その規模《きぼ》の少数民族《しょうすうみんぞく》の１人《ひとり》で、日本人《にほんじん》とも韓国人《かんこくじん》とも違《ちが》う民族《みんぞく》なんだと自分《じぶん》の中《なか》で納得《なっとく》しました。だからパスポートと自分《じぶん》の民族的《みんぞくてき》アイデンティティが一致《いっち》しなくていい。韓国語《かんこくご》がしゃべれないことも恥《は》じなくていいし、韓国料理《かんこくりょうり》が好きなことを卑下《ひげ》する必要《ひつよう》もない。ようやく落《お》ち着《つ》いた感《かん》じがありました。

私《わたし》がラッキーだったのは、在日韓国《ざいにちかんこく》・朝鮮人《ちょうせんじん》は人数《にんずう》がけっこうたくさんいること。今《いま》は多《おお》くの人《ひと》が日本国籍《にほんこくせき》に帰化《きか》しているから44万人《まんにん》くらいしかいないと思《おも》うけれど、親世代《おやせだい》は60万人《まんにん》いました。さらに、荒川区《あらかわく》って在日韓国《ざいにちかんこく》・朝鮮人《ちょうせんじん》の密集《みっしゅう》エリアだったから、周《まわ》りに同《おな》じ境遇《きょうぐう》の人《ひと》がたくさんいて、連帯《れんたい》することが簡単《かんたん》だった。みんなでよく悩《なや》みを話《はな》し合《あ》ってもいました。

チョウチョンミ１本《ぽん》でいきます！

高校《こうこう》まではチョウマサミという名前《なまえ》で学校《がっこう》に行《い》っていたんですけど、大学《だいがく》に進学《しんがく》するとき、完全韓国語読《かんぜんかんこくごよ》みのチョウチョンミに変《か》えたんですよね。それは、パスポートと名前《なまえ》が違《ちが》うという問題《もんだい》もあったんですが、自分《じぶん》の中《なか》でチョウチョンミって名乗《なの》ることが嫌《いや》じゃなくなったから。当時《とうじ》、在日《ざいにち》の人《ひと》で本名《ほんみょう》で日本《にほん》の学校《がっこう》に通《かよ》っている人《ひと》ってほとんどいなかった。みんな通名《つうめい》。在日韓国人《ざいにちかんこくじん》はみんな通名《つうめい》を持《も》ってるんですよね。植民地時代《しょくみんちじだい》に創氏改名《そうしかいめい》といって、韓国《かんこく》の名字《みょうじ》は名乗《なの》ってはなりません、と全員適当《ぜんいんてきとう》な日本《にほん》の名《みょう》字《じ》をつけさせられた。だけど、日本社会《にほんしゃかい》の中《なか》であまりに差別《さべつ》されるから、今《いま》でも通名《つうめい》で学校《がっこう》に行《い》ってる人《ひと》とか世《よ》の中《なか》に出《で》ている人《ひと》が多数《たすう》います。

公立《こうりつ》の小学校《しょうがっこう》に行《い》くときに、親《おや》は通名《つうめい》に大反対《だいはんたい》でした。韓国人《かんこくじん》であることに誇《ほこ》りを持《も》つ両親《りょうしん》だから「趙《ちょう》に決《き》まってるでしょ」と。ただ、チョンミは人々《ひとびと》が呼《よ》びにく過《す》ぎると思《おも》ったのか、下《した》の名前《なまえ》だけ日本語読《にほんごよ》みの正美《まさみ》にした。その折衷案《せっちゅうあん》な名前《なまえ》で登録《とうろく》されてしまい、私はチョウマサミのまま高校《こうこう》３年《ねん》までやってきたんです。そこもすごく納得《なっとく》がいかなかった。名前《なまえ》を統一《とういつ》したら、わだかまりが消《き》えたというか、もう私はそういう少数民族《しょうすうみんぞく》だからと納得《なっとく》できた。そこに平和《へいわ》を見出《みいだ》したんです。

Q

あなたの逆境《ぎゃっきょう》や困難《こんなん》を乗《の》り越《こ》えるコツは？

切《き》り離《はな》す癖《くせ》と、見返《みかえ》してやるという想《おも》い。

いじめてくる人《ひと》と毎日学校《まいにちがっこう》で顔《かお》を合《あ》わせなきゃいけない。つらいです。心《こころ》は傷《きず》つくので。この人《ひと》は私《わたし》にとってなんの意味《いみ》もない人《ひと》だって思《おも》い込《こ》むことによって、切《き》り離《はな》してやり過《す》ごしたことが多《おお》かった気《き》がします。でも正直《しょうじき》、それはよい対処《たいしょ》の仕方《しかた》ではなかったと、今《いま》となっては思《おも》っています。じゃあどういう対処《たいしょ》の仕方《しかた》があったのかさっぱりわからないんですが。

あとは、絶対《ぜったい》に見返《みかえ》してやると思《おも》っていました。「韓国人《かんこくじん》のくせに」って言《い》われることが多《おお》かった。「その韓国人《かんこくじん》に負《ま》けたお前《まえ》の方《ほう》がバーカじゃないの」って絶対《ぜったい》に言《い》ってやりたかった。親《おや》のプレッシャーもあったけれど、いい学校《がっこう》を出《で》てかつ名《な》のある会社《かいしゃ》に入《はい》ったのには、裏《うら》に自分《じぶん》の頑張《がんば》りもあるけれど、いつかその人達《ひとたち》を見返《みかえ》したいという気持《きも》ちも絶対《ぜったい》にあった気《き》がします。そこで負《ま》けてたまるか、のように。当時《とうじ》は、自分《じぶん》もそういうエリートコースを歩《あゆ》むことにすごい執着《しゅうちゃく》があったなと思《おも》います。見返《みかえ》してやりたい。しかも本名《ほんみょう》で。当時《とうじ》、本名《ほんみょう》で日本《にほん》の大企業《だいきぎょう》に勤《つと》めて活躍《かつやく》している人《ひと》はいなかった。ロールモデルがなかった。日本《にほん》の大企業《だいきぎょう》に入《はい》れても通名《つうめい》で働《はたら》くようにと言《い》われていたからです。キムさんとかリーさんとか、そういう名前《なまえ》で人《ひと》の目《め》に触《ふ》れるような仕事《しごと》をしてる人《ひと》はあんまりいなかった。私《わたし》の周《まわ》りもほとんどみんな焼肉屋《やきにくや》さんとかパチンコ屋《や》さんでした。

酷《ひど》い目《め》にあわない環境《かんきょう》を意識的《いしきてき》に選《えら》んで生《い》き延《の》びる。

日本《にほん》では、違《ちが》っていることはいいこととされない。だから、酷《ひど》い目《め》にあわない環境《かんきょう》を意識的《いしきてき》に選《えら》んで生《い》き延《の》びてきたところがあります。女子学院《じょしがくいん》は間違《まちが》いなくそうで、へんてこな人《ひと》ばっかりの学校《がっこう》だから、ちょっとぐらいへんてこでも目立《めだ》たない、誰《だれ》も気《き》にしていない居心地《いごこち》の良《よ》さがありました。大学《だいがく》も変《か》わった人《ひと》が多《おお》いところにしようと思《おも》いました。ちゃんと勉強《べんきょう》ができるところがよかったので、SFC（慶應義塾大学湘南藤沢《けいおうぎじゅくだいがくしょうなんふじさわ》キャンパス）かICU（国際基督教大学《こくさいきりすときょうだいがく》）だと思《おも》ってSFCに行《い》きました。SFCは、変《か》わった人《ひと》が先生《せんせい》を含《ふく》めてポコポコいました。だから私《わたし》はSFCはとても居心地《いごこち》がよかったです。私《わたし》は人《ひと》と違《ちが》っているので、そういう人《ひと》ばっかりが集《あつ》まるところに身《み》を置《お》いていくのがよい。変《か》わっていれば、変《か》わっているほど褒《ほ》められるような場所《ばしょ》。人《ひと》の思《おも》いつけないことをたくさん思《おも》いつけた人《ひと》の方《ほう》が優秀《ゆうしゅう》という環境《かんきょう》の中《なか》に意図的《いとてき》に身《み》を置《お》いて、日本《にほん》の中《なか》で画一的《かくいつてき》な社会《しゃかい》をできるだけ避《さ》けて歩《ある》いてきた。それが最終的《さいしゅうてき》に自信《じしん》を育《はぐく》んでくれたのかもしれない。

「人《ひと》と違《ちが》ってますけど何《なに》か？」と肩肘《かたひじ》張《は》っていないとやっていかれない厳《きび》しさをずっと感《かん》じていました。その鎧《よろい》を下《お》ろせなかったんです、怖《こわ》くて。どうしても戦《たたか》っている感《かん》じになってしまう。それは本当《ほんとう》の意味《いみ》での自信《じしん》じゃない。そうやってブラフ（はったり）をかましていないと存在《そんざい》することができない恐怖感《きょうふかん》に近《ちか》い。最近《さいきん》になって鎧《よろい》を脱《ぬ》げたのは、年齢《ねんれい》もあるし、キャリアを重《かさ》ねてきて自分《じぶん》がこういうことができると自分《じぶん》で理解《りかい》ができるようになったからだと思《おも》います。

Q

大人《おとな》から言《い》われてよかったことやアドバイスは？
逆《ぎゃく》によくなかったことは？

It's not good or bad. But it's just different. それは、いいとか悪《わる》いとかじゃなくて、ただ違《ちが》うんだよ。

交換留学《こうかんりゅうがく》に行《い》く前《まえ》に、今《いま》から1年間《ねんかん》アメリカで暮《く》らすにあたっての心構《こころがま》えとして、絶対《ぜったい》にこれだけは忘《わす》れないでほしいと引率《いんそつ》の先生《せんせい》が言《い》った言葉《ことば》です。"It's not good or bad. But it's just different." それはいいとか悪《わる》いとかではない、ただ違《ちが》うだけだよ。いろんな見《み》たことのないことに遭遇《そうぐう》するでしょう、と。たとえば靴《くつ》をはいたままベッドに寝《ね》っ転《ころ》がるホストブラザーがいるかもしれない。それは、日本《にほん》で育《そだ》ったあなた達《たち》から見《み》ると生理的嫌悪感《せいりてきけんおかん》が湧《わ》くかもしれないけれど、アメリカ人《じん》にしてみれば当《あ》たり前《まえ》のことで、彼《かれ》らは汚《きたな》いと思《おも》ってないんです、と。だから、それはいいとか悪《わる》いとかではなく、ただ違《ちが》うんだっていうふうに思《おも》う必要《ひつよう》があるんですよ、って教《おし》えられました。

これは、私《わたし》のその後《ご》の人生《じんせい》ですごく役《やく》に立《た》った言葉《ことば》です。特《とく》に異文化《いぶんか》、もしくは自分《じぶん》と違《ちが》う境遇《きょうぐう》の人《ひと》と出会《であ》ったときに、人間《にんげん》って自分《じぶん》のものさしをあてはめてそれは正《ただ》しいとか正《ただ》しくないとか判断《はんだん》が入《はい》る。私《わたし》にとってよくないかもしれないけど、相手《あいて》にとってはよくないわけじゃないかもしれない。自分《じぶん》にとっての判断《はんだん》を相手《あいて》に押《お》しつけることは、してはいけないですよね。その人《ひと》にはその人《ひと》の価値観《かちかん》があって、その人《ひと》の判断《はんだん》があるわけだから。国《くに》や文化《ぶんか》の違《ちが》いだけの話《はなし》ではなく、対人関係《たいじんかんけい》のすべてに応用《おうよう》できる名言《めいげん》です。すごく腑《ふ》に落《お》ちたのを覚《おぼ》えています。

ほとんど日本人《にほんじん》じゃん。
日本語《にほんご》が上手《じょうず》ですね。
韓国《かんこく》に帰《かえ》れ。

よくなかったことは、生《お》い立《た》ちを説明《せつめい》した後《あと》に、「ほとんど日本人《にほんじん》じゃん」と言《い》われること。「ほとんど」ってなんだ？　つまり、「ほとんど日本人《にほんじん》」である方《ほう》がいいという文脈《ぶんみゃく》で言《い》われるのがすごく嫌《いや》でした。どっちでもないと言《い》っているのが全《まった》く通《つう》じない。それ以上何《いじょうなに》を言《い》っても理解《りかい》されないであろうと思《おも》い、私《わたし》の心《こころ》の中《なか》でシャッターがガラガラガラガラって下《お》りる一言《ひとこと》です。

「日本語《にほんご》が上手《じょうず》ですね」もその類《たぐ》いですね。「母語《ぼご》ですけど何《なに》か」ってここまで出《で》かかるんです。むこうはインクルードしようと必死《ひっし》でそう発言《はつげん》してるんだけど、聞《き》いているこっちは疎外《そがい》された感《かん》じを覚《おぼ》える言葉《ことば》。日本人試験《にほんじんしけん》80パーセント合格《ごうかく》だよと言《い》われたような気《き》がして。そもそもなりたいって願《ねが》ってもいないのに。

それと「韓国《かんこく》に帰《かえ》れ」って言《い》われること。小学校《しょうがっこう》のいじめから始《はじ》まり、ここが嫌《いや》なら韓国《かんこく》に帰《かえ》れとよく言《い》われます。そもそも韓国《かんこく》には住《す》んだことがない。言葉《ことば》もできない。私《わたし》のふるさとは日本《にほん》。ルーツが日本《にほん》じゃないというだけで、日本《にほん》に住《す》む一員《いちいん》として受《う》け入《い》れられないことを思《おも》い知《し》らされました。パスポートと帰属《きぞく》する場所《ばしょ》が単一《たんいつ》という単純《たんじゅん》な思考《しこう》なんだなと。もっと言《い》うと、うちの場合《ばあい》、父方《ちちかた》の祖父《そふ》は、韓国《かんこく》が日本《にほん》の植民地《しょくみんち》にされて、本人《ほんにん》が望《のぞ》んでいないけれど来《こ》ざるを得《え》ない状況《じょうきょう》で日本《にほん》に来《き》ました。しかも戦争《せんそう》が終《お》わった次《つぎ》の日《ひ》から、昨日《きのう》まで国民一丸《こくみんいちがん》となって玉砕《ぎょくさい》するのであると言《い》われていたのに、急《きゅう》に知《し》らない、勝手《かって》にしろとなって。もう何十年《なんじゅうねん》も日本《にほん》に暮《く》らしているので、帰《かえ》るところはないんです。

日本《にほん》は単一民族《たんいつみんぞく》、単一国家《たんいつこっか》だっていう嘘《うそ》を繰《く》り返《かえ》し聞《き》かされてるけど、日本《にほん》の中《なか》にはいろんな人《ひと》が住《す》んでいる。

日本《にほん》のパスポートを持《も》つ人《ひと》にもいろんなルーツの人《ひと》がいる。帰化《きか》した在日《ざいにち》の人《ひと》だって含《ふく》まれます。別《べつ》の国《くに》のパスポートを持《も》っていても、日本《にほん》を故郷《こきょう》だと思《おも》う人《ひと》も多々《たた》いる。もっと言《い》うと沖縄《おきなわ》の人達《ひとたち》だって、元々《もともと》は違《ちが》う民族《みんぞく》だけど併合《へいごう》されて日本人《にほんじん》の一部《いちぶ》になっているし、アイヌの人《ひと》もそう。日本《にほん》は、単一民族《たんいつみんぞく》じゃなくて多民族《たみんぞく》だと思《おも》うけれど、それをかき消《け》したい人《ひと》がたくさんいる。単《たん》一民族《いつみんぞく》だからこの国《くに》に属《ぞく》さない人《ひと》はいないはず、いるとしたらそれはよそ者《もの》であり、嫌《いや》なら国《くに》に帰《かえ》れという理論《りろん》にたぶんなってしまう。でも本当《ほんとう》はそれは嘘《うそ》であり、その人《ひと》たちにとっての不都合《ふつごう》な真実《しんじつ》があるのです。

Q

周《まわ》りからしてほしかったサポートは？

先生《せんせい》が在日《ざいにち》ってなにとか、歴史的《れきしてき》にこういう理由《りゆう》でここにいるという説明《せつめい》の一《ひと》つでもしてくれたらよかった。

小学校《しょうがっこう》でいじめられていたときに、担任《たんにん》の先生《せんせい》はいじめっ子《こ》の側《がわ》につきました。その家族《かぞく》を敵《てき》に回《まわ》すのが、怖《こわ》かったんですよね。先生《せんせい》は、「私《わたし》が悪《わる》い」って私《わたし》に言《い》いました。「いじめられるようなことがあるから、そういう目《め》にあうんでしょ」と。今《いま》でも忘《わす》れられない。「あー、あっちの肩《かた》をもつんだ、大人《おとな》って全《まった》く頼《たよ》りになんないんだな」と弱冠《じゃっかん》10歳《さい》の私《わたし》は思《おも》いました。だから四面楚歌《しめんそか》で、本当《ほんとう》につらかった。

差別《さべつ》される側《がわ》がなんでこんなに苦労《くろう》して、加害者《かがいしゃ》にわからせないといけないんだという理不尽《りふじん》さがありました。今《いま》の時代《じだい》だったら、「私《わたし》がダイバーシティですけど何《なに》か？」と言《い》い返《かえ》していたかもしれないけれど、当時《とうじ》はそんな単語《たんご》も無《な》かった。無知《むち》からくる差別《さべつ》も多《おお》いと思《おも》います。子《こ》どもは生《う》まれたときは差別心《さべつしん》がないから、無知《むち》な親《おや》から聞《き》いたことでいじめ始《はじ》める。日本《にほん》は近現代史《きんげんだいし》を全《まった》く習《なら》わないと言《い》っても過言《かごん》ではないぐらい、朝鮮併合《ちょうせんへいごう》とは何《なに》かとか、どんな経緯《けいい》で私達《わたしたち》がここにい続《つづ》けるはめになっているのかを本当《ほんとう》に知《し》っている人《ひと》は少《すく》ない。教育《きょういく》で省略《しょうりゃく》されてしまうせいで、無知《むち》による差別《さべつ》の増長《ぞうちょう》は絶対《ぜったい》にあると思《おも》います。

利《り》害《がい》関《かん》係《けい》のない人《ひと》で泣《な》きつける人《ひと》が側《そば》にいてほしかった。

今《いま》はスクールカウンセラーがあるけれど、当時《とうじ》は、先生《せんせい》も親《おや》も私《わたし》にとって利害関係者《りがいかんけいしゃ》だったから、泣《な》きつける人《ひと》がいませんでした。親《おや》には「逃《に》げたら負《ま》けて生《い》きていくことになる」というものさしがあって、逃《に》げることを許《ゆる》されなかった。でも、自分《じぶん》のことを誇《ほこ》りに思《おも》える気持《きも》ちを捨《す》てなくてすんだ。私《わたし》が、「在日《ざいにち》っていう少数民族《しょうすうみんぞく》でいいんだ、チョウチョンミになります」って言《い》えるようになったのは、在日《ざいにち》である自分《じぶん》に誇《ほこ》りを持《も》てるって思《おも》えたから。最終的《さいしゅうてき》には、誇《ほこ》りを持《も》つことに寄与《きよ》してくれた判断《はんだん》だとは思《おも》うものの、本当《ほんとう》に大変《たいへん》だった。

Q

次《つぎ》の世代《せだい》へのアドバイスやメッセージをどうぞ。

あなたは存在《そんざい》してるだけで価値《かち》があるし、そのまま息《いき》してるだけで愛《あい》される価値《かち》があるって教《おし》えてあげたい。

私《わたし》は、そう思《おも》えないような体験《たいけん》が多過《おおす》ぎたし、いるだけで自分《じぶん》に価値《かち》があると思《おも》えませんでした。成果《せいか》を出《だ》していないと存在《そんざい》しちゃいけないんだって思《おも》っていました。日本《にほん》の人《ひと》より120パーセントできないと常《つね》に認《みと》められない、この国《くに》では落伍者扱《らくごしゃあつか》いされるっていう恐怖感《きょうふかん》もすごくあった。努力《どりょく》をしないっていう選択肢《せんたくし》がなかったんですよね。だけど努力《どりょく》したかったかって言《い》われると、別《べつ》にそうでもない。最近《さいきん》ようやく、努力《どりょく》しなくてもいいんだと思《おも》えるようになったんです。

それってすごく不運《ふうん》なことで、たまたま外国《がいこく》ルーツを持《も》って差《さ》別《べつ》される対象《たいしょう》として日本《にほん》に生《う》まれてしまったがために、絶《た》え間《ま》ない努力《どりょく》を要求《ようきゅう》された。社会《しゃかい》からも親《おや》からも。努力《どりょく》を断《ことわ》るとイコールそれが人生《じんせい》の失敗《しっぱい》に直結《ちょっけつ》するって突《つ》きつけられて。私《わたし》みたいに過度《かど》な努力《どりょく》の要求《ようきゅう》に応《こた》えられた人《ひと》が決《けっ》して幸《しあわ》せだとも思《おも》わないんだけど、その要求《ようきゅう》に応《こた》えられなかった人《ひと》も不幸《ふしあわ》せなわけです。

でも親《おや》は、子《こ》どもの幸《しあわ》せを思《おも》って過度《かど》な要求《ようきゅう》をする。エリートになる以外《いがい》、被差別民《ひさべつみん》である私達《わたしたち》がこの国《くに》で真《ま》っ当《とう》に暮《く》らせる道《みち》はありません。それは自分《じぶん》の経験《けいけん》から導《みちび》き出《だ》された真実《しんじつ》だから、親《おや》のものさしの押《お》しつけは親《おや》にとって絶対的《ぜったいてき》な正義《せいぎ》。実際《じっさい》、本当《ほんとう》だとも思《おも》います。いい学校《がっこう》に行《い》けないといい会社《かいしゃ》に就職《しゅうしょく》できない。経済的《けいざいてき》に困窮《こんきゅう》する。私《わたし》より上《うえ》の世代《せだい》はいい学校《がっこう》に行《い》けたとしても、就職《しゅうしょく》はできなかったから、みんな医者《いしゃ》や弁護士《べんごし》や会計士《かいけいし》になった。外資系《がいしけい》の企業《きぎょう》に就職《しゅうしょく》して昇《のぼ》りつめた方《かた》もいらっしゃる。そうなるしか、日本《にほん》で在日《ざいにち》として幸《しあわ》せに生《い》きていく道《みち》はない。幸《しあわ》せにというより、経済的《けいざいてき》に安定《あんてい》した道《みち》はない。すごいプレッシャーのもとで生《い》きてきたから、それに応《こた》え続《つづ》けなくちゃいけないっていうのがずーっとずーっとあって。本当《ほんとう》にようやく最近《さいきん》、それから解放《かいほう》されました。

大好《だいす》きなことを仕事《しごと》にしたらいいと思《おも》う。周《まわ》りとか親《おや》に反対《はんたい》されても。

18歳《さい》に戻《もど》ったら何《なん》の仕事《しごと》に就《つ》きたいかと思《おも》うと、私《わたし》、人《ひと》の髪《かみ》の毛《け》をいじるのが好《す》きだったんです。手先《てさき》が器用《きよう》なんですよ。だから美容師《びようし》になりたいって思《おも》ったこともありました。パンとかお菓《か》子《し》作《つく》る人《ひと》になりたいとか、植物《しょくぶつ》を育《そだ》てるのが得意《とくい》だから、造園《ぞうえん》とかやってみたいと思《おも》ったこともあります。でも、うちの親《おや》には、怖《こわ》くて言《い》い出《だ》すことすらできなかった。「女子学院《じょしがくいん》と慶應《けいおう》出《だ》して美容師《びようし》だあ？」みたいな。そこに移民一世《いみんいっせい》の、「経済的成功《けいざいてきせいこう》なくして幸《しあわ》せ無《な》し」みたいな圧《あつ》があった。好《す》きじゃないことを毎日《まいにち》やるよりは、好《す》きなことを毎日《まいにち》やれていたら、大金《おおがね》持《も》ちにはなれないかもしれないけれど、食《た》べていけるぐらいのお給料《きゅうりょう》をいただけるんだったらいいじゃないって思《おも》います。周《まわ》りの人《ひと》はいろんなことを言《い》うけれど、あなたがそれが大好《だいす》きだったら、大好《だいす》きなことを毎日《まいにち》やった方《ほう》がいいと思《おも》う。

得意《とくい》なこと、好《す》きなこと、やりたいことは全然違《ぜんぜんちが》う。移民一世《いみんいっせい》はどこの国《くに》に行《い》ってもロールモデルの少《すく》なさがネックになります。移民一世《いみんいっせい》のコミュニティの中《なか》で、親《おや》が考《かんが》える成功《せいこう》ルートじゃないルートで幸《しあわ》せになっている人《ひと》を見《み》たことがないから。だから、アメリカでは今《いま》、リプレゼンテーションが大事《だいじ》と言《い》われています。私《わたし》が本名《ほんみょう》で仕事《しごと》をしたり、Human Rights Watch で働《はたら》いていたときに取材《しゅざい》をたくさん受《う》けて雑誌《ざっし》に載《の》ったりしたのも、在日《ざいにち》のリプレゼンテーションのことを考《かんが》えてのこと。若《わか》い子達《こたち》が見《み》たときに、あ、本名《ほんみょう》で活躍《かつやく》している人《ひと》がいると知《し》ってほしかったのです。そういう人《ひと》がいれば、私《わたし》もなれるのかもって思《おも》うでしょう。カマラ・ハリスがアメリカで副大統領《ふくだいとうりょう》になったことで、女性《じょせい》が副大統《ふくだいとう》領《りょう》になれるんだと女《おんな》の子《こ》の目《め》を見開《みひら》いたし、アジア系《けい》と半分黒人《はんぶんこくじん》の人《ひと》が副大統領《ふくだいとうりょう》になれるんだっていうのも、全《ぜん》アジア系《けい》および全《ぜん》黒人系《こくじんけい》の女《おんな》の子《こ》の目《め》を見開《みひら》いたわけです。それと一緒《いっしょ》で、例《れい》がないと自分《じぶん》がそれになれると信《しん》じられない、思《おも》いつかないっていうのもあると思《おも》います。

03

趙正美さん

それは、

いい

とか

悪《わる》い

とか

じゃなくて、

It’s not good or bad.

ただ
違《ちが》うんだよ。

But it's just different.

4

チュック・ベッシャーさん

女性《じょせい》エンパワメント・DE&I活動家《かつどうか》／映像《えいぞう》プロデューサー・企業《きぎょう》コンサルタント

プロフィール

Plan Be株式会社《かぶしきがいしゃ》、代表取締役《だいひょうとりしまりやく》・エグゼクティブプロデューサー。1962年《ねん》、神戸市《こうべし》生まれ、日本国籍《にほんこくせき》。両親《りょうしん》は白系《はっけい》ロシアの無国籍難民《むこくせきなんみん》として中国《ちゅうごく》・満州《まんしゅう》より戦後《せんご》日本《にほん》に移住《いじゅう》。日本国籍法《にほんこくせきほう》に基《もと》づき、出生時《しゅっせいじ》に帰化《きか》せず「日本人《にほんじん》」とみなされる。日本語《にほんご》、英語《えいご》、ロシア語《ご》が堪能《たんのう》。コロンビア大学《だいがく》、国際関係《こくさいかんけい》・公共政策大学院《こうきょうせいさくだいがくいん》の修士課程修了《しゅうしかていしゅうりょう》。日本学専攻《にほんがくせんこう》。日本《にほん》コカ・コーラ、アジア財団日本代表《ざいだんにほんだいひょう》、自民党系《じみんとうけい》シンクタンク研究員《けんきゅういん》などを経《へ》て、現在《げんざい》は、多国籍企業《たこくせききぎょう》の日本市場参入《にほんしじょうさんにゅう》、日本企業《にほんきぎょう》の多様性関連《たようせいかんれん》アドバイザリーなどをてがけるとともに、動画《どうが》コンテンツ、イベント企画《きかく》、広告企画《こうこくきかく》のプロデュースなどを担当《たんとう》。また、フリー・プロデューサーとして日本社会《にほんしゃかい》における女性《じょせい》エンパワメントやダイバーシティーを促進《そくしん》するイベント、テレビ番組《ばんぐみ》、動画《どうが》などを多数《たすう》プロデュースしている。

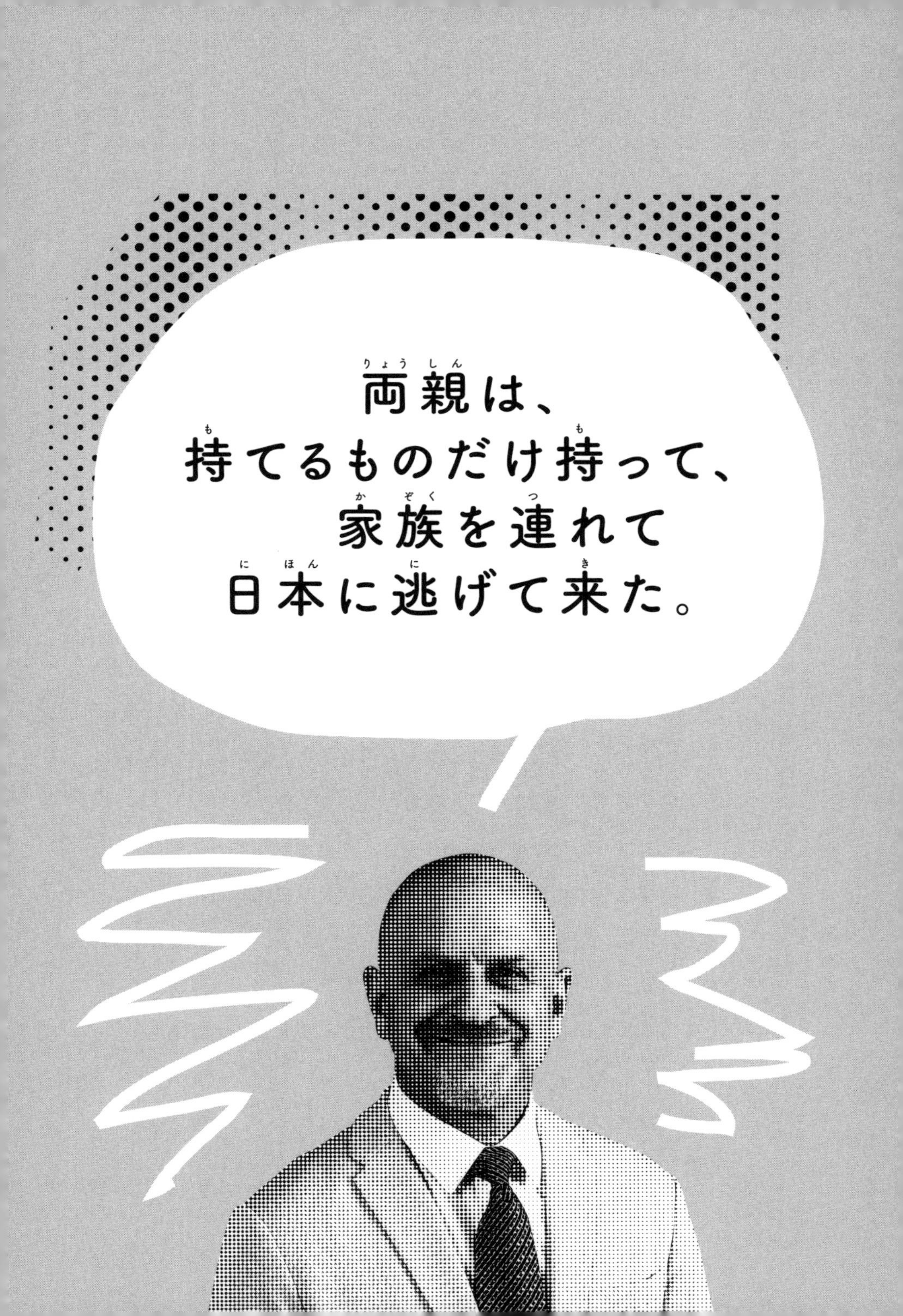
両親《りょうしん》は、
持《も》てるものだけ持《も》って、
家族《かぞく》を連《つ》れて
日本《にほん》に逃《に》げて来《き》た。

Q

どんな子《こ》ども時代《じだい》でしたか？　どんな子《こ》どもでしたか？

両親《りょうしん》は、持《も》てるものだけ持《も》って、家族《かぞく》を連《つ》れて日本《にほん》に逃《に》げて来《き》た。

家《いえ》は、難民《なんみん》の家系《かけい》です。母方《ははかた》の祖父母《そふぼ》の家系《かけい》は、16世紀《せいき》のフランスから宗教難民《しゅうきょうなんみん》としてドイツに亡命《ぼうめい》し、その後仕事《ごしごと》の都合《つごう》でロシアに移住《いじゅう》しました。ロシア革命《かくめい》の頃《ころ》、皇帝《こうてい》を支《ささ》えていた化学者《かがくしゃ》の家族《かぞく》だったらしいのですが、逃《に》げないと殺《ころ》されるという問題《もんだい》に直面《ちょくめん》し、白系《はっけい》ロシア[*1]の人々《ひとびと》が多《おお》く在住《ざいじゅう》していた中国《ちゅうごく》へ避難《ひなん》して生《い》き残《のこ》りました。一方父方《いっぽうちちかた》の祖父《そふ》は同《おな》じ頃《ころ》エンジニアとして、満鉄《まんてつ》（南満州鉄道《みなみまんしゅうてつどう》）でモスクワからハルビンまでの鉄道《てつどう》の仕事《しごと》に携《たずさ》わっていました。彼《かれ》も皇帝《こうてい》ロシア側《がわ》だったのでソ連《れん》の共産党政権《きょうさんとうせいけん》を恐《おそ》れてそのまま満州《まんしゅう》に残《のこ》り、家族《かぞく》を設《もう》けました。

母《はは》と父《ちち》はハルビンで出会《であ》い、兄２人《あにふたり》が生《う》まれました。結婚《けっこん》して幸《しあわ》せに暮《く》らしていたらしいのですが、毛沢東《もうたくとう》が1949年《ねん》に革命《かくめい》を起《お》こした後《あと》に、政策《せいさく》として外国《がいこく》の人《ひと》たちを追放《ついほう》し、中国《ちゅうごく》にはいられなくなりました。それで、また難民《なんみん》となりオーストラリアを経由《けいゆ》して日本《にほん》に亡命《ぼうめい》し、姉《あね》と僕《ぼく》が神戸《こうべ》で生《う》まれました。おばあちゃんを含《ふく》めて７人家族《にんかぞく》でした。

着《き》の身着《みき》のまま、持《も》てる財産《ざいさん》と幼児《ようじ》だけ抱《かか》えて、迫害《はくがい》を逃《のが》れて避難《ひなん》する父母《ふぼ》の苦労《くろう》は想像《そうぞう》するのも難《むずか》しいほど大《おお》きいものだと思《おも》います。家族《かぞく》を守《まも》り養《やしな》う責任《せきにん》を背負《せお》って、幼《おさな》い子《こ》ども２人《ふたり》とおばあちゃんを連《つ》れて、日本《にほん》に逃《に》げてきた。まぁどんな思《おも》いをしたのかなと自分《じぶん》にも子《こ》どもが２人《ふたり》できて、父母《ふぼ》に対《たい》してはもう尊敬《そんけい》の気持《きも》ちで一杯《いっぱい》です。本当《ほんとう》にご苦労様《くろうさま》でした。

僕《ぼく》は自分《じぶん》を日本人《にほんじん》として、意識《いしき》してた。

僕《ぼく》は、高度成長期《こうどせいちょうき》の1962（昭和《しょうわ》37）年《ねん》に末《すえ》っ子《こ》として生《う》まれました。その頃《ころ》には、日本亡命当時《にほんぼうめいとうじ》とは違《ちが》って親父《おやじ》とお袋《ふくろ》の努力《どりょく》のおかげで、安定《あんてい》した家庭生活《かていせいかつ》を送《おく》ることができていたと思《おも》います。そういった意味《いみ》では、恵《めぐ》まれていました。兄姉《きょうだい》は皆《みな》インターナショナルスクールだったのですが、僕《ぼく》だけはなぜか日本《にほん》の公立《こうりつ》の学校《がっこう》に通《かよ》っていました。幼稚園《ようちえん》の頃《ころ》から友達《ともだち》は皆《みな》、地元《じもと》の日本《にほん》人《じん》でした。常《つね》に自分《じぶん》の前《まえ》に鏡《かがみ》を持《も》っているわけじゃないから、自《じ》分《ぶん》の見《み》た目《め》と仲間《なかま》の見《み》た目《め》はやっぱり意識《いしき》としては同化《どうか》するんですよね。だから、友達《ともだち》は同《おな》じ仲間《なかま》という感覚《かんかく》でした。自分《じぶん》としては外国人《がいこくじん》、日本人《にほんじん》の区別《くべつ》はなかったです。家《いえ》でも姉《あね》などとは日本《にほん》語《ご》で会話《かいわ》していました。親《おや》、おばあちゃん、兄貴《あにき》たちとはロシア語《ご》でした。無意識《むいしき》に言語《げんご》を使《つか》い分《わ》けていたと思《おも》います。複数《ふくすう》の言《げん》語《ご》を子《こ》どもの頃《ころ》から持《も》っていると、相手《あいて》に対《たい》して自然《しぜん》に使《つか》い分《わ》けるだけなんですよね。

小学校《しょうがっこう》２年生《ねんせい》の夏休《なつやす》みに、初《はじ》めて家族《かぞく》で海外旅行《かいがいりょこう》をしたときのことが記憶《きおく》に残《のこ》っています。僕《ぼく》と姉《あね》だけ日本《にほん》のパスポート、親《おや》は赤十字《せきじゅうじ》の難民《なんみん》パスポートで、家族《かぞく》は国境《こっきょう》を越《こ》えるときに苦労《くろう》します。通関《つうかん》の際《さい》に止《と》められて、子《こ》どもと親《おや》に分《わ》けられ、ほぼ毎回《まいかい》それぞれ違《ちが》う部屋《へや》に連《つ》れていかれます。取《と》り調《しら》べを受《う》けるのです。日本《にほん》のパスポートを持《も》つ僕《ぼく》と姉《あね》は結果《けっか》フリーパスなんです。「日《に》本語《ほんご》しゃべるの？」みたいに、アメリカのハワイの国境《こっきょう》で聞《き》かれて、僕《ぼく》が日本語《にほんご》で何《なに》か答《こた》えたら、「おお、かわいい。ね、見《み》て、この子《こ》たち」とか言《い》われて。見《み》た目《め》がヨーロッパ系なので、当時《とうじ》はあまりないケースですよね。そういった意味《いみ》では、僕《ぼく》と姉《あね》は違《ちが》う次元《じげん》の苦労《くろう》がありましたが。自分《じぶん》たちは優遇《ゆうぐう》されるので楽《らく》だけど、親《おや》のことが心配《しんぱい》。

街《まち》の中《なか》に出《で》ても、別《べつ》に困《こま》ったことっていうのはあんまりなかったです。

昭和《しょうわ》30〜40年代《ねんだい》の日本《にほん》は、特《とく》に神戸《こうべ》はまだ、ヨーロッパの異人《いじん》さんたちは裕福《ゆうふく》で恵《めぐ》まれていたと思《おも》います。一般《いっぱん》の人《ひと》たちは異人《いじん》さんたちが自分《じぶん》たちより上《うえ》の階級《かいきゅう》だとする認識《にんしき》がありました。なので、異人《いじん》さんを困《こま》らせたりなんかすると、こっちが大変《たいへん》なことになるという意識《いしき》が蔓延《まんえん》していたように思《おも》います。そんな背景《はいけい》もあって、自分《じぶん》にとっては友達《ともだち》とはうまくいってるし、外《そと》に出《で》ても困《こま》ることもない。日本《にほん》はそれなりに居心地《いごこち》がよかったです。ただし、友達《ともだち》と一緒《いっしょ》に家《いえ》の近所《きんじょ》をやんちゃに遊《あそ》び回《まわ》っていたときに、工事現場《こうじげんば》のお兄《にい》ちゃんたちとかにからかわれたり、見知《みし》らぬ人《ひと》からちょっと下品《げひん》な差別言葉《さべつことば》をかけられたりすることはあったりしました。

襲《おそ》われたら柔道《じゅうどう》でねじ伏《ふ》せて
チョイスを与《あた》える。

　小学校《しょうがっこう》の同級生《どうきゅうせい》とはすぐになじんで、新《あたら》しい仲間《なかま》が沢山《たくさん》できました。でも、皆《みな》といるとやっぱり僕《ぼく》だけが見《み》た目《め》で目立《めだ》ちました。上級生《じょうきゅうせい》から、「外人《がいじん》だ」とか言《い》われます。友達《ともだち》は、「なんでこんなやつと付《つ》き合《あ》ってるんだ」と言《い》われたりします。暴力沙汰《ぼうりょくざた》になるようなこともありましたね。襲《おそ》われるんじゃないかとか、ちょっと後《うし》ろを見《み》ないと危《あぶ》ないんじゃないかという不安《ふあん》は、自信《じしん》のない下級生《かきゅうせい》だった頃《ころ》は特《とく》に感《かん》じました。急《きゅう》に、運動場《うんどうじょう》で上級生《じょうきゅうせい》に襲《おそ》われたこともたまにあります。でも運動能力《うんどうのうりょく》も、負《ま》けん気《き》もあったので、やられっぱなしではなかった。母親《ははおや》がおそらくそれに気《き》づいて、護身用《ごしんよう》に早《はや》くから柔道《じゅうどう》に通《かよ》わせてくれました。そういった暴力的《ぼうりょくてき》な威圧《いあつ》を解決《かいけつ》する技《わざ》を身《み》につけたのです。

　僕自身《ぼくじしん》は、みんなで仲良《なかよ》くした方《ほう》が楽《たの》しいと思《おも》っていたので、襲《おそ》われたら負《ま》けないでねじ伏《ふ》せる。そして、相手《あいて》を負《ま》かしたときに、チョイスを与《あた》える。「どうする？　このままやる？　それとも仲良《なかよ》くなる？」と言《い》うと、だいたい「仲良《なかよ》くなる」って言《い》うんです。そういう解決法《かいけつほう》を覚《おぼ》えたので、苦境《くきょう》を乗《の》り越《こ》える自信《じしん》がありました。彼《かれ》らから来《き》た暴力的《ぼうりょくてき》なパワーをかわして、平和《へいわ》に持《も》っていくことを学《まな》んだと思《おも》います。でも、年齢《ねんれい》が上《うえ》になってくるにつれて、喧嘩《けんか》では解決《かいけつ》できなくなる。喧嘩《けんか》＝大怪我《おおけが》になるときには、違《ちが》う方法《ほうほう》を覚《おぼ》えた。それは、話《はなし》で解決《かいけつ》することです。

バスの中《なか》で初《はじ》めて味《あじ》わった差別《さべつ》の天国《てんごく》と地獄《じごく》。

小学校低学年《しょうがっこうていがくねん》の頃《ころ》、初《はじ》めて１人《ひとり》でバスに乗《の》ったときのことです。家族《かぞく》に言《い》われた通《とお》りお金《かね》を用意《ようい》して、「ちゃんと挨拶《あいさつ》しなさいよ」と教《おし》えられていたので「おはようございます、子《こ》ども１人《ひとり》三宮《さんのみや》まで」と。そうすると、チヤホヤされるんです。周《まわ》りのお客《きゃく》さんが席《せき》を空《あ》けてくれて、「坊《ぼっ》ちゃん、こっち座《すわ》れや」「日本語上手《にほんごうま》いな〜」「どこから来《き》たんや？」「飴《あめ》ちゃんほしい？」とか。もう「へへへ」って感《かん》じでした。しばらくしたら、少《すこ》し年上《としうえ》の女《おんな》の子《こ》が乗《の》ってきました。それこそ、そのバスの運転手《うんてんしゅ》さんや車掌《しゃしょう》さんや乗客《じょうきゃく》と同《おな》じ見《み》た目《め》の子《こ》です。だから、先入観《せんにゅうかん》として、日本《にほん》の子《こ》どもと判断《はんだん》されたんでしょう。でも彼女《かのじょ》は、たどたどしい日本語《にほんご》で、しかもバスの乗《の》り方《かた》もよくわからず、小銭《こぜに》が用意《ようい》できていなかった。「日本語《にほんご》もわからんのか」、「アホか」、「中国人《ちゅうごくじん》か、朝鮮人《ちょうせんじん》か」みたいに、すごくいじめられたんです。女《おんな》の子《こ》はもう泣《な》き始《はじ》めてしまった。僕《ぼく》としては、そこの落差《らくさ》にめちゃくちゃ腹《はら》が立《た》った。そのときに感《かん》じたのは、同時《どうじ》に天国《てんごく》と地獄《じごく》を味《あじ》わったような気持《きも》ちでした。現実《げんじつ》の世界《せかい》で立場《たちば》が変《か》われば天国《てんごく》と地獄《じごく》があるんだっていう、初《はじ》めての理解《りかい》があった。それは今《いま》も自分《じぶん》の中《なか》に持《も》っていて、その地獄《じごく》をなるべく正《ただ》したいと思《おも》っています。「その差別《さべつ》の言動《げんどう》は間違《まちが》っています。正《ただ》しましょう」っていうのを、ライフワークにしたいと思《おも》う心《こころ》は、そのとき芽生《めば》えたと思《おも》ってます。

アメリカに行《い》くと、
逆《ぎゃく》カルチャーショックでしたね。

反転《はんてん》の経験《けいけん》は、14歳《さい》でアメリカに行《い》ったときに味《あじ》わいました。それまで家《いえ》ではロシア語《ご》、姉《あね》と僕《ぼく》たちの面倒《めんどう》を見《み》てくれていた住《す》み込《こ》みのお手伝《てつだ》いさんとは日本語《にほんご》、友達《ともだち》とは日本語《にほんご》。読《よ》み書《か》きも日本語《にほんご》です。２つの文化《ぶんか》に自然《しぜん》と接《せっ》していたと思《おも》います。ロシア正教《せいきょう》の教会《きょうかい》にも行《い》くし、家庭《かてい》ではイースター、クリスマス、お祭《まつ》りやお祝《いわ》いもすごく大切《たいせつ》で、おばあちゃんがご馳走《ちそう》を作《つく》って、パーティーをやったりもしていました。父親《ちちおや》に連《つ》れられいろんな古《こ》墳《ふん》に行《い》ったり、大晦日《おおみそか》にはお寺《てら》に行《い》ったりもしていたから、自分《じぶん》の中《なか》では２つの文化《ぶんか》をシームレスに行《い》き来《き》することが当《あ》たり前《まえ》になっていた。兄姉《きょうだい》はみんなインターナショナルスクールへ通《かよ》い、僕《ぼく》だけ日本《にほん》の学校《がっこう》でした。英語《えいご》は映画《えいが》でみたり、海外旅行《かいがいりょこう》で聞《き》くくらいだったので僕《ぼく》だけ英語《えいご》が身《み》につかなかった。

その分《ぶん》、アメリカに行《い》ったときはめちゃくちゃ苦労《くろう》しました。言葉《ことば》もわからないし、カルチャーショックも大《おお》きかった。欧米《おうべい》の子《こ》どもは礼儀正《れいぎただ》しくないとか、列《れつ》に並《なら》ばないなどの日本《にほん》の子《こ》どもとの違《ちが》いはなんとなくわかっていましたが、それにどっぷり浸《つ》かって逃《に》げ場《ば》がないっていうのは初《はじ》めて。サンフランシスコに引《ひ》っ越《こ》して、反転《はんてん》したカルチャーショックを初《はじ》めて味《あじ》わいましたね。

目《ま》の当《あ》たりにした、バスの中《なか》で日本語《にほんご》が母国語《ぼこくご》じゃない女《おんな》の子《こ》が味《あじ》わったようなものは少《すこ》し経験《けいけん》したんですね。

　でもそのショックを乗《の》り越《こ》える術《すべ》も持《も》っていたので、トラウマにはなりませんでした。ただ、相手《あいて》が、見《み》た目《め》から同《おな》じグループに属《ぞく》していると判断《はんだん》して接《せっ》してきたのに、僕《ぼく》がそこに属《ぞく》してないっていうことが判明《はんめい》したときの人《ひと》の反応《はんのう》を目《ま》の当《あ》たりにしました。これは彼《かれ》らにとって恐怖《きょうふ》に近《ちか》いものがあったと思《おも》います。自分《じぶん》の想定《そうてい》が崩《くず》れる、自分《じぶん》が信《しん》じてきたことが実《じつ》は根拠《こんきょ》のないことだったとわかったときに、それを「これって、不思議《ふしぎ》だし、初《はじ》めて思《おも》ったけれど、なんかいいね」とか、「面白《おもしろ》いね」とか、「ああ、学《まな》ぶことがあるね」と思《おも》えるのは、かなり高度《こうど》なことです。普通《ふつう》は「なんで白人《はくじん》の学生《がくせい》なのに英語話《えいごはな》せないんだ？」「なんで白人《はくじん》なのに日本語《にほんご》を日本人《にほんじん》のように話《はな》すんだ？」ですよね。何《なに》も口《くち》に出《だ》せないほどの「ガーン！」というショックや、「じゃあ、僕《ぼく》は何《なに》をベースに今《いま》までふるまってきたのか」という衝撃《しょうげき》もあります。周《まわ》りの友達《ともだち》が、そのときの恐怖《きょうふ》を口《くち》に出《だ》したり、行動《こうどう》に出《だ》したりすることには直面《ちょくめん》しました。「僕《ぼく》は日本《にほん》から来《き》た」と告《つ》げると、「なんだ、お前《まえ》。え？　中国語《ちゅうごくご》しゃべるのか（アメリカでは日本《にほん》も含《ふく》めて黄色人種《おうしょくじんしゅ》は皆中国人《みなちゅうごくじん》……）」とか言《い》われたこともありましたね。幼少期《ようしょうき》に神戸《こうべ》のバスで目撃《もくげき》した運転手《うんてんしゅ》や乗客《じょうきゃく》の少女《しょうじょ》に対《たい》する反応《はんのう》に近《ちか》いものだったと思《おも》います。日本人《にほんじん》と思《おも》った子《こ》どもが日本人《にほんじん》でないと判明《はんめい》したときに崩《くず》れる日本人《にほんじん》の想定《そうてい》や先入観《せんにゅうかん》と同《おな》じです。

Q

あなたの逆境《ぎゃっきょう》や困難《こんなん》を乗《の》り越《こ》えるコツは？

礼儀正《れいぎただ》しく、目上《めうえ》の人《ひと》を敬《うやま》う態度《たいど》で先生《せんせい》とか権力者《けんりょくしゃ》には接《せっ》する。

そのような状況《じょうきょう》を乗《の》り越《こ》えるために、もちろん媚《こ》びることはしません。でも、ちゃんと礼儀正《れいぎただ》しくすることが大切《たいせつ》です。アメリカでは言葉《ことば》の問題《もんだい》もあるけれど、なるべく動揺《どうよう》せずに、その状況《じょうきょう》を説明《せつめい》したり、むきにならずその場《ば》を受《う》け入《い》れるようにします。興味《きょうみ》を持《も》ってくれる子《こ》たちとは仲良《なかよ》くして、礼儀正《れいぎただ》しく、ジェントルマンである。男《おとこ》の子《こ》に対《たい》しては、言葉《ことば》の要《い》らないスポーツに積極的《せっきょくてき》に参加《さんか》して、仲間《なかま》に入《はい》っていった。自分《じぶん》の役割《やくわり》を早《はや》く見《み》つけて、それを評価《ひょうか》してもらうことを意識《いしき》しました。白人《はくじん》とか黒人《こくじん》とか黄色《おうしょく》など、人種《じんしゅ》も民族《みんぞく》も人工的《じんこうてき》に開発《かいはつ》された社会構造《しゃかいこうぞう》と概念《がいねん》であり、科学的《かがくてき》な根拠《こんきょ》がありません。ですから軽々《かるがる》しく、「白人《はくじん》」とか「日本人《にほんじん》」とか、そういう言葉《ことば》を使《つか》うのはすごく抵抗《ていこう》があります。それでも、どうしてもこの「白人《はくじん》」という言葉《ことば》を使《つか》って話《はな》すと、日本《にほん》やアメリカで暮《く》らす上《うえ》で白人《はくじん》であることはものすごいアドバンテージだったと思《おも》います。僕《ぼく》がアジア系《けい》やアフリカ系《けい》だったら、相当《そうとう》の運《うん》と努力《どりょく》がないと乗《の》り越《こ》えられなかったと思《おも》います。日本《にほん》でも同《おな》じです。僕《ぼく》がアジア系《けい》だったら、もっと苦労《くろう》していたでしょう。これは今《いま》、人類《じんるい》が直面《ちょくめん》している課題《かだい》ですよね。

Q

違《ちが》う文化《ぶんか》の間《あいだ》で板挟《いたばさ》みにあった経験《けいけん》は？

狭間《はざま》としてあったとすれば、古《ふる》い価値観《かちかん》と階級的《かいきゅうてき》なものかもしれないです。

　僕《ぼく》はサプライズベイビーだったと思《おも》います。両親《りょうしん》はもう40代半《だいなか》ばで、当時《とうじ》としては遅《おそ》かったと思《おも》いますね。だから、板挟《いたばさ》みといえば、僕《ぼく》から見《み》て、親《おや》の古《ふる》い価値観《かちかん》とアメリカの新《あたら》しい価値観《かちかん》がそうでした。僕《ぼく》の親《おや》は中国《ちゅうごく》でも日本《にほん》でも一種《いっしゅ》の植民地時代《しょくみんちじだい》で生《い》きてきたので時《とき》が止《と》まっていたのかもしれません。別《べつ》に僕《ぼく》は個人的《こじんてき》にロシアや日本《にほん》の文化《ぶんか》の狭間《はざま》で苦労《くろう》したとか、ロシア系移民《けいいみん》としての家庭《かてい》と、この1970〜80年代《ねんだい》のアメリカ文化《ぶんか》の狭間《はざま》っていうのは、あんまり感《かん》じなかった。鈍感《どんかん》だったのかもしれないけれど。時代《じだい》や文化《ぶんか》を行《い》き来《き》する術《すべ》は自然《しぜん》と身《み》につけていたと思《おも》います。

　でも親《おや》が年《とし》だったので、だんだん、介入《かいにゅう》してこなくなりますよね。親父《おやじ》がアメリカになじまなくて、３年《ねん》も経《た》たないうちに、海外《かいがい》に出稼《でかせ》ぎに行《い》きました。海外《かいがい》で仕事《しごと》を見《み》つけてきて、アメリカの家族《かぞく》に仕送《しおく》りをする。母《はは》と父《ちち》は、別《わか》れはしなかったんですけれど、一緒《いっしょ》に暮《く》らすことはなくなりました。定期的《ていきてき》に戻《もど》ってきたり、僕《ぼく》が親父《おやじ》の所《ところ》に遊《あそ》びに行《い》ったりということはありました。だから、お袋《ふくろ》も１人《ひとり》になって大変《たいへん》だったと思《おも》います。大学《だいがく》への進学制《しんがくせい》度《ど》などもわからないので特《とく》に母親《ははおや》は「まあまあ、頼《たの》むから頑張《がんば》って。あなたは私《わたし》が強《つよ》く育《そだ》てたから大丈夫《だいじょうぶ》でしょう」と、こちらに介入《かいにゅう》する余裕《よゆう》もなかったと思《おも》う。

階級間《かいきゅうかん》の文化《ぶんか》や現実《げんじつ》の違《ちが》いには板挟《いたばさ》みを若干《じゃっかん》感じました。日本《にほん》では裕福《ゆうふく》だったかもしれないけれど、アメリカでは、親《おや》も高齢《こうれい》になり、子《こ》ども4人《にん》をみんな高校《こうこう》・大学《だいがく》に行《い》かせて、大《おお》きな苦労《くろう》があったと思《おも》います。今思《いまおも》えば、蓄《たくわ》えを子《こ》どもたちのために削《けず》っていったんだと思《おも》います。それとは対照的《たいしょうてき》に、僕《ぼく》はそれなりに世渡《よわた》り上手《じょうず》だった。たとえば、自分《じぶん》たちが住《す》んでる家《いえ》と、通《かよ》ってる私立《しりつ》の学校《がっこう》の友達《ともだち》が住《す》んでいる家《いえ》の資産落差《しさんらくさ》があって、家《いえ》の環境《かんきょう》は明《あき》らかに違《ちが》った。でもなんとなく自分《じぶん》の気持《きも》ちとしては、「いや、自分《じぶん》はそういう裕福《ゆうふく》な環境《かんきょう》に行《い》っても全然《ぜんぜん》なじむから」と自然《しぜん》に受《う》け入《い》れることができた。それでも、家《いえ》に帰《かえ》ると思《おも》うことはある。階級《かいきゅう》の狭間《はざま》にいました。

Q

周《まわ》りからしてほしかったサポートは？

子《こ》どもたちのこれからの成長《せいちょう》に基《もと》づいた経験《けいけん》は日本《にほん》の財産《ざいさん》。それをちゃんと吸《す》い上《あ》げるような寛容《かんよう》な社会《しゃかい》じゃないと。

周《まわ》りからほしかったサポートは自分《じぶん》の子《こ》どもたちに与《あた》えるように今《いま》、努力《どりょく》しています。子《こ》どもたちには自信《じしん》を持《も》ってほしいです。コンフィデンス（confidence）って、とても大切《たいせつ》だよね。いい意《い》味《み》で持《も》ち上《あ》げて、「あなたは私《わたし》たちにとってすごく大切《たいせつ》なのよ」という家庭《かてい》の環境《かんきょう》は不可欠《ふかけつ》だと思《おも》います。僕《ぼく》としてはアメリカに引《ひ》っ越《こ》してからそのようなサポートが親《おや》からなくなりました。学校《がっこう》でも同《おな》じです。アメリカの進学校《しんがくこう》では先生《せんせい》からあまりサポートがなかったです。自分《じぶん》の子《こ》どもたちの通《かよ》う学校《がっこう》では先生《せんせい》たちにしっかりしたサポートを期待《きたい》します。一人一人《ひとりひとり》、「お前《まえ》にはお前《まえ》のすごいところがあるんだ」ということを、先生《せんせい》たちにもこれでもかっていうくらいちゃんと教《おし》えてほしいです。誰《だれ》がかわいいとか、誰《だれ》が優秀《ゆうしゅう》だって比較《ひかく》される中《なか》で、その狭間《はざま》に陥《おちい》っちゃう子《こ》どもたちは、本当《ほんとう》に不幸《ふこう》です。そんな扱《あつか》いで子《こ》どもたちを脱線《だっせん》させてしまう社会《しゃかい》も不幸《ふこう》だと思《おも》います。

自分《じぶん》の子《こ》どもたちには、とにかくいろんなものを見《み》せて、いろんな人《ひと》に会《あ》わせています。彼《かれ》らは早《はや》くから、僕《ぼく》が多様性《たようせい》の話《はなし》を動画《どうが》として作《つく》ったり、多様性関連《たようせいかんれん》の仕事《しごと》をしている僕《ぼく》をずっと見《み》ているので、思《おも》ってることはあると思《おも》います。恥《は》ずかしいから、まだはっきりそこで僕《ぼく》と議論《ぎろん》したりはしないけれど、これからしてくれると思《おも》う。長男《ちょうなん》が、学校《がっこう》の TED トークで、「Am I full or am I half?　僕《ぼく》はハーフ？　それとも100%？」っていうのをやったんです。すごくいい、斬新《ざんしん》なプレゼンテーションをしてました。「彼《かれ》はわかってる」と親《おや》としては思《おも》いました。自分《じぶん》が経験《けいけん》したものをテコにして世《よ》の中《なか》を渡《わた》ってくれてると信《しん》じてます。彼《かれ》らはこれからの日本《にほん》に新《あたら》しい建設的《けんせつてき》な問《と》いかけをすると共《とも》に、社会《しゃかい》をよい方向《ほうこう》に動《うご》かしてくれると確信《かくしん》します。

Q

自分《じぶん》のアイデンティティについてどうとらえていますか？

僕《ぼく》は日本人《にほんじん》として認《みと》めてもらうことが、日本《にほん》にとっても大切《たいせつ》だと思《おも》う。

「僕《ぼく》は僕《ぼく》」っていうのが僕《ぼく》のアイデンティティです。申《もう》し訳《わけ》ないけれども、枠《わく》にはめたり、勝手《かって》に分類《ぶんるい》したりしないでほしいです。この行《い》き詰《づ》まった日本《にほん》のためには、僕《ぼく》を普通《ふつう》に日本人《にほんじん》として認《みと》めてもらうことが、日本《にほん》にとっても大切《たいせつ》だと思《おも》う。もし僕《ぼく》が属《ぞく》さない「日本人《にほんじん》」だけを「日本人《にほんじん》」と指《さ》すなら、じゃあ、誰《だれ》を指《さ》して言《い》っているんだろうと。別《べつ》に怒《おこ》っているわけではなくて、素朴《そぼく》に「なんでだろう」と思《おも》います。どこからこの概念《がいねん》は来《き》たんだろうと。大学《だいがく》を卒業《そつぎょう》してさらにこの課題《かだい》について考察《こうさつ》したいと思《おも》うようになりました。卒業後《そつぎょうご》、社会人《しゃかいじん》になって少《すこ》し仕事《しごと》に余裕《よゆう》ができたときに、日本《にほん》について勉強《べんきょう》しようと思《おも》い留学《りゅうがく》することにしました。ジェラルド・カーティスとか、キャロル・グラックとか、ドナルド・キーンとか、日本人以上《にほんじんいじょう》に日本《にほん》を知《し》っている学者《がくしゃ》に接《せっ》したいと思《おも》ったんです。彼《かれ》らはみんな包括的《ほうかつてき》に日本《にほん》を研究《けんきゅう》しています。そんなふうに学《まな》びたいと思《おも》ったときに、日本《にほん》では日本《にほん》を学《まな》ぶ場所《ばしょ》がないと気《き》づきました。「日本学《にほんがく》」っていうものがどこの大学《だいがく》にもありません。もちろん、平安時代《へいあんじだい》とかの庶民文化《しょみんぶんか》とか、室町《むろまち》時代《じだい》の外交《がいこう》とかを研究《けんきゅう》している人《ひと》たちはいるけど、横串《よこぐし》で学《まな》んでから深掘《ふかぼ》りするっていう考察《こうさつ》プロセスはどの大学《だいがく》にもないです。そこにすごく興味《きょうみ》を持《も》って、「日本《にほん》とは？」「日本人《にほんじん》とは？」って深《ふか》く考《かんが》えるようになり、それを専攻《せんこう》するために海外《かいがい》の大学院《だいがくいん》に行《い》きました。

「出身《しゅっしん》どこですか？」は「生《う》まれはどこですか？」それとも「国籍《こくせき》はどこですか？」？ 簡単《かんたん》な質問《しつもん》のようでデリケート。

コロナ禍《か》で外食《がいしょく》ができなかったときのことです。テイクアウトをしようとお店《みせ》に並《なら》んでたら、列《れつ》にいた女性《じょせい》から、「どちらから来《こ》られたんですか」と聞《き》かれました。「あ、僕《ぼく》ですか？　はい、神戸《こうべ》です」と答《こた》えると、「えっ？……いや、ご出身《しゅっしん》は？」と。「いや、神戸《こうべ》で生《う》まれました」と言《い》うと、「はあ。親《おや》は？」「中国《ちゅうごく》」と言《い》ったら、「うん？」とからかわれてると思《おも》い始《はじ》めたような様子《ようす》でした。なので、「いや、ロシア系《けい》の難民《なんみん》なんですよ」と言《い》ったら、「ああ」とまったく理解《りかい》してくれません。会話《かいわ》が途絶《とだ》えたので、僕《ぼく》は「ご出身《しゅっしん》どちらですか」と聞《き》かれたときは、相手《あいて》に聞《き》き返《かえ》すようにしているため、同《おな》じく出自《しゅつじ》について質問《しつもん》を返《かえ》したら、「いや、私は新宿《しんじゅく》です」と。「元々《もともと》はどちらからいらっしゃったんですか」と言《い》ったら、怒《おこ》り始《はじ》めたんです。「えっ、私《わたし》を外人《がいじん》だと思《おも》っているの」みたいな反応《はんのう》でした。おそらくバカにされていると思《おも》ったのか、彼女《かのじょ》は激怒《げきど》しました。

コロンビア大学《だいがく》に行《い》って、どっぷり、あえて日本研究《にほんけんきゅう》に入《はい》った。

人類《じんるい》は日本《にほん》で発祥《はっしょう》していません。日本列島民《にほんれっとうみん》は、みんな様々《さまざま》な時代《じだい》に日本列島《にほんれっとう》に渡《わた》って来《き》ています。その中《なか》で、いろんな事情《じじょう》により、現代《げんだい》では日本国籍《にほんこくせき》を持《も》っている人《ひと》たちがいる。それが今日《こんにち》のマジョリティ。でも、日本系日本人《にほんけいにほんじん》は存在《そんざい》しない。それをいわゆる日本《にほん》の人《ひと》に認《みと》めてもらうことは難《むずか》しいです。「何言《なにい》ってるの？」と言《い》われますよね。特《とく》に年《とし》が上《うえ》の方々《かたがた》とかには受《う》け入《い》れ難《がた》いことかもしれません。でも、国籍以外《こくせきいがい》に日本人《にほんじん》の厳密《げんみつ》な定義《ていぎ》がないのは事実《じじつ》なんですよね。僕自身《ぼくじしん》、「自分《じぶん》は、じゃあ、何系日本人《なにけいにほんじん》なんだろう？」と思《おも》うと、一応自分《いちおうじぶん》はロシア系日本人《けいにほんじん》というのが、それが一番端的《いちばんたんてき》に僕《ぼく》の直近《ちょっきん》のルーツを表現《ひょうげん》していると思《おも》います。

明《あき》らかに、日本列島《にほんれっとう》は多様《たよう》なんですよ。

I am me。自分《じぶん》は自分《じぶん》。逆《ぎゃく》に、それがないときにアイデンティティを押《お》しつけられたり、抱《いだ》いたりしてしまうと、危険《きけん》だと思《おも》います。今《いま》の日本《にほん》のアイデンティティは、幕末《ばくまつ》から戦後《せんご》に渡《わた》っての歴史《れきし》の中《なか》で形成《けいせい》されました。江戸時代以前《えどじだいいぜん》は日本《にほん》や日本人《にほんじん》としての概念《がいねん》は日本列島《にほんれっとう》の住民《じゅうみん》で共有《きょうゆう》されていませんでした。日本人《にほんじん》としての意識《いしき》、国家《こっか》としての意識《いしき》、単一民族《たんいつみんぞく》としての意識《いしき》は明治以《めいじい》降《こう》に確立《かくりつ》されたのです。でも、明《あき》らかに日本列島《にほんれっとう》は多様《たよう》なんです。明治以前《めいじいぜん》はそれが当《あ》たり前《まえ》にみんなに理解《りかい》されていたと思《おも》います。たとえば日本列島《にほんれっとう》の中《なか》で、たくさんの言葉《ことば》が話《はな》されていました。今《いま》、ユネスコが認定《にんてい》している、日本列島《にほんれっとう》で絶滅寸前《ぜつめつすんぜん》の言語《げんご》が８つあるんです。アイヌ、八丈《はちじょう》、琉球《りゅうきゅう》、奄美《あまみ》などの言葉《ことば》です。おそらく明治維新以降《めいじいしんいこう》、同化政策《どうかせいさく》で、標準語《ひょうじゅんご》が国家政策《こっかせいさく》になる前《まえ》は方言《ほうげん》の定義《ていぎ》を超《こ》えて現在《げんざい》は消滅《しょうめつ》してしまった言語《げんご》がもっとありました。標準語《ひょうじゅんご》っていう政策《せいさく》を作《つく》る必要性《ひつようせい》があったってことは、標準《ひょうじゅん》なんかなかったってことです。欧米《おうべい》が日本《にほん》の周《まわ》りをどんどん植民地化《しょくみんちか》していて、そのときに危機感《ききかん》を感《かん》じた薩長《さっちょう》の明治維新《めいじいしん》リーダーたちが政権《せいけん》を握《にぎ》って、国境《こっきょう》を決《き》めて、日本人《にほんじん》っていう概念《がいねん》を国籍《こくせき》に基《もと》づいて決定《けってい》した。約《やく》140年前《ねんまえ》、ついこの間《あいだ》の話《はなし》です。この史実《しじつ》を学校《がっこう》でも学《まな》んでほしいです。

Q

次《つぎ》の世代《せだい》へのアドバイスやメッセージをどうぞ。

自分《じぶん》は、日本《にほん》の未来《みらい》の資産《しさん》だと自信《じしん》を持《も》って思《おも》ってほしい。

自分《じぶん》が今《いま》、日本《にほん》に対《たい》して持《も》っている視点《してん》や気持《きも》ち、日本《にほん》に来《き》て経験《けいけん》したことは、これからの日本社会《にほんしゃかい》にとってもっとも重要《じゅうよう》になると思《おも》います。だから、次世代《じせだい》の若者《わかもの》は自信《じしん》を持《も》って、自分《じぶん》の存在意義《そんざいいぎ》と価値《かち》に気《き》がついてほしい。また同時《どうじ》に英語《えいご》で「sit at the table」っていう言葉《ことば》があるように、話《はな》し合《あ》いの場《ば》に自分《じぶん》が参加《さんか》する権利《けんり》があるということ、押《お》し入《い》ってでも参加《さんか》しなきゃいけないという責任《せきにん》も感《かん》じてほしい。ここに住《す》みたい、人間《にんげん》として豊《ゆた》かな暮《くら》しをしたいと思《おも》うのだったら、積極的《せっきょくてき》に未来《みらい》の日本《にほん》を形成《けいせい》していく協議《きょうぎ》の場《ば》についてほしい。これはビジネスの場《ば》ではすでに常識的《じょうしきてき》なことです。いろんな意見《いけん》がないと、イノベーションが生《う》まれません。社会《しゃかい》も同《おな》じです。多様性《たようせい》が認《みと》められず、繁栄《はんえい》しない社会《しゃかい》は進化《しんか》できないのです。若者《わかもの》が自身《じしん》の内《うち》なる多様性《たようせい》に自信《じしん》を持《も》って主張《しゅちょう》すべきです。

それから、可能《かのう》であれば日本《にほん》を一度《いちど》出《で》て、距離《きょり》を置《お》いて日本《にほん》を見《み》つめてほしい。そのような普遍的《ふへんてき》な視座《しざ》を持《も》ってほしいです。

失《うしな》われた、10年《ねん》、20年《ねん》、30年《ねん》と言《い》われているんですけれども、何《なに》が失《うしな》われたのかなと。僕《ぼく》は変《か》わるチャンスだと思《おも》う。

僕《ぼく》は一度《いちど》、76年《ねん》に日本《にほん》を去《さ》って、高校《こうこう》・大学《だいがく》を卒業《そつぎょう》した後《のち》、86年《ねん》に日本《にほん》に戻《もど》ってきました。当時《とうじ》から、自分《じぶん》の流動性《りゅうどうせい》と日本《にほん》の流動性《りゅうどうせい》というものについて考《かんが》えさせられる経験《けいけん》をたくさんしました。社会人《しゃかいじん》になって研究員《けんきゅういん》として戻《もど》ってきた当時《とうじ》、日本《にほん》はバブルだったんです。それが、4、5年経《ねんた》って弾《はじ》けた。今《いま》、日本《にほん》が行《い》き詰《づ》まってる原因《げんいん》の一《ひと》つに、そのときにembrace（包括《ほうかつ》）しなかった、寛容《かんよう》な気持《きも》ちで抱《いだ》かなかった多様性《たようせい》の現実《げんじつ》というものがあります。今《いま》、行《い》き詰《づ》まった日本《にほん》を変《か》えるためには、日本《にほん》の中《なか》にある「多様性《たようせい》」がチャンスだと思《おも》います。多《おお》くの日本人《にほんじん》は今《いま》まで、日本《にほん》の中《なか》にある多様性《たようせい》を直視《ちょくし》したことがない。日本《にほん》は、「我々《われわれ》」と「彼《かれ》ら」としかとらえない。日本《にほん》という国《くに》の中《なか》にある様々《さまざま》な多様性《たようせい》をなぜそこまで否定《ひてい》するんだろうというのがすごく気《き》になります。この行《い》き詰《づ》まっている今《いま》の機会《きかい》をまた逃《のが》してしまうと、本当《ほんとう》に心配《しんぱい》です。いつか息子《むすこ》たちに、「君《きみ》たちの未来《みらい》はここにない」って言《い》わなきゃいけなくなるかもしれない。すべての、今《いま》、日本《にほん》に住《す》んでいる方々《かたがた》がそう言《い》わなきゃいけなくなるかもしれない。

日本列島《にほんれっとう》に在住《ざいじゅう》している すべての人々《ひとびと》は、「日本列島民《にほんれっとうみん》」。

くり返《かえ》しになりますが、人類《じんるい》は日本列島《にほんれっとう》から発祥《はっしょう》していないので、僕《ぼく》は日本人《にほんじん》という表現《ひょうげん》より「日本列島民《にほんれっとうみん》」という言葉《ことば》が好《す》きなんです。「People living in the Japanese Archipelago」日本列島《にほんれっとう》に在住《ざいじゅう》している人《ひと》たちとして、僕《ぼく》らは「日本列島民《にほんれっとうみん》」だと思《おも》っています。国籍《こくせき》、出自《しゅつじ》、ジェンダーなどは様々《さまざま》かもしれないけれど、すべての人《ひと》たちがどこかから来《き》て、日本《にほん》に住《す》み始《はじ》めたわけです。みんな、時代《じだい》は古代《こだい》から現代《げんだい》と異《こと》なるけど日本《にほん》に移民《いみん》してきた人《ひと》たちですよね。いつ戻《もど》ったり、帰《かえ》ったり、どこかへ行《い》ったりするかはわからないけれど、それはどんな市民《しみん》でも同《おな》じです。その人《ひと》たちは、特別《とくべつ》な存在《そんざい》ではない。「日本《にほん》とは」「日本人《にほんじん》とは」「日本《にほん》の価値《かち》とは」とあいまいな概念《がいねん》で日本《にほん》の未来《みらい》を描《えが》いている今《いま》の政策《せいさく》立案者《りつあんしゃ》には、日本《にほん》がメルティングポット（Melting Pot）であること、様々《さまざま》な時代《じだい》に様々《さまざま》な事情《じじょう》と目的《もくてき》とかを持《も》って日本列島《にほんれっとう》に来《き》た人《ひと》たちによって形成《けいせい》されているものだということを直視《ちょくし》してほしい。僕《ぼく》やこの本《ほん》に登場《とうじょう》する人《ひと》たちはその実在《じつざい》するケースなわけです。この国《くに》の現在《げんざい》であり、未来《みらい》なんです。だから、僕《ぼく》たちがどう日本社会《にほんしゃかい》に編入《へんにゅう》して、適応《てきおう》し、日本社会《にほんしゃかい》に影響《えいきょう》を及《およ》ぼし、また変《へん》化《か》をもたらしていくかということが、過去《かこ》を知《し》るためにも大切《たいせつ》なことだと思《おも》います。

・・・

*1　1917年《ねん》のロシア革命後《かくめいご》、ソビエト政権《せいけん》に反対《はんたい》して亡命《ぼうめい》したロシア人《じん》のこと。

日《に》本《ほん》列《れっ》島《とう》に 在《ざい》住《じゅう》している すべての人《ひと》々《びと》は、

04

列《れっ》島《とう》民《みん》

チュック・ベッシャーさん

5

サヘル・ローズさん

俳優《はいゆう》／タレント

プロフィール

7歳《さい》までイランの孤児院《こじいん》で過《す》ごし、養子縁組後《ようしえんぐみご》に8歳《さい》で養母《ようぼ》と共《とも》に来日《らいにち》。戸《こ》籍《せき》なく、正確《せいかく》な出身地《しゅっしんち》・本名《ほんみょう》・生年月日《せいねんがっぴ》は不明《ふめい》。舞台《ぶたい》『恭《うやうや》しき娼婦《しょうふ》』では主《しゅ》演《えん》を務《つと》め、主演映画《しゅえんえいが》『冷《つめ》たい床《ゆか》』ではミラノ国際映画祭《こくさいえいがさい》をはじめとする様々《さまざま》な映画祭《えいがさい》にて賞《しょう》を受賞《じゅしょう》。映画《えいが》・舞台《ぶたい》への出演《しゅつえん》のみならず、近年《きんねん》では映画監督《えいがかんとく》や舞台演出《ぶたいえんしゅつ》など表現者《ひょうげんしゃ》としての幅《はば》を広《ひろ》げている。2023年《ねん》にはGIORGIO ARMANI「クロスロード」の日本代表《にほんだいひょう》にも選《えら》ばれた。

みんなと
同《おな》じことをしていても、
同《おな》じようにはなれなかった。

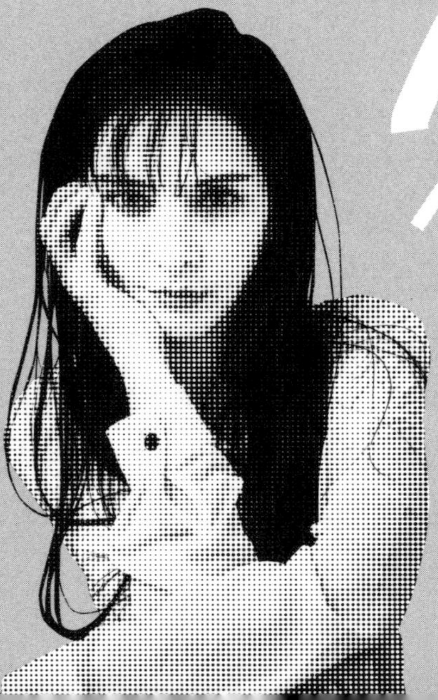

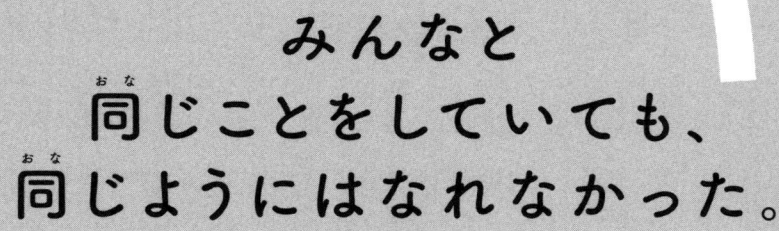

Q

どんな子《こ》ども時代《じだい》でしたか？　どんな子《こ》どもでしたか？

日本《にほん》に来《く》るきっかけになったのは戦争《せんそう》。

戦争《せんそう》が起《お》きなければ、きっと元々《もともと》の生《う》みの親《おや》から離《はな》れることもなければ、ここにもいない。それが幸《しあわ》せかどうかも正直《しょうじき》わからないです。私《わたし》が生《う》まれたであろうエリアはイランの中《なか》でも貧《まず》しいエリアで、そういう地域《ちいき》で生《う》まれた子《こ》どもの多《おお》くは平均《へいきん》12、3歳《さい》ぐらいで結婚《けっこん》させられる。そこに私《わたし》が住《す》んでいたら、ひょっとすると10人以上《にんいじょう》の子《こ》どもがいたかもしれないのです。今日本《いまにほん》に来《き》て、女性《じょせい》として、発言《はつげん》できる権利《けんり》、働《はたら》ける権利《けんり》がある。中東全体《ちゅうとうぜんたい》ではないとはいえ、どうしても一部《いちぶ》の国《くに》、祖国《そこく》もそうですが、女性《じょせい》で生《い》きようと思《おも》っていても、正直生《しょうじきい》きづらさの中《なか》にいたと思《おも》いますし、今《いま》みたいに自由《じゆう》にいられてはいない気《き》がします。

戦争《せんそう》によって孤児《こじ》になったことで今《いま》のお母《かあ》さんと出会《であ》いました。生《お》い立《た》ちのお話《はなし》をしますと、4歳《さい》のとき戦争《せんそう》によって身寄《みより》を失《うしな》い、他《ほか》の戦争孤児《せんそうこじ》と共《とも》に孤児院《こじいん》に入《はい》ったんです。私《わたし》が特別《とくべつ》な子《こ》じゃなく、山《やま》ほど戦争孤児《せんそうこじ》はいました。私《わたし》はそれでもとても運《うん》がよく、生《い》き延《の》びて施設《しせつ》に入《はい》れたのです。3年間施設《ねんかんしせつ》での生活《せいかつ》は苦《くる》しかったけれど、それは決《けっ》して虐待《ぎゃくたい》があったわけではなく、愛情《あいじょう》がほしかった苦《くる》しみです。衣食住《いしょくじゅう》があっても人間《にんげん》は幸《しあわ》せではない。特《とく》に子《こ》どものときにほしいのは愛情《あいじょう》なんだと思《おも》います。ご飯《はん》は少量《しょうりょう》でもいいから抱《だ》きしめてくれる大人《おとな》がいるかどうか、誰《だれ》かの瞳《ひとみ》にうつってるかどうかによって心《こころ》の形成《けいせい》が変《か》わると思《おも》うんです。あのとき大勢《おおぜい》の人々《ひとびと》の中《なか》で、自分《じぶん》を自己表現《じこひょうげん》できる子《こ》もいたけれど、そうなれない子《こ》どもは本当《ほんとう》に端《はし》っこで、誰《だれ》の目《め》にもうつれていなかったのです。それはすごく苦《くる》しいし、空気《くうき》になっていく。そういう子《こ》どもたちは心《こころ》の成長《せいちょう》も止《と》まってしまい、結果《けっか》自分《じぶん》の言葉《ことば》を持《も》てなくなります。

今《いま》のお母《かあ》さんと出会《であ》ったのが7歳《さい》。

家族《かぞく》のあり方《かた》はたくさんあるから、どれが正解《せいかい》でどれが普通《ふつう》かっていうのはたぶん決《き》められないものだと思《おも》います。血《ち》が繋《つな》がっていなくても幸《しあわ》せな家族《かぞく》だっているし、血《ち》が繋《つな》がっていても地獄《じごく》のような家族《かぞく》だっている。そういう意味《いみ》では家族《かぞく》のあり方《かた》、形《かたち》にはそれほどこだわらなくていいものだと今《いま》は思《おも》いますが、それをまだ知《し》らない子《こ》どもたちはみんないわゆる家族《かぞく》をほしがります。家族《かぞく》がいれば施設《しせつ》から出《で》られて、自由《じゆう》を得《え》られ、愛《あい》してもらえる。しかし養子縁組《ようしえんぐみ》の年齢《ねんれい》は決《き》まっているため、チャンスはほんの一《ひと》握《にぎ》りなんです。引《ひ》き取《と》り手《て》が一番多《いちばんおお》いのは、赤《あか》ちゃんです。なぜなら赤《あか》ちゃんが一番育《いちばんそだ》てやすいですし、お母《かあ》さんも同《おな》じように赤《あか》ちゃんだから、親子《おやこ》で一緒《いっしょ》に成長《せいちょう》していくのが本来《ほんらい》は一番《いちばん》よい。ですが大《おお》きい子《こ》になると、引《ひ》き取《と》る親《おや》も急《きゅう》に7歳《さい》、8歳《さい》の親《おや》にならなきゃいけないため大変《たいへん》なのだと思《おも》います。

今《いま》のお母《かあ》さんと出会《であ》ったのが7歳《さい》のとき。それまでも3年間《ねんかん》いろんな人《ひと》に会《あ》わせてもらったのですが、誰《だれ》のことも別《べつ》に「お母《かあ》さん」と呼《よ》んだことはなかった。不思議《ふしぎ》なできごとですが、彼女《かのじょ》にだけ、私《わたし》は「お母《かあ》さん」って第一声《だいいっせい》で言《い》ったんです。子《こ》どもって、無意識《むいしき》に大人《おとな》がほしい言葉《ことば》をわかって口《くち》にすると言《い》います。選《えら》ばれないという経験《けいけん》をたくさんして、私《わたし》も無意識《むいしき》に選《えら》ばれるためにはどうしたらいいんだろうと考《かんが》えた中《なか》で見《み》つけた答《こた》えが、もしかしたら「お母《かあ》さん」だったのかもしれないです。

愛《あい》してるかどうかもわかんない知《し》らない大人《おとな》の人《ひと》と一緒《いっしょ》に暮《く》らすようになって。

引《ひ》き取《と》ってもらった後《あと》も、「愛《あい》」や「家族《かぞく》」の意味《いみ》がわからなかった。急《きゅう》に「お母《かあ》さんです」と言《い》われても、その意味《いみ》がわからなかったです。施設《しせつ》を出《で》て、ずっとほしかった自分《じぶん》の部屋《へや》を与《あた》えられても、急《きゅう》にシーンとした部屋《へや》の中《なか》で孤独《こどく》を感《かん》じてしまったのです。施設《しせつ》はみんなで生活《せいかつ》をしていてうるさいぐらいでしたので、静《しず》けさが恐怖《きょうふ》だった。愛《あい》しているかどうかもわからない母《はは》と一緒《いっしょ》に暮《く》らすようになり、不安《ふあん》からなのか物《もの》をたくさん壊《こわ》したり、嘘《うそ》をついたり。どこかで注目《ちゅうもく》されたいのと同時《どうじ》にどのくらいまでやったら許《ゆる》してくれるんだろうと、試《ため》すようなことをしていました。母《はは》からすると反抗期《はんこうき》のようですが、実際《じっさい》は違《ちが》っていた。私《わたし》の気持《きも》ちを母《はは》はすごく汲《く》み取《と》ってくれて、怒《おこ》るとか叱《しか》るのではなく、私《わたし》にペースを合《あ》わせてくれた。実《じつ》は母《はは》は私《わたし》を引《ひ》き取《と》るために自分《じぶん》の体《からだ》を手術《しゅじゅつ》によって、子《こ》どもを生《う》めない体《からだ》にまでしてくれていたんです。それは、私《わたし》が18歳《さい》まで知《し》らなかったことの一《ひと》つでした。

引《ひ》き取《と》られて1年《ねん》後《ご》には知《し》らない国《くに》へ。

日本《にほん》に来《き》た大《おお》きな理由《りゆう》はお母《かあ》さんが結婚《けっこん》していた旦那《だんな》さん、私《わたし》にとっての義父《ぎふ》が日本《にほん》にいたからです。私《わたし》を引《ひ》き取《と》るにあたって母《はは》が家族《かぞく》と当時《とうじ》衝突《しょうとつ》してしまい、私《わたし》たちはイランにとどまることができなかった。母《はは》の家族《かぞく》は、私《わたし》のことが嫌《きら》いというより、自分《じぶん》の娘《むすめ》が違法《いほう》な手術《しゅじゅつ》をしてまで私《わたし》を引《ひ》き取《と》るという選択《せんたく》をしたことを受《う》け入《い》れられなかった。もちろん普通《ふつう》の病院《びょういん》では手術《しゅじゅつ》はできないため、麻酔《ますい》を使《つか》わずに先生《せんせい》のクリニックで行《おこな》われた。命《いのち》を懸《か》けてくれた。「私《わたし》は決《き》めた、この子《こ》のことを育《そだ》てると。子《こ》どもは生《お》い立《た》ちとか、どこで育《そだ》つかが問題《もんだい》ではなくて『誰《だれ》が育《そだ》てる』か、『誰《だれ》と出会《であ》う』かによって人生《じんせい》が変《か》わる。だからこの子《こ》を私《わたし》は必《かなら》ず立派《りっぱ》にしてみせる」と。

母《はは》は、一度《いちど》言《い》ったことは必《かなら》ず守《まも》る人《ひと》です。そして絶対《ぜったい》に諦《あきら》めない人《ひと》です。日本《にほん》に来《き》て、1ヶ月《げつ》も経《た》たない頃《ころ》に義理《ぎり》の父親《ちちおや》から虐待《ぎゃくたい》を受《う》け始《はじ》め、母《はは》は私《わたし》を守《まも》るために家《いえ》を飛《と》び出《だ》して2人《ふたり》で2週間《しゅうかん》ほど公園《こうえん》で生活《せいかつ》をしていた。そんなときも、誰《だれ》かに頭《あたま》を下《さ》げ物乞《ものご》いをすることはありませんでした。書《か》き出《だ》したらキリがない。ただただ、お金《かね》がない、食《た》べ物《もの》がない、家《いえ》を確保《かくほ》できない……必死《ひっし》であらゆる仕事《しごと》をして、私《わたし》のために母《はは》は一生懸命働《いっしょうけんめいはたら》いてくれた。

子《こ》どもなりにわかることもあって、でも言《い》えない、触《ふ》れちゃいけない、と子《こ》どもも遠慮《えんりょ》するものです。

8歳《さい》から日本《にほん》へ。言語習得《げんごしゅうとく》までに時間《じかん》がかかった。

小《しょう》4から、みんなと同《おな》じ授業《じゅぎょう》に参加《さんか》しました。その前《まえ》は、小《しょう》2の2学期《がっき》から日本《にほん》の小学校《しょうがっこう》に入《はい》ったものの、言葉《ことば》の壁《かべ》が高《たか》く、授業《じゅぎょう》がわからなかった。みんなと同《おな》じ空間《くうかん》で同《おな》じようにしているけれど、同《おな》じじゃなかった。その孤独《こどく》を誰《だれ》かにわかってほしかった。その誰《だれ》かが、私《わたし》の人生《じんせい》にはどんどんあらわれるようになるんです。お金《かね》がなかったので、ランドセルは担任《たんにん》の先生《せんせい》がプレゼントしてくれました。日本《にほん》の公立《こうりつ》の学校《がっこう》は、授業料《じゅぎょうりょう》は無料《むりょう》ですが、揃《そろ》えなければいけないものがたくさんあります。習字《しゅうじ》セット、体操《たいそう》着《ぎ》、上履《うわば》き、家庭科《かていか》セット……正直《しょうじき》お金《かね》がかかります。日本《にほん》ではよく、「これは規則《きそく》なんです」という言葉《ことば》で、それぞれの事情《じじょう》を考《こう》慮《りょ》されることが少《すく》ない。私《わたし》の体験談《たいけんだん》は外国人《がいこくじん》に限《かぎ》らず、日本《にほん》の方《かた》でも同《おな》じだと感《かん》じます。実際《じっさい》に、日本《にほん》の家族《かぞく》でも払《はら》えない人《ひと》もいます。揃《そろ》えられない人《ひと》もいる中《なか》で、どうやって今《いま》のマニュアルからはみ出《だ》した人々《ひとびと》を救《すく》うのか……。今《いま》まで通《どお》りの規則《きそく》では社会《しゃかい》は成《な》り立《た》たなくなってきていると思《おも》います。そういうところから無《む》意識《いしき》に、違《ちが》う存在《そんざい》と共存《きょうぞん》できない、違《ちが》う人《ひと》がいるとちょっと異物《いぶつ》に感《かん》じたりする。どんどん自分《じぶん》が違《ちが》うことがいけないのかなと当《とう》事者《じしゃ》は思《おも》ってしまうが、本当《ほんとう》は、全員違《ぜんいんちが》うことが当《あ》たり前《まえ》なんです。そのことが、今《いま》の時代《じだい》には欠《か》けている思《おも》いやりだと思《おも》います。

校《こう》長《ちょう》先《せん》生《せい》が1日《にち》日《に》本《ほん》語《ご》10単《たん》語《ご》。文《ぶん》法《ぽう》は後《あと》からでいいから、と。

言葉《ことば》がわからなかったことで、最初《さいしょ》は友達《ともだち》が作《つく》れなかった。友《とも》達《だち》になりたくても、コミュニケーションがとれない寂《さび》しさ。友達《ともだち》がわりだったのが、『おかあさんといっしょ』、『おじゃる丸《まる》』、『忍《にん》たま乱太郎《らんたろう》』など、テレビの中《なか》にいる人《ひと》たち。そんな私《わたし》に、日本《にほん》語《ご》を話《はな》せるように助《たす》けてくれたのが、小学校《しょうがっこう》の校長先生《こうちょうせんせい》。小学校《しょうがっこう》に通《かよ》って数週間後《すうしゅうかんご》ぐらいに、「もう教室《きょうしつ》に行《い》かなくていい」と言《い》ってくれた。「何《なに》もわからないのに普通《ふつう》の教室《きょうしつ》に入《い》れても授業《じゅぎょう》についていくことは無理《むり》」と。それから私は、クラスではなく校長室《こうちょうしつ》に通《かよ》いました。校長先生《こうちょうせんせい》が一対一《いったいいち》で教《おし》えてくれたのは、1日日本《にちにほん》語《ご》10単語《たんご》。「10個《こ》だけ。文法《ぶんぽう》は後《あと》からでいいから。まずは単語《たんご》を覚《おぼ》えなさい」と。たとえばこれが「えんぴつ」、これが「グラス」、これが「水《みず》」、というように実際《じっさい》の物《もの》を見《み》せ、触《さわ》らせてくれながら、教《おし》えてくれた。「ボキャブラリーが増《ふ》えていけばコミュニケーションが進《すす》むので、接続詞《せつぞくし》はその後《あと》でいい」と言《い》われました。そして単語《たんご》が少《すこ》しずつ使《つか》えるようになると、自然《しぜん》と友達《ともだち》と会話《かいわ》をすることも怖《こわ》くなくなってくる。本当《ほんとう》に学校《がっこう》の先生《せんせい》たちの「お節介《せっかい》」に、私《わたし》はとても助《たす》けられました。

低《てい》学《がく》年《ねん》での転《てん》校《こう》は大《だい》丈《じょう》夫《ぶ》だったのに……。高《こう》学《がく》年《ねん》になればなるほど色《いろ》々《いろ》難《むずか》しい年《ねん》齢《れい》に。

小学生《しょうがくせい》の頃《ころ》はよく転校《てんこう》しました。低学年《ていがくねん》のときはみんな無邪気《むじゃき》で、別《べつ》に国《くに》として相手《あいて》を見《み》ない。目《め》の前《まえ》の「人《ひと》」を見《み》ている気《き》がするのですが、それが高学年《こうがくねん》になってくると、変化《へんか》してきます。たとえば、家《いえ》の中《なか》の会話《かいわ》が子《こ》どもに影響《えいきょう》を与《あた》えますし、考《かんが》え方《かた》も変《か》わってきてしまう。いつのまにか、「人《ひと》」を「国《くに》」として見始《みはじ》めてきます。そんな一番難《いちばんむずか》しい高学年《こうがくねん》で引《ひ》っ越《こ》しをしてしまった経験《けいけん》が「今《いま》」につながるのです。

もちろん、母《はは》は懸命《けんめい》に働《はたら》き、家庭《かてい》を支《ささ》えてくれた。でも、転校《てんこう》をしていくことに徐々《じょじょ》にストレスを感《かん》じてしまいます。日本語《にほんご》を少《すこ》しずつ学《まな》び、「やっと友達《ともだち》ができたー！」と思《おも》っても、また引《ひ》き裂《さ》かれていく。事情《じじょう》も、母《はは》の気持《きも》ちもわかってはいましたが、高学年《こうがくねん》になって私《わたし》にも変化《へんか》は起《お》きています。たとえば、三者面談《さんしゃめんだん》で私《わたし》が恥《は》ずかしい思《おも》いをしないために、母《はは》は一生懸命《いっしょうけんめい》香水《こうすい》をつけてきます。それはなぜか？　正解《せいかい》は……、お風呂《ふろ》に入《はい》れなかったから。そう、体臭《たいしゅう》を消《け》すためだった。他《ほか》にも、顔《かお》もみんなとは違《ちが》う。「お化《ば》けがきた、なんかサヘルのお母《かあ》さんって臭《くさ》いー‼」って言《い》われる。すごく恥《は》ずかしかったけれど、それでも日本語《にほんご》を数《すう》ヶ月《げつ》で覚《おぼ》えた。大人《おとな》でしたよ。私《わたし》は等身大《とうしんだい》を生《い》きた記憶《きおく》がないのです。小《しょう》５ぐらいから、ランドセルを背負《せお》って家賃《やちん》や保険《ほけん》、光熱費《こうねつひ》などあらゆる支払《しはら》いをしていました。常《つね》に母《はは》のために通訳《つうやく》をする。私《わたし》が本当《ほんとう》に背伸《せの》びしなければ、母《はは》を守《まも》れなかった。

定時制《ていじせい》に行《い》くまで「居場所《いばしょ》」がなかった。でも定時制《ていじせい》だったからこそ出合《であ》えた「私《わたし》の本音《ほんね》」。

実《じつ》は、成績《せいせき》で嘘《うそ》をついていたことが私《わたし》の人生《じんせい》を大《おお》きく変《か》えたのです。中学生《ちゅうがくせい》のときに気《き》づいたらオール1になっていた。「あれ、サヘルちゃん前《まえ》は3とか4もあったのに、全部《ぜんぶ》1ってどういうこと？」と母《はは》に聞《き》かれ、「実《じつ》は、1が一番《いちばん》いいんだよ」と言《い》ったら、もう母《はは》は大喜《おおよろこ》び。娘《むすめ》がこんな優秀《ゆうしゅう》になったと喜《よろこ》んでくれた。成績《せいせき》がクラスの最下位《さいかい》だった私《わたし》が選択《せんたく》できた高校《こうこう》は定時制《ていじせい》でした。でも、定時制《ていじせい》に行《い》ってよかったと思《おも》います。なぜなら、同《おな》じように言葉《ことば》が習得《しゅうとく》できず苦《くる》しんでいる外国籍《がいこくせき》の仲間《なかま》もいた。また、生活《せいかつ》が困窮《こんきゅう》している日本《にほん》の仲間《なかま》とも出会《であ》えた。みんな一生懸命《いっしょうけんめい》朝《あさ》は働《はたら》いてから、午後《ごご》に学《まな》びにくる。「居場所《いばしょ》」がなかった中学校《ちゅうがっこう》とは違《ちが》い、高校《こうこう》に同《おな》じ境遇《きょうぐう》の人《ひと》がいたことで救《すく》われた。

殺《ころ》されてもいい。大学《だいがく》に行《い》くためには。

「居場所《いばしょ》」はできても、お金《かね》は必要《ひつよう》だった。そのため、大学《だいがく》に進《しん》学《がく》するまでに、いろんなアルバイトを経験《けいけん》しました。外国人専門《がいこくじんせんもん》のエキストラ会社《がいしゃ》の募集《ぼしゅう》を母《はは》が見《み》つけてくれて、登録《とうろく》が無料《むりょう》だったので2人《ふたり》で登録《とうろく》をしました。しかし、私《わたし》は、黒髪《くろかみ》でブロンドへアでもなく、ましてやスタイルがよかったわけでもなかった。ニーズがなくてオーディション前《まえ》の写真選考《しゃしんせんこう》ですら何度《なんど》も何度《なんど》も落《お》ちました。いくらやってもだめで、それでも大学《だいがく》に進学《しんがく》するためにはお金《かね》が必要《ひつよう》だったので、「何《なん》でもいいのでやらせてください」と事務所《じむしょ》の方《かた》に伝《つた》えた。すると、「死体《したい》でもいいの？」と聞《き》かれ、「はい」と即答《そくとう》した日《ひ》から、死体役《したいやく》を約《やく》6年《ねん》ずっとやりました。当時《とうじ》は再現《さいげん》VTRが多《おお》く、同《おな》じエキストラでも大御所《おおごしょ》がいらっしゃって、だいたい、主演《しゅえん》の方《かた》はブロンドヘアの「ザ・ヨーロッパ」の方《かた》。私《わたし》は死体役《したいやく》でしたので、基本的《きほんてき》には「殺《ころ》される順番《じゅんばん》」待《ま》ち。本当《ほんとう》に殺《ころ》されても「お金《かね》」がもらえるのでよかったのですが、あるとき、生《い》きている役《やく》がきたんです！　「珍《めずら》しい、私生《わたしい》きてる」と思《おも》ったら「テロリストの役《やく》」だった。その後《ご》も、少《すこ》しずつテロリストやハイジャック犯《はん》の役《やく》が増《ふ》えてきたが、悔《くや》しかった。なぜ、悪《わる》いイメージのときだけ、中東《ちゅうとう》の人間《にんげん》が使《つか》われるのだろう。どんどん悔《くや》しくなりました。今《いま》も、テレビで流《なが》れるイランの報道《ほうどう》はネガティブなことばかり。正直《しょうじき》、イメージがあまりにも偏《かたよ》っている問題《もんだい》は、2024年現在《ねんげんざい》も続《つづ》いていますよね。この考《かんが》えを変《か》えなきゃいけない。

Q
今《いま》の仕事《しごと》についたきっかけは？

同《おな》じ目《め》にはあわせない。
だからこそ、イメージを変《か》えたい。

小《ちい》さいときから、表現《ひょうげん》だけは好《す》きでした。母《はは》に引《ひ》き取《と》ってもらった後《あと》、小学校《しょうがっこう》１年生《ねんせい》までイランにいました。今《いま》でもよく覚《おぼ》えています。発表会《はっぴょうかい》でけっこう褒《ほ》められたこと。それまで孤児院《こじいん》での生活《せいかつ》で、母語《ぼご》も、知識《ちしき》も、習得《しゅうとく》が遅《おく》れていた。でも、暗記能力《あんきのうりょく》だけはあの頃《ころ》、人一倍強《ひといちばいつよ》かった。孤児院《こじいん》では周《まわ》りの大人《おとな》たちを観察《かんさつ》してばかりいたからこそ得《え》られた特殊能力《とくしゅのうりょく》があります。小《しょう》１のとき、発表会《はっぴょうかい》の MC をやりました。知識《ちしき》も言語《げんご》も遅《おく》れていたのに、挑戦《ちょうせん》した。きっと私《わたし》の心情的《しんじょうてき》に、今《いま》まで何《なに》かで注目《ちゅうもく》されたことが孤児院《こじいん》ではなかった。生《う》まれて初《はじ》めて発表会《はっぴょうかい》で注目《ちゅうもく》を浴《あ》びた。あの日《ひ》に感《かん》じた、「私《わたし》」でも「人《ひと》」を喜《よろこ》ばせられる、自己表現《じこひょうげん》をしていけば「生《い》きる」意味《いみ》も何《なに》か、自分《じぶん》の人生《じんせい》からも伝《つた》えていくことができる。あの日《ひ》の体験《たいけん》がきっかけの一《ひと》つになり、今《いま》の仕事《しごと》にどこか興味《きょうみ》を抱《いだ》いた。

そしてもう一《ひと》つ。私《わたし》の祖国《そこく》であるイランには素敵《すてき》なところがたくさんありますが、今《いま》の時代《じだい》、まるでイスラム教徒全員《きょうとぜんいん》がテロリストであるかのように思《おも》われてもおかしくない「切《き》り抜《ぬ》かれたイメージ」が一人歩《ひとりある》きしています。私《わたし》は、メディアを通《とお》して、「イラン人《じん》＝テロリスト」ではない、と伝《つた》えたい。世《よ》の中《なか》に問題提起《もんだいていき》するためには自分《じぶん》の名前《なまえ》に力《ちから》がないとダメ。無名《むめい》では社会《しゃかい》は振《ふ》り向《む》いてくれない。であれば自分《じぶん》の名前《なまえ》に価値《かち》をつけ、私《わたし》が一《ひと》つの電《でん》波塔《ぱとう》になればいいんだと。

探《さぐ》りたかった、
祖国《そこく》を好《す》きになれる要因《よういん》を。

　国籍《こくせき》が否定《ひてい》されて、祖国《そこく》へのヘイトを放置《ほうち》してはいけない。自《じ》分《ぶん》が我慢《がまん》して終《お》わり、と思《おも》ってはいけないのです。次《つぎ》の世代《せだい》も同《おな》じ目《め》にあうのは、傷《きず》つくのは嫌《いや》。私《わたし》の中《なか》に流《なが》れている「イラン」、私《わたし》を育《そだ》ててくれた母《はは》の教《おし》えはとても大事《だいじ》なものばかりです。自分《じぶん》の国《くに》に対《たい》して敬意《けいい》を持《も》ちたい気持《きも》ちは母《はは》から学《まな》んだのですが、祖《そ》国《こく》を好《す》きになれる要因《よういん》が見《み》つからずじまい。ですが、2019年《ねん》にその瞬間《しゅんかん》がおとずれたのです。支援《しえん》でおとずれた難民《なんみん》キャンプ、その母子《ぼし》センターでのできごと。ハグして笑《わら》っていたのに、「イラン人《じん》なんだ」と伝《つた》えた瞬間《しゅんかん》に部屋《へや》が一瞬《いっしゅん》で凍《こお》りついた。国家《こっか》の罪《つみ》を国民《こくみん》が背負《せお》わされていく。その瞬間《しゅんかん》を私《わたし》は体感《たいかん》した。「イラン」というパスポートを持《も》っているだけで、自由《じゆう》はなくなる。国家《こっか》と、国民《こくみん》は違《ちが》う。私《わたし》が「イラン人《じん》」であることを誇《ほこ》りに感《かん》じ、やさしさを繋《つな》げていけば、「イラン」はもっと愛《あい》されるのかな？　私《わたし》はイラン国民《こくみん》であることを提示《ていじ》し続《つづ》けたい。そうでないと、今後《こんご》もっと、分断《ぶんだん》や、差別《さべつ》が全世界《ぜんせかい》を覆《おお》っていく。「無関心《むかんしん》」をつらぬいた人《ひと》たちによって、「偏見《へんけん》」が蔓延《まんえん》している。私《わたし》が声《こえ》を出《だ》さなければば、「沈黙《ちんもく》」という加担《かたん》をしてしまう。

Q

あなたの逆境《ぎゃっきょう》や困難《こんなん》を乗《の》り越《こ》えるコツは？

とことん落《お》ちるところまで落《お》ちて、そして心《こころ》に嘘《うそ》をつかない。

落《お》ちるとき、誰《だれ》だって落《お》ちたくないから、一生懸命《いっしょうけんめい》足掻《あが》くと思《おも》います。でも足掻《あが》くと、どんどん沼《ぬま》にはまる。大切《たいせつ》なのは、足掻《あが》かずに落《お》ちる。そう、落《お》ちるところまで落《お》ちましょう。無理《むり》にはい上《あ》がらずに、自分《じぶん》の心《こころ》のタイミングでゆっくり立《た》ち上《あ》がっていけばいい。そういうとき、誰《だれ》かの助言《じょげん》を求《もと》めてはいないものです。結局《けっきょく》は、自分《じぶん》の心《こころ》の声《こえ》を聞《き》くことが大切《たいせつ》な助言《じょげん》なんだと思《おも》う。みんな、私《わたし》も、自分《じぶん》のインナーチャイルドと友《とも》になれると思《おも》うのです。「自分《じぶん》」と出会《であ》うことが「成長《せいちょう》」になる。だからこそ成長《せいちょう》したいときは、定期的《ていきてき》に落《お》ちるようにします。いわゆる蛇《へび》の脱皮《だっぴ》みたいに、心《こころ》を脱皮《だっぴ》させる。それに、ひたすら泣《な》くようにします。泣《な》くことで心《こころ》が開放《かいほう》され、自分《じぶん》との対話《たいわ》にもなっていく。

Q
日本《にほん》で「みんなとちょっと違《ちが》う」ことの強《つよ》みや弱《よわ》みは？

幼少期《ようしょうき》から日本《にほん》で育《そだ》ったとはいえ、自己表現《じこひょうげん》が他《ほか》と違《ちが》う。

　感情《かんじょう》の出《だ》し方《かた》や、心《こころ》の感《かん》じるセンサーなどが違《ちが》った視点《してん》を持《も》っていることを、子《こ》どもの頃《ころ》はわからなかった。だからなのかな、その違《ちが》いが苦《くる》しかった。大人《おとな》になれば「その違《ちが》い」は強《つよ》みになっていくこと、ポジティブに変換《へんかん》できることに気《き》づけなかった。「大丈夫《だいじょうぶ》だよ、それは強《つよ》みなんだから。自分《じぶん》の持《も》っている視点《してん》や他《ほか》と違《ちが》うことをネガティブに考《かんが》えなくていいよ」って、今《いま》の私《わたし》は、あのときの私《わたし》に教《おし》えてあげたい。

　聞《き》こえてくるもの、見《み》えるもの、感《かん》じ方《かた》、表現一《ひょうげんひと》つ言《い》い方《かた》や手《て》の動《うご》かし方《かた》、表情筋《ひょうじょうきん》の使《つか》い方《かた》、人間《にんげん》みんな違《ちが》うんです。違《ちが》っていいのに……、あの頃《ころ》は、みんなと同《おな》じになれば「仲間《なかま》に入《い》れてもらえる」と勘違《かんちが》いしていた。体《からだ》つきもすべてがみんなと離《はな》れすぎていて、苦《くる》しかった。でもある瞬間《しゅんかん》から、「違《ちが》うからこそ重宝《ちょうほう》される」と「個性《こせい》」になっていった。でも、幼少期《ようしょうき》に誰《だれ》も「個性《こせい》」とは言《い》ってくれなかった。どちらかといえば、「変《か》わり者《もの》」と言《い》われたのです。それが「個性《こせい》」という言葉《ことば》に変《か》わったとたん、自分《じぶん》に誇《ほこ》りを持《も》てた。日本《にほん》でも、「違《ちが》いを楽《たの》しもう」と言《い》いますが、そんな社会《しゃかい》にはまだなれていない。そのことを、子《こ》どもたちに教《おし》えたいです。若《わか》い子《こ》たちは、その違《ちが》いを目《め》の前《まえ》で学《まな》べる機会《きかい》をすでに持《も》っている。生《い》きた教科書《きょうかしょ》は、みんなの傍《そば》にいる。「自分《じぶん》と考《かんが》えが違《ちが》う友《とも》ほど新《あたら》しい視点《してん》をくれるし、それはとってもポジティブなことだよ」と伝《つた》えたい。

救《すく》ってくださった方々《かたがた》が90%、けれど10%の残像《ざんぞう》が90%をこえる。

「ああ、ニュースで見《み》る犯罪者《はんざいしゃ》」と中学時代《ちゅうがくじだい》の苦《にが》い記憶《きおく》。子《こ》どもたちは学校《がっこう》、友達《ともだち》のこと、勉強《べんきょう》など、苦《くる》しいことを、親《おや》には言《い》えない。また、親《おや》も案外気《あんがいき》づけない。なぜなら親《おや》は親《おや》で苦《くる》しい。大人《おとな》の世界《せかい》にも「いじめ」はあります。

1日《にち》の中《なか》であった100個《こ》のいいことより、1個《こ》の嫌《いや》なことがあると、それがずっと残像《ざんぞう》のように残《のこ》る。たとえば、1日《にち》ハッピーだったなって思《おも》っても、外《そと》で急《きゅう》に、差別的《さべつてき》な言葉《ことば》を浴《あ》びせられたとしたら、私《わたし》が何《なに》かしたわけでもないのに、と。そういういろんな苦《くる》しみが中学《ちゅうがく》3年《ねん》まで蓄積《ちくせき》されてしまった。差別《さべつ》を避《さ》けるための最終的《さいしゅうてき》な手段《しゅだん》は祖国《そこく》に帰《かえ》ることかもしれないけど、帰《かえ》っても私《わたし》には「おかえり」と待《ま》ってくれる誰《だれ》かがいるわけではない。当時《とうじ》の私《わたし》にとって、「死《し》」が一番《いちばん》の解決法《かいけつほう》だった。

そんな、「死《し》にたい」と言《い》う私《わたし》を母《はは》は否定《ひてい》しなかったです。「いいよ死《し》んでも、でもお母《かあ》さんも一緒《いっしょ》に逝《い》く」と。よく誰《だれ》かの死《し》にたいという声《こえ》に対《たい》して、そんなの考《かんが》えすぎとか、思《おも》い込《こ》みすぎとか言《い》われます。だけど、それはギリギリを生《い》きている本人《ほんにん》の救《すく》いにはならない。本人《ほんにん》を苦《くる》しめているものは本人《ほんにん》にしかわからない。あのとき母《はは》が肯定《こうてい》してくれた。どんな言葉《ことば》よりも、「聞《き》いてくれる」存在《そんざい》をみんな求《もと》めている。

Q

周《まわ》りからしてほしかったサポートは？

課《か》外《がい》授《じゅ》業《ぎょう》。

　自分《じぶん》の国《くに》をみんなに伝《つた》える場《ば》がなかった。せっかく周《まわ》りと違《ちが》うルーツを持《も》っているのだから、それを互《たが》いに学《まな》ぶ機会《きかい》としてうまく利用《りよう》してほしかったです。自分《じぶん》が中心《ちゅうしん》となってみんなに伝《つた》えられる機会《きかい》があったら。自分《じぶん》の言語《げんご》を話《はな》すとか、自分《じぶん》の国《くに》の映画《えいが》をみんなで見《み》るとか、家庭科《かていか》の授業《じゅぎょう》で自分《じぶん》の国《くに》の料理《りょうり》を作《つく》るとか。そうしたら自分《じぶん》の祖国《そこく》をもっと肯定《こうてい》できたかもしれない。自分《じぶん》の国籍《こくせき》を嫌《きら》いになったり、自分《じぶん》が何人《なにじん》であることを否定《ひてい》せずにすんだのかなと思《おも》う。何《なに》が正《ただ》しくて何《なに》が正《ただ》しくないのか子《こ》どもにはわからない。だからこそ、大人《おとな》に道案内《みちあんない》をしてほしかったと思《おも》います。

Q

自分《じぶん》のアイデンティティについてどうとらえていますか？

私《わたし》のアイデンティティはワタシ自身《じしん》。

パスポートがアイデンティティ？　絶対違《ぜったいちが》う。正直《しょうじき》、「アイデンティティって何《なに》」と聞《き》かれるたびに戸惑《とまど》います。「決めなきゃいけないのかな」と。私《わたし》にとっては、アイデンティティはコロコロ変《か》わるものなのだと思《おも》うんです。枠《わく》に入《い》れようとするから苦《くる》しくなる。「アイデンティティ」という言葉《ことば》によってダブルの子《こ》たちや帰《き》国子女《こくしじょ》の方々《かたがた》も、苦《くる》しんでると聞《き》いたことがあります。

私《わたし》も多分《たぶん》、同《おな》じ葛藤《かっとう》と戦《たたか》っています。どこにもはめられたくない。自由《じゆう》でいたい。どこにいても私《わたし》はワタシ。私《わたし》のアイデンティティはワタシ自身《じしん》。でも社会《しゃかい》では「私《わたし》は、私《わたし》そのものがアイデンティティのかたまり」っていうのは通《つう》じないから、どこかで社会《しゃかい》向《む》けにもう一《ひと》つちゃんと「アイデンティティ」をつくっておかないといけないと思《おも》う。でも私《わたし》の根《ね》っこは「地球《ちきゅう》」に埋《う》まっている。私《わたし》は１本《ぽん》の木《き》として、どこにでも私《わたし》の枝《えだ》はあるし、私《わたし》の根《ね》っこは地球《ちきゅう》をはっている。アイデンティティは、それでいいんじゃないかと。それが一番伝《いちばんつた》えたい私《わたし》の「平和《へいわ》」だと思《おも》います。祖国《そこく》は祖《そ》国《こく》であっていいと思《おも》うけれど、祖国《そこく》とアイデンティティというものを一緒《いっしょ》にしてほしくない。似《に》て非《ひ》なるものだと私《わたし》は思《おも》う。祖国《そこく》には、敬意《けいい》は払《はら》います。でも私《わたし》がそれを引《ひ》き継《つ》ぐかと問《と》われたら、ちょっと違《ちが》う。アイデンティティは、一人一人《ひとりひとり》が本当《ほんとう》に心《こころ》が落《お》ち着《つ》く「場所《ばしょ》」にしてほしいと、個人的《こじんてき》には思《おも》っています。正《ただ》しいかどうかはわからないですが、アイデンティティへの私《わたし》の答《こた》えです。

今《いま》はたぶん、外国《がいこく》に行《い》った方《ほう》が生《い》きづらさがあると思《おも》うんです。中東《ちゅうとう》の人々《ひとびと》は特《とく》に居場所《いばしょ》がない。私《わたし》や母《はは》は幼少期《ようしょうき》から日本《にほん》に来《き》ていて、多《おお》くの日本《にほん》の方々《かたがた》に助《たす》けられていることもあり、日本《にほん》は私《わたし》たちのホームなんです。ほっとします。異国《いこく》に行《い》った瞬間《しゅんかん》、あらゆる差別《さべつ》も見《み》てしまうので、外国《がいこく》に行く方《ほう》がときおり苦《くる》しい。世界中《せかいじゅう》が大変《たいへん》な状況《じょうきょう》ですがそれでも、日本《にほん》という国《くに》の良《よ》さ、日本《にほん》の人々《ひとびと》の親切《しんせつ》なところは別格《べっかく》だと思《おも》います。そうでないケースも、「人《ひと》」もいます。それでも私《わたし》は素敵《すてき》な日本《にほん》をたくさん知《し》っている。

Q

次《つぎ》の世代《せだい》へのアドバイスやメッセージをどうぞ。

苦《くる》しみは見《み》えない「お得品《とくひん》」。

38年《ねん》の人生《じんせい》で気《き》づいたことは、苦《くる》しかった時期《じき》にこそ素敵《すてき》な出《で》会《あ》い貯金《ちょきん》をさせていただけたと思《おも》うんです。弱《よわ》さがいつのまにか長所《ちょうしょ》に変《か》わった。「弱《よわ》さ」というのは私《わたし》の「強《つよ》さ」、実《じつ》は一番強《いちばんつよ》さを学《まな》んだり、感《かん》じるのは一番苦《いちばんくる》しんでいるとき。自分《じぶん》が強《つよ》くあろうとすればするほど、弱《よわ》い自分《じぶん》を否定《ひてい》していく。人間《にんげん》って、本当《ほんとう》は全員弱《ぜんいんよわ》いのにね。強《つよ》くなりたいと思《おも》うのはみんな同《おな》じ。それでも、自分《じぶん》の中《なか》にある自分《じぶん》らしさを見《み》つけるのは困難《こんなん》。「自分《じぶん》らしさ」なんていう確《たし》かなものはないんです、きっと。それはコロコロと変《か》わるものだから。自分《じぶん》ができないことを認《みと》めて、自分《じぶん》を肯定《こうてい》してあげたいです。できることが100あったら、もちろんそれはすごいけれど、できることが「1つ」でも最高《さいこう》じゃない？　そういうことを、家庭《かてい》の中《なか》や学校《がっこう》の中《なか》で育《そだ》ててあげたらいいと感《かん》じています。「お前《まえ》はダメだ」よりも、「よくできてるよ」というポジティブな、自己肯定感《じここうていかん》を上《あ》げる言葉《ことば》があまりに少《すく》ないように感《かん》じます。それは大人《おとな》になった今《いま》も思《おも》います。

否定《ひてい》するよりもまずやってみる。

私《わたし》は人《ひと》から言《い》われたら否定《ひてい》するよりもまずやってみる。でも合《あ》わないかもと思《おも》ったら、「ちょっと私《わたし》の方《ほう》に歩《あゆ》みよってもらってもいい？」と50：50の関係性《かんけいせい》をめざして、お互《たが》いの立場《たちば》に一度《いちど》立《た》ってみる。なぜ否定《ひてい》しているのか？　そこにはちゃんと理由《りゆう》があり、事情《じじょう》があるのかもしれない。大事《だいじ》なことは、その人《ひと》の背景《はいけい》を想像《そうぞう》してみることが必要《ひつよう》ということ。

天才《てんさい》よりも、秀才《しゅうさい》でありたい。

中学《ちゅうがく》でも高校《こうこう》でも、頭《あたま》がいい同級生《どうきゅうせい》たちを見《み》ていて、「どうしよう、私《わたし》。将来《しょうらい》どうなるんだろう。就職《しゅうしょく》できないかもしれない」と思《おも》っていた。いろんなものがあまりにも劣《おと》っていて、追《お》いつけなかった。「どうしようどうしよう」と焦《あせ》る日々《ひび》。社会不適応者《しゃかいふてきおうしゃ》のレッテルを貼《は》られてしまうことも怖《こわ》かった。でも、高校《こうこう》の恩師《おんし》が「やれること、一《ひと》つでいいんだよ。全部《ぜんぶ》できる必要《ひつよう》ない」って言《い》ってくれた。遅《おそ》いとか、そんなもの無理《むり》だよと言《い》う人《ひと》がいてもいい。言《い》わせておけばいい。だって、これってあなたの自分《じぶん》の人生《じんせい》なのだから、目標《もくひょう》にたどり着《つ》けなかったとしても、今《いま》、突《つ》き進《すす》んでいるあなた自身《じしん》に誇《ほこ》りを持《も》っていてね。そういう意味《いみ》でも、私《わたし》の「失敗《しっぱい》」は「大成功《だいせいこう》」なんだ。行動《こうどう》は裏切《うらぎ》らないし、努力《どりょく》も裏切《うらぎ》らない。

思《おも》いっきり人生《じんせい》楽《たの》しめって。

思《おも》いっきり人生《じんせい》を楽《たの》しんで、自分《じぶん》らしさをもっと楽《たの》しみながら、あなた自身《じしん》を好《す》きでいてほしい。私《わたし》は自分《じぶん》を否定《ひてい》してしまったことがつらかったからこそ伝《つた》えたい。自分《じぶん》を肯定《こうてい》してごらんって。思《おも》いっきり生《い》きて。人生《じんせい》は、長《なが》くて短《みじか》い。つらい時期《じき》が長《なが》くあったとしても、これから先《さき》出会《であ》う素敵《すてき》な人《ひと》たちがあなたを待《ま》ってくれている。あと、友達《ともだち》は「人間《にんげん》」じゃなくても作《つく》れるよとも伝《つた》えたいです。私《わたし》は「本《ほん》」が友達《ともだち》だった。もし人間《にんげん》の友達《ともだち》をつくることが難《むずか》しかったら、思《おも》い切《き》り本《ほん》を読《よ》んでみて？　もっと吸収《きゅうしゅう》して、知識《ちしき》を豊《ゆた》かにすれば、いくつになっても使《つか》える。つらいときに無理《むり》して誰《だれ》かと合《あ》わせていても、疲《つか》れてしまうから、頑張《がんば》らないでほしい。最終的《さいしゅうてき》に残《のこ》るのは自分自身《じぶんじしん》と、知識《ちしき》や学《まな》んだことだから。
「嫌《きら》われる勇気《ゆうき》」という言葉《ことば》があります。私《わたし》も昔《むかし》は嫌《きら》われることが怖《こわ》かった。だけど嫌《きら》われるって、自分《じぶん》を好《す》きになる最大《さいだい》のきっかけにもなる。自分《じぶん》をまず好《す》きになる。誰《だれ》かのためにではなく、自分《じぶん》のために。あとは、失敗《しっぱい》してごらんって言《い》ってあげたい。思《おも》いっきり寄《よ》り道《みち》して、どんどんトライして失敗《しっぱい》して。若《わか》いときは失敗《しっぱい》や色々《いろいろ》なことが怖《こわ》いものです。親《おや》のことも気《き》になるし、親《おや》のためにと頑張《がんば》ってしまう。でも自分《じぶん》のやりたいことと、親《おや》が望《のぞ》むものは違《ちが》うもの。これは大人《おとな》になってから言《い》えることかもしれませんが、今《いま》を生《い》きる。

幼《よう》少《しょう》期《き》から日《に》本《ほん》で育《そだ》ったとはいえ、自《じ》己《こ》表《ひょう》現《げん》が

サヘル・ローズさん

他《ほか》と違《ちが》う。

アンドレ・サリブさん

メディアコンポーザー／音楽《おんがく》プロデューサー

プロフィール

東京《とうきょう》生《う》まれ、エジプト・カイロ育《そだ》ち。東京《とうきょう》を拠点《きょてん》とする、元債券営業《もとさいけんえいぎょう》のメディアコンポーザー／プロデューサー。2000年代《ねんだい》は IT 業界《ぎょうかい》で働《はたら》く傍《かたわ》ら、バンドでソングライターおよびギタリストとして活動《かつどう》。「ミディクリエイティブ」レーベルから 5 枚《まい》のアルバムをリリース。2011年《ねん》、INSEAD で MBA を取得後《しゅとくご》、UBS 証券《しょうけん》で債券営業《さいけんえいぎょう》としてキャリアを180度《ど》変《か》える。その後《ご》 BNP パリバ証券《しょうけん》に転職《てんしょく》し、国際金融法人営業部長《こくさいきんゆうほうじんえいぎょうぶちょう》を務《つと》める。2022年《ねん》に英国《えいこく》チチェスター大学《だいがく》でメディアコンポーザーの修士課程《しゅうしかてい》を履修《りしゅう》し、同時《どうじ》にレーベル「Tahina Records」を立《た》ち上《あ》げ、アーティストのプロデュースやメディアコンポーザーとして様々《さまざま》な音楽《おんがく》プロジェクトに取《と》り組《く》んでいる。

父《ちち》は、日本語《にほんご》が
しゃべれない。
母《はは》はアラビア語《ご》が
しゃべれない。

Q

どんな子《こ》ども時代《じだい》でしたか？　どんな子《こ》どもでしたか？

父《ちち》は、日本語《にほんご》がしゃべれない。
母《はは》はアラビア語《ご》がしゃべれない。

僕《ぼく》は、生《う》まれが日本《にほん》で、育《そだ》ちはエジプト。父《ちち》と母《はは》はエジプト航空《こうくう》で働《はたら》いていて、そこで出会《であ》いました。父《ちち》はエジプト人《じん》で日本語《にほんご》がしゃべれない、母《はは》は日本人《にほんじん》でアラビア語《ご》をしゃべれません。共通言語《きょうつうげんご》は英語《えいご》でした。よってセカンドランゲージである英語《えいご》の環境《かんきょう》で、アラビア語《ご》が混《ま》ざったり、日本語《にほんご》が混《ま》ざったりしていました。結局《けっきょく》、母《はは》は30年近《ねんちか》くエジプトに住《す》んでいたので、アラビア語《ご》がペラペラになりました。

日本《にほん》でエジプトというとかなりエキゾチックに聞《き》こえますが、意外《いがい》と普通《ふつう》です。毎朝学校《まいあさがっこう》に通《かよ》い、近所《きんじょ》の子《こ》どもたちと遊《あそ》んだりしていました。あの頃《ころ》の僕《ぼく》は皆《みんな》と髪質《かみしつ》が違《ちが》いました。自分《じぶん》だけストレートで、しかも親《おや》も何《なに》を思《おも》ったのか、レゴのフィギュアみたいな髪型《かみがた》に切《き》ってしまいました。パッツン前髪《まえがみ》のストレート。エジプト人《じん》の多《おお》くは天然《てんねん》パーマなので、かなり目立《めだ》っていました。周《まわ》りはまずそこに興味津々《きょうみしんしん》。学校《がっこう》の先生《せんせい》にも、髪《かみ》の毛《け》をよく触《さわ》られていました。気《き》になったんでしょうか。ですが、それ以外何《いがいなに》か特別《とくべつ》に扱《あつか》われる感《かん》じはそんなになかったです。

エジプトに住《す》んでいたにもかかわらず、僕《ぼく》のアラビア語《ご》はネイティブの一歩手前《いっぽてまえ》。

エジプトではイギリス系《けい》のインターナショナルスクールに通《かよ》っていました。あの頃《ころ》、エジプトでは公立《こうりつ》の教育《きょういく》の質《しつ》に疑問《ぎもん》を持《も》っている人《ひと》が多《おお》かったです。中流階級《ちゅうりゅうかいきゅう》の家庭《かてい》は、イギリス系《けい》かフランス系《けい》の学校《がっこう》に子《こ》どもを入《い》れるのが主流《しゅりゅう》でした。僕《ぼく》の教育《きょういく》は7割《わり》英語《えいご》で、3割《わり》アラビア語《ご》でした。生徒《せいと》はエジプト人《じん》が9割以上《わりいじょう》で、外国人《がいこくじん》は何人《なんにん》かいるぐらいの環境《かんきょう》。学校《がっこう》によってレベルが様々《さまざま》でした。たとえば一番上《いちばんうえ》にカイロ・アメリカン・カレッジとブリティッシュインターナショナルスクールがあり、主《おも》に駐在員《ちゅうざいいん》の子《こ》どもたちが通《かよ》うとても学費《がくひ》の高《たか》い学校《がっこう》でした。その下《した》に、中《ちゅう》レベルのローカルな人《ひと》たちが通《かよ》う学校《がっこう》があり、僕《ぼく》はそのタイプに通《かよ》っていたので、周《まわ》りはほとんどエジプト人《じん》でした。

授業以外《じゅぎょういがい》では仲間《なかま》とアラビア語《ご》と英語《えいご》が混《ま》ざった感《かん》じで話《はな》していました。なので僕《ぼく》の場合《ばあい》、決《き》めていたわけでもないですが、家《いえ》に帰《かえ》っても、学校《がっこう》にいても英語《えいご》という感《かん》じに。そのため、エジプトに住《す》んでいたにもかかわらず、僕《ぼく》のアラビア語《ご》はネイティブの一歩手前《いっぽてまえ》のところまでしか発達《はったつ》しませんでした。それでいて見《み》かけもちょっとアジアっぽいから、ホームグラウンドなのに少《すこ》し「外人扱《がいじんあつか》い」されることもあった。性格《せいかく》も影響《えいきょう》あったのか、1年下《ねんした》の弟《おとうと》がいますが、彼《かれ》の方《ほう》が周《まわ》りになじみやすい性格《せいかく》で、エジプトにいても日本《にほん》にいても、エジプトならエジプト人《じん》らしく、日本《にほん》なら日本人《じん》らしくふるまえるんです。僕《ぼく》はどこに行《い》ってもちょっと

「外人《がいじん》だ」っていう感《かん》じですが、それはそれで面白《おもしろ》いと思《おも》っています。

夏《なつ》休《やす》みが3ヶ月《げつ》あったから、毎《まい》年《とし》日《に》本《ほん》に帰《き》国《こく》。

3ヶ月《げつ》どっぷり日本《にほん》で遊《あそ》んで、日本語《にほんご》でしゃべったり、近所《きんじょ》の子《こ》と遊《あそ》んだりしていました。今《いま》振《ふ》り返《かえ》ると母《はは》に感謝《かんしゃ》しています。いわゆる日本語《にほんご》の勉強《べんきょう》はあまりしていなく、夏休《なつやす》みに日本語《にほんご》のドリルとかで少《すこ》しずつ漢字《かんじ》を覚《おぼ》えさせられる程度《ていど》。あとは日本《にほん》に住《す》んでいる叔母《おば》が、VHSで日本《にほん》のテレビやアニメを録画《ろくが》して、毎年《まいとし》それを10本《ぽん》から20本《ぽん》持《も》たせてくれました。エジプトに持《も》って帰《かえ》ってたくさん見《み》ていたので、昭和《しょうわ》のアニメやバラエティーは制覇《せいは》しています。

毎年《まいとし》日本《にほん》に帰《かえ》っていたから、日本《にほん》の最新《さいしん》のおもちゃとか、電気《でんき》製品《せいひん》とかを持《も》って帰《かえ》っていました。そういうのをよく友達《ともだち》に自慢《じまん》していました。戦隊《せんたい》もののおもちゃや、中高《ちゅうこう》になると、CDプレーヤーやCDラジカセを見《み》せびらかしました。今《いま》は違《ちが》うけど、当時《とうじ》のエジプトではそう簡単《かんたん》にお店《みせ》で買《か》えるものではなかったので、持《も》っていると一《ひと》つのアイデンティティみたいになっていました。CDもいっぱい買《か》っていたので自然《しぜん》とクラスのDJの役割《やくわり》をやっていた時期《じき》も。それで音楽好《おんがくず》きになったのかもしれません。高校《こうこう》あたりになると、バンドブームでギターなどが流行《はや》りました。90年《ねん》代前半《だいぜんはん》ですね、ニルヴァーナとかの時代《じだい》。自分《じぶん》も日本《にほん》に帰国《きこく》したときにギターを買《か》ってエジプトに持《も》って帰《かえ》って、バンドをしていました。

大学《だいがく》で日本《にほん》に来《こ》ようと思《おも》ったのは、母《はは》の夢《ゆめ》だったから。

高校《こうこう》まではエジプトで、大学《だいがく》は日本《にほん》の ICU（国際基督教大学《こくさいきりすときょうだいがく》）です。元々母《もともとはは》は ICU に入《はい》ろうとして入《はい》れず息子《むすこ》に夢《ゆめ》を託《たく》そうと、キャンパスに連《つ》れていかれました。そのときの自分《じぶん》の高卒後《こうそつご》の選《せん》択肢《たくし》としては、エジプトにある AUC というアメリカン・ユニバーシティ・イン・カイロに行《い》くか、国立《こくりつ》のカイロ大学《だいがく》で、医学部《いがくぶ》か工学部《こうがくぶ》かでした。母《はは》が、日本《にほん》の大学《だいがく》も面白《おもしろ》そうじゃないって提《てい》案《あん》してくれたのは、自分《じぶん》も日本《にほん》に興味《きょうみ》を示《しめ》したからです。

ただハードルはありました。エジプトの高校《こうこう》で、僕《ぼく》は、その当《とう》時《じ》イギリスの IGCSE（International General Certificate of Secondary Education）というシステムで O（Ordinary）レベルを勉強《べんきょう》していました。そのレベルの科目《かもく》があればエジプトの大学《だいがく》に入《はい》れたのです。ですが、ICU の場合《ばあい》は A（Advanced）レベルをさらに二《ふた》つ取《と》らないといけないので高校《こうこう》にもう1年通《ねんかよ》う必要《ひつよう》がありました。

さらに A レベルを提供《ていきょう》する高校《こうこう》がエジプトにほとんどなく、僕《ぼく》が通《かよ》っていた高校《こうこう》は数学《すうがく》だけを導入《どうにゅう》していたのでとりあえず取《と》り、もう一《ひと》つの経営学《けいえいがく》を、全《まった》く違《ちが》う学校《がっこう》のブリティッシュインターナショナルに通《かよ》い、取得《しゅとく》しました。その学校《がっこう》も本来《ほんらい》は A レベルがなかったのですが、同《おな》じぐらいのレベルのクラスをIB（国際《こくさい》バカロレア）でやっていたので、そこに通《かよ》い、最後《さいご》には1人《ひとり》だけAレベルのテストを受《う》けました。

父《ちち》は猛《もう》反《はん》対《たい》。自《じ》分《ぶん》にとっては夢《ゆめ》のような1年《ねん》。

そういう変《か》わったやり方《かた》で、高校《こうこう》3.5年生《ねんせい》みたいなのを経験《けいけん》しました。対《たい》して、父《ちち》は猛反対《もうはんたい》。「なんでもう1年高校《ねんこうこう》に行《い》って、わけのわからない日本《にほん》の大学《だいがく》に行《い》く？」と。エジプトの大学《だいがく》はもう受《う》かっていました。それにもかかわらず留年《りゅうねん》を1年《ねん》するのが父《ちち》にとっては意味《いみ》のわからないことをしているように見《み》えたと思《おも》います。振《ふ》り返《かえ》ってみると自分《じぶん》にとっては夢《ゆめ》みたいな1年《ねん》でした。2科目《かもく》だけを取《と》るためにもう1年《ねん》、二《ふた》つの学校《がっこう》をまたいで行《い》ったり来《き》たりしていたので、かなり自由《じゆう》だった。そうして晴《は》れて、ICUに入《はい》れました。

大《だい》学《がく》に入《はい》って初《はじ》めて日《に》本《ほん》語《ご》を本《ほん》気《き》で勉《べん》強《きょう》した。

ICUは、9月入学《がつにゅうがく》と4月入学《がつにゅうがく》の二《ふた》つに分《わ》かれています。9月《がつ》は全員《ぜんいん》帰国子女《きこくしじょ》や、僕《ぼく》みたいな人《ひと》がいっせいに入学《にゅうがく》する時期《じき》で、入学式《にゅうがくしき》の当日《とうじつ》には日本語《にほんご》テストが待《ま》ち受《う》けていました。色々《いろいろ》なレベルがあり、Special Japaneseというクラスが3、2、1に分《わ》かれていて、3が一番《いちばん》高《たか》いレベルでした。その下《した》に、Advanced Japaneseの3、2、1も。さらにその下《した》にBasic Japaneseがありました。帰国子女《きこくしじょ》だけでなく留学生《りゅうがくせい》や1年留学《ねんりゅうがく》の人《ひと》もいっぱいいました。その中《なか》で僕《ぼく》とあと2人《ふたり》ぐらい、しゃべる能力《のうりょく》と書《か》く能力《のうりょく》のギャップの大《おお》きい人《ひと》がいて、全《まった》く違《ちが》う「Intensive漢字《かんじ》」というクラスに入《い》れられました。3ヶ月《げつ》で1500文字《もじ》くらい学《まな》び、毎週《まいしゅう》150文字《もじ》くらいのテストがありました。そこで一気《いっき》に漢字《かんじ》を覚《おぼ》えましたが、残念《ざんねん》ながら終《お》わった途端《とたん》に多《おお》くを忘《わす》れてしまいました。

その授業《じゅぎょう》が終《お》わり、普通《ふつう》の大学生《だいがくせい》のレールに乗《の》りました。3年《ねん》生《せい》のときにアメリカ・カリフォルニア州《しゅう》のカリフォルニア大学《だいがく》サンタクルーズ校《こう》に1年留学《ねんりゅうがく》しました。そこで色々《いろいろ》なバックグラウンドの人《ひと》と生活《せいかつ》して、外国《がいこく》といった環境《かんきょう》にもかかわらず初《はじ》めて外国人扱《がいこくじんあつか》いをされない貴重《きちょう》な生活《せいかつ》を味《あじ》わえました。その1年後《ねんご》、98年《ねん》に晴《は》れて国際経済《こくさいけいざい》・経営学《けいえいがく》の学位《がくい》を取得《しゅとく》してICUを卒業《そつぎょう》しました。

僕《ぼく》は大学《だいがく》を卒業《そつぎょう》してから就職活動《しゅうしょくかつどう》をしていません。

サークルで始《はじ》めたバンドがレコード会社《がいしゃ》と契約《けいやく》ができ、バンド活動《かつどう》を中心《ちゅうしん》に英語《えいご》を教《おし》えながら生活《せいかつ》をしていました。ある意味学生《いみがくせい》っぽい生活《せいかつ》が続《つづ》いていました。2003年《ねん》ぐらいに初《はじ》めていわゆるサラリーマンを始《はじ》めました。ヒューレット・パッカード（HP）というIT会社《がいしゃ》の出向《しゅっこう》で外資系証券会社《がいしけいしょうけんがいしゃ》のオーディオビデオエンジニアをやる仕事《しごと》でした。できたばかりの六本木《ろっぽんぎ》ヒルズにオフィスがあり、その中《なか》に200人《にん》ぐらい座《すわ》れる大《おお》きなオーディトリアムがありました。そこにビデオ会議《かいぎ》やプレゼンをするための小《ちい》さいテレビ局《きょく》みたいな部屋《へや》がありました。その運営《うんえい》をするエンジニアを探《さが》していたときに、バンド繋《つな》がりの友達《ともだち》から「そういうのをわかる人探《ひとさが》してるけどやる？」と声《こえ》をかけられました。

最初《さいしょ》の何年《なんねん》かは委託《いたく》でやっていましたが、途中《とちゅう》でHPの社員《しゃいん》になり、20人《にん》ぐらいのチームの管理《かんり》を任《まか》されることに。そこで初《はじ》めて日本《にほん》の会社《かいしゃ》の組織《そしき》や、そこでやりくりすることを経験《けいけん》しました。ただ、勤務《きんむ》している場所《ばしょ》は9割以上証券会社《わりいじょうしょうけんがいしゃ》だったので、ほぼ100パーセント英語《えいご》の環境《かんきょう》。たまに本社《ほんしゃ》に帰《かえ》ると急《きゅう》に日本語《にほんご》が主流《しゅりゅう》になり、そっちに慣《な》れるのは勉強《べんきょう》になりました。

金融《きんゆう》にいったのは、
世界《せかい》の動《うご》きを知《し》りたかったから。

その後《ご》2010年《ねん》、1年間《ねんかん》フランスに行《い》ってMBAを取《と》りました。当時自分《とうじじぶん》は金融《きんゆう》の仕事《しごと》をしたいという気持《きも》ちがありました。HPでの仕事《しごと》の面白《おもしろ》みは証券会社《しょうけんがいしゃ》の中《なか》で市場《しじょう》を横《よこ》から見《み》られたことです。でもそのまま働《はたら》いていたらいずれ出向《しゅっこう》も終《お》わり、IT路線《ろせん》から外《はず》れられなくなると思《おも》いました。

カルチャーショックが一番《いちばん》大《おお》きかったのは、証券会社《しょうけんがいしゃ》。

日本《にほん》に戻《もど》って UBS という証券会社《しょうけんがいしゃ》に就職《しゅうしょく》しました。国債《こくさい》の営《えい》業《ぎょう》をやっていた金利《きんり》の部《ぶ》に入《はい》り、そこが外資系《がいしけい》にもかかわらず今《いま》まで経験《けいけん》した中《なか》で一番《いちばん》日本《にほん》らしい組織《そしき》の文化《ぶんか》でした。日本《にほん》の国債《こくさい》はお客《きゃく》さんが90パーセントぐらい日本《にほん》の投資家《とうしか》です。よって営業《えいぎょう》部隊《ぶたい》もほとんど日本人《にほんじん》。僕《ぼく》は日本《にほん》の国債《こくさい》を買《か》う海外《かいがい》のお客《きゃく》さんに対《たい》し、英語《えいご》で話《はな》す窓口《まどぐち》を務《つと》めました。さらに銀行《ぎんこう》だけあって堅《かた》い感《かん》じで、HP と比《くら》べても、一気《いっき》に敬語《けいご》や「ですます」を毎日使《まいにちつか》うようになりました。

そこで１、２年働《ねんはたら》いた後《あと》に、バンドでお世話《せわ》になった人《ひと》と久々《ひさびさ》に話《はな》していたら「何《なん》でこんな堅《かた》くなっちゃったの？」と突《つ》っ込《こ》まれました。とても面白《おもしろ》く感《かん》じました。無意識《むいしき》に会社《かいしゃ》や状況《じょうきょう》が必要《ひつよう》としているタイプの人《ひと》として口調《くちょう》などを変《か》えていたのだなあと。

ブリッジ役《やく》を果《は》たしているのだなと。

また、もう一《ひと》つ気《き》づいた点《てん》として、才能《さいのう》と努力以前《どりょくいぜん》に、特殊《とくしゅ》なバックグラウンドを持《も》っているからこそ今《いま》のポジションにいるのだなと思《おも》いました。要《よう》するに、日本人《にほんじん》らしいところで日本人《にほんじん》らしくふるまえて、押《お》しの強《つよ》いアメリカ人《じん》、イギリスやロシア人《じん》とも英語《えいご》でやり合《あ》うのを両方《りょうほう》できる人《ひと》はあまりいなかったのに気付《きづ》きました。自分《じぶん》はブリッジ役《やく》を果《は》たしているのだなと思《おも》いました。

会社内《かいしゃない》でもロンドンやニューヨークから人《ひと》が来《く》るとき、僕《ぼく》は間《あいだ》に入《はい》りうまく繋《つな》げる役割《やくわり》を求《もと》められていました。

UBSに2年間《ねんかん》いて、金融《きんゆう》の世界《せかい》のすごさを味《あじ》わいました。会社《かいしゃ》が金利《きんり》のビジネスを縮小《しゅくしょう》すると決《き》め、日本《にほん》だけで40人《にん》ぐらい切《き》られました。僕《ぼく》も上司《じょうし》も全員対象《ぜんいんたいしょう》で、その半分《はんぶん》がフランス系《けい》の投資《とうし》銀行《ぎんこう》BNPパリバに拾《ひろ》われました。僕《ぼく》はそこで8年近《ねんちか》く働《はたら》き、2018年《ねん》に国際金融法人部《こくさいきんゆうほうじんぶ》の管理《かんり》を任《まか》された。金融《きんゆう》で合計《ごうけい》10年勤《ねんつと》めました。

2021年《ねん》にコロナをきっかけに色々《いろいろ》と自分《じぶん》と向《む》き合《あ》い、振《ふ》り返《かえ》るチャンスが訪《おとず》れました。1年休《ねんやす》むつもりで仕事《しごと》をやめましたがそこでまた音楽《おんがく》と出会《であ》い、新《あら》たにこの世界《せかい》にチャレンジしようと決心《けっしん》。今《いま》は大学院《だいがくいん》で作曲《さっきょく》の修士課程《しゅうしかてい》を勉強《べんきょう》する傍《かたわ》ら音楽《おんがく》のビジネスを立《た》ち上《あ》げています。とはいえ、子育《こそだ》てを優先《ゆうせん》して時間《じかん》を使《つか》っています。

Q

あなたの逆境《ぎゃっきょう》や困難《こんなん》を乗《の》り越《こ》えるコツは？

うまい具合《ぐあい》に困難《こんなん》を避《さ》けてきたかもしれない。

ちょうどハーフという存在《そんざい》がちやほやされていた頃《ころ》に育《そだ》ち、大《たい》したことをやっていないのに何《なに》をしても「かっこいい！」「すごい！」と言《い》われたりしました。たぶん20代《だい》で普通《ふつう》のタイミングで就職《しゅうしょく》をしていたら、自分《じぶん》のバックグラウンドだと途中《とちゅう》で壁《かべ》にぶち当《あ》たっていたと思《おも》う。ある意味《いみ》うまい具合《ぐあい》に避《さ》けてきました。後《あと》から就職《しゅうしょく》したので、それなりの経験《けいけん》もあって会社勤《かいしゃづと》めを始《はじ》めることができました。

自分《じぶん》は32、3ぐらいで金融業界《きんゆうぎょうかい》に入《はい》り、下《した》っ端《ぱ》からのスタートでした。同期《どうき》は皆僕《みなぼく》より10歳《さい》、12歳《さい》ぐらい年下《としした》。彼《かれ》らと同《おな》じ新卒《しんそつ》の気持《きも》ちでふるまうように意識《いしき》していた結果《けっか》、偉《えら》い人《ひと》からは、この人意外性《ひといがいせい》があるという感《かん》じでオッサンだけど使《つか》えそうだなと思《おも》ってもらい、うまくやっていけたのかもしれません。

このタイプの仕事《しごと》だといわゆるモノカルチュラルな外国人《がいこくじん》もいます。たぶん、そういう人《ひと》よりは親《した》しんでもらえる感《かん》じだったと思《おも》います。1人《ひとり》、同僚《どうりょう》で僕《ぼく》より10歳若《さいわか》い外国人《がいこくじん》の子《こ》がいました。彼《かれ》は日本《にほん》のやり方《かた》で扱《あつか》われるのがすごく嫌《いや》だったようで、即《そく》やめたかやめさせられたかでしたが、苦労《くろう》しているのだなと思《おも》いました。

あと、よく思《おも》うのが、自分《じぶん》は帰国子女《きこくしじょ》とも大《おお》きく違《ちが》うことです。妻《つま》がカナダ生《う》まれのカナダ育《そだ》ちですが両親《りょうしん》とも日本人《にほんじん》です。日本《にほん》語《ご》も僕《ぼく》より断然話《だんぜんはな》せます。小学校《しょうがっこう》で3年間日本《ねんかんにほん》で暮《く》らし、高校《こうこう》までずっとカナダで、大学《だいがく》からICUに行《い》きました。彼女《かのじょ》を見《み》ていると自分《じぶん》はすごい得《とく》をしているのだなと思《おも》います。たいして日本語《にほんご》がしゃべれないのに僕《ぼく》は「わーすごい！」と言《い》われますが、彼女《かのじょ》は見《み》かけと名前《なまえ》だけで求《もと》められるレベルが全《まった》く違《ちが》うのです。

大学《だいがく》のサークルなりで友達《ともだち》のサポートシステムをつくるのは大事《だいじ》。

大学《だいがく》から日本《にほん》に来《き》たのはとても運《うん》がよかったと思《おも》います。僕《ぼく》のちょうど10歳年下《さいとししした》のエジプトと日本《にほん》のハーフの友人《ゆうじん》がいます。フェイスブックにエジプト人《じん》ハーフの1000人《にん》ぐらいのグループがあり、そこからまた枝分《えだわ》かれしたエジプトと日本《にほん》のハーフグループで100人《にん》ぐらいいます。彼《かれ》とはそこ経由《けいゆ》で知《し》り合《あ》いましたが、共通点《きょうつうてん》がいっぱいあります。僕《ぼく》のエジプトの実家《じっか》から半径《はんけい》1キロぐらいのところで彼《かれ》は育《そだ》ちました。日本《にほん》での実家《じっか》もまた徒歩《とほ》で30分《ぷん》ぐらいしか離《はな》れていないとか。

親《おや》の職業《しょくぎょう》も少《すこ》し似《に》ていて、観光繋《かんこうつな》がりです。彼《かれ》の親《おや》はツアーガイド、自分《じぶん》の親《おや》は航空関係《こうくうかんけい》。日本語《にほんご》も僕《ぼく》よりちゃんと話《はな》したり書《か》いたりできます。こういった色々《いろいろ》の共通点《きょうつうてん》がある中《なか》、唯一《ゆいいつ》のお互《たが》いの違《ちが》いは、彼《かれ》の場合《ばあい》は社会人《しゃかいじん》になるまでエジプトで過《す》ごしたというところ。

彼《かれ》は一時期《いちじき》日本《にほん》に来《き》て就職《しゅうしょく》をしましたが、全然会社《ぜんぜんかいしゃ》の文化《ぶんか》になじめなかったようです。その会社特有《かいしゃとくゆう》の問題《もんだい》もあったのかもしれませんが、日本《にほん》の一般的《いっぱんてき》な職場《しょくば》の文化《ぶんか》も原因《げんいん》の一《ひと》つだったと思《おも》います。

社会人《しゃかいじん》になってから日本《にほん》に溶《と》け込《こ》もうとするととても大変《たいへん》だなと感《かん》じました。大学《だいがく》のサークルなりで友達《ともだち》のサポートシステムをつくるのは大事《だいじ》な気《き》がしました。社会人《しゃかいじん》になってから日本《にほん》に来《く》ると、本音《ほんね》で人《ひと》と向《む》き合《あ》うチャンスがどんどん減《へ》り、建前《たてまえ》だけの毎《まい》日《にち》になるような感《かん》じはします。

Q

日本《にほん》で「みんなとちょっと違《ちが》う」ことの強《つよ》みや弱《よわ》みは？

家庭裁判所《かていさいばんしょ》に行《い》って、酒井《さかい》からサリブに苗字《みょうじ》を変《か》えました。

日本《にほん》での差別《さべつ》の現状《げんじょう》を痛感《つうかん》する経験《けいけん》がありました。2009年《ねん》まで、酒井《さかい》アンドレと苗字《みょうじ》が漢字《かんじ》でした。母《はは》の旧姓《きゅうせい》を使《つか》っていて、戸籍《こせき》もそうでした。結婚《けっこん》して子《こ》どもにサリブの名前《なまえ》を受《う》け継《つ》いでほしいと思《おも》うようになり、家庭裁判所《かていさいばんしょ》に行《い》って、苗字《みょうじ》を酒井《さかい》からサリブに変《か》えました。手続《てつづ》き自体《じたい》は比較的簡単《ひかくてきかんたん》でした。しかし苗《みょう》字《じ》を変《か》えたら、周《まわ》りからの受《う》け入《い》れられ方《かた》が一晩《ひとばん》で変《か》わりました。サリブになったらもう完全《かんぜん》に「外人《がいじん》」からのスタートになってしまいました。酒井《さかい》アンドレだったらまだなじみやすいのでしょうか。一番《いちばん》ひどいのは区役所《くやくしょ》で「サリブ」と言《い》うと「外国人《がいこくじん》はこっちです」と言《い》われます。「違《ちが》います、日本人《にほんじん》です」と言《い》うと「あっ日本人《にほんじん》と結婚《けっこん》されたのですね」と。「違《ちが》います。でも話《はな》すと長《なが》いです」というのが毎回《まいかい》です。

この両方《りょうほう》を同《おな》じ人生《じんせい》で味《あじ》わえることはあまりないかもしれないですね。でも毎回説明《まいかいせつめい》はしないといけない。別《べつ》に後悔《こうかい》はありませんが、息子２人《むすこふたり》の名前《なまえ》もカタカナで、エジプトっぽい名前《なまえ》をつけて苗字《みょうじ》もエジプトの苗字《みょうじ》だから、ちょっと申《もう》し訳《わけ》ないことをしたなと思《おも》ったりもします。息子《むすこ》たちは、幼稚園《ようちえん》から日本《にほん》で育《そだ》ててます。むしろもうちょっと英語《えいご》を話《はな》してほしいという悩《なや》みが逆《ぎゃく》にあります。カタカナの名前《なまえ》でも日本人《にほんじん》である可能性《かのうせい》があることに対《たい》する認識《にんしき》が日本《にほん》ではまだ少《すく》ないですね。最近《さいきん》スポーツ選手《せんしゅ》とかちょっとずつ出《で》てきたり、あとタレントもいたりするので少《すこ》しずつ変《か》わってきている気《き》はしますが。

自分《じぶん》の中《なか》で、こういう選択肢《せんたくし》はないと前《まえ》もって消《け》していた。

マルチカルチャーで日本語《にほんご》も中途半端《ちゅうとはんぱ》だし、ある程度《ていど》コンプレックスがあった時期《じき》もありました。でもそれが吹《ふ》っ切《き》れたできごとがありました。HPで働《はたら》いていたときですが、ある日《ひ》、出向先《しゅっこうさき》の会社《かいしゃ》に監査《かんさ》が入《はい》りました。金融機関《きんゆうきかん》に入《はい》る監査《かんさ》は非常《ひじょう》に厳《きび》しく、日本《にほん》の政府《せいふ》からのお堅《かた》い感《かん》じの方《かた》たちが３～４人《にん》きました。一方《いっぽう》、彼《かれ》らの相手役《あいてやく》の証券会社《しょうけんがいしゃ》のコンプラの人《ひと》は日系人《にっけいじん》か帰国子女《きこくしじょ》なのか40代《だい》で、日本語《にほんご》が片言《かたこと》でした。その緊迫《きんぱく》した空気《くうき》にもかかわらずうまくやっているのです。僕《ぼく》はそれを見《み》て、とても衝撃《しょうげき》を受《う》けました。日本語《にほんご》ネイティブじゃなくてもこんな重要《じゅうよう》なポジションを務《つと》め、堂々《どうどう》とふるまっていました。なんとかなるのだなと思《おも》えた、自分《じぶん》の記憶《きおく》の中《なか》にある大《おお》きなターニングポイントでした。

いくら頑張《がんば》っても日本語《にほんご》は100パーセントにはならない。そう思《おも》って自分《じぶん》の中《なか》ではこういった選択肢《せんたくし》は無理《むり》と勝手《かって》に消《け》していました。でも、そのおじさんを見《み》て何《なん》でもやろうと思《おも》えばできると気《き》づかされました。だから最初《さいしょ》から自分《じぶん》でできる、できないと決《き》めつけるのは良《よ》くないと思《おも》いました。

Q

自分《じぶん》のアイデンティティについてどうとらえていますか？

アイデンティティは半々《はんはん》。エジプト人《じん》と日本人《にほんじん》という感《かん》じです。

エジプト人《じん》としては、社会人《しゃかいじん》になってエジプトに住《す》んだことがないので、思《おも》い出《で》しかないです。今《いま》も毎年遊《まいとしあそ》びには行《い》っているので、いい思《おも》い出《で》しか残《のこ》らないですね。ロマンみたいなものもあって、自分《じぶん》の名前《なまえ》もエジプトの名前《なまえ》に戻《もど》したりしました。また、僕《ぼく》も弟《おとうと》も海外《かいがい》に出《で》て、母《はは》も日本《にほん》に来《き》て父《ちち》が１人《ひとり》でエジプトにいるのでちょっとした罪悪感《ざいあくかん》もあり、エジプトに対《たい》する思《おも》いはけっこう強《つよ》いですね。

それとは裏腹《うらはら》に、大学《だいがく》を卒業《そつぎょう》するまでエジプトにいた弟《おとうと》と話《はな》していると、全《まった》く違《ちが》う気持《きも》ちみたいです。エジプトとは縁《えん》を切《き》りたい、早《はや》くエジプトを出《で》たいっていう気持《きも》ちで大学卒業《だいがくそつぎょう》したあとにチャンスをつかんで出《で》られたので、気持《きも》ちは全《まった》く違《ちが》います。でもアイデンティティとしては２人《ふたり》ともエジプト人《じん》でもあり日本人《にほんじん》でもあるっていう気持《きも》ちです。

面白《おもしろ》かったのは妻《つま》とエジプトに戻《もど》ったときのことでした。いればいるほど自分《じぶん》の覚《おぼ》えているエジプトと革命後《かくめいご》の現在《げんざい》のエジプトの現状《げんじょう》がかけ離《はな》れすぎていて、「ああ、ここにはもう住《す》めないな」という気持《きも》ちになっていました。でも妻《つま》は「みんなでここに移住《いじゅう》して1、2年住《ねんす》むのは子《こ》どもにとってはよい経験《けいけん》になるじゃない」と言《い》いました。僕《ぼく》にとっては、「え！　こんなところで子《こ》どもを育《そだ》てるの!?」と思《おも》うぐらいありえない発想《はっそう》でした。

Q

大人《おとな》から言《い》われてよかったことやアドバイスは？
逆《ぎゃく》によくなかったことは？

お母《かあ》さんは色々《いろいろ》なオプションを残《のこ》してあげたいという気持《きも》ちだった。

父《ちち》がエジプト航空《こうくう》のパーサーで、母《はは》も元々《もともと》キャビンアテンダントだったのでとても運《うん》がよかったと思《おも》います。裕福《ゆうふく》な家庭《かてい》でもなかったですが、仕事《しごと》の関係《かんけい》で毎年《まいとし》フリーチケットがあり、毎年日本《まいとしにほん》に帰国《きこく》していました。同《おな》い年《どし》ぐらいで、お父《とう》さんがエジプト人《じん》、お母《かあ》さんが日本人《にほんじん》、娘《むすめ》が2人《ふたり》いる友人家族《ゆうじんかぞく》がいましたが、エジプトも遠《とお》くそこまで頻繁《ひんぱん》に帰国《きこく》していませんでした。毎年帰国《まいとしきこく》できた自分《じぶん》は本当《ほんとう》にラッキーだったと思《おも》います。

僕《ぼく》の母《はは》は色々《いろいろ》なオプションを子《こ》どもに残《のこ》してあげたいという気持《きも》ちがあったようです。エジプトで生活《せいかつ》し、そこだけに範囲《はんい》を絞《しぼ》ると、選択肢《せんたくし》が限《かぎ》られてしまいます。今振《いまふ》り返《かえ》って思《おも》うと、普通《ふつう》にエジプトで育《そだ》った人《ひと》は当時親《とうじおや》がなんらかのビジネスをやっていてそれを受《う》け継《つ》ぐか、医者《いしゃ》やエンジニアなどの特定《とくてい》の仕事《しごと》をするしかチョイスがない感《かん》じでした。自分《じぶん》の同級生《どうきゅうせい》を見《み》ていても、そういう選択肢《せんたくし》がない人《ひと》たちはみんな海外《かいがい》で働《はたら》いています。今《いま》どんどん政治《せいじ》とか国《くに》の財政《ざいせい》が難《むずか》しくなっている中《なか》、僕《ぼく》と弟《おとうと》が海外《かいがい》に移《い》住《じゅう》してよかったと思《おも》っています。

必《かなら》ずしも王道《おうどう》のアドバイスが自分《じぶん》にとっていいとは限《かぎ》らない。

大学《だいがく》では学生一人一人《がくせいひとりひとり》にアドバイザーの先生《せんせい》がつき、卒業後《そつぎょうご》の進路《しんろ》のことを相談《そうだん》します。僕《ぼく》は気《き》が多《おお》いのであれもこれも全部《ぜんぶ》やってみたいと思《おも》っていました。その先生《せんせい》の僕《ぼく》へのアドバイスは「人生《じんせい》は短《みじか》いんだから一《ひと》つだけに絞《しぼ》った方《ほう》がいい！」とのことでした。結果的《けっかてき》に僕《ぼく》は絞《しぼ》らずに色《いろ》んな道《みち》を歩《あゆ》んできました。今《いま》でもそう。相手《あいて》の経験《けいけん》に基《もと》づいたアドバイスをされるので、いろいろなアドバイスを聞《き》くのはいいけど、必《かなら》ずしもそれが自分《じぶん》にとっていいというわけではないかもしれない。毎日社会《まいにちしゃかい》が変《か》わっていく中《なか》で、柔軟性《じゅうなんせい》が求《もと》められます。だいたい自分《じぶん》の人生《じんせい》を振《ふ》り返《かえ》ると、10年《ねん》ぐらいのサイクルで方向転換《ほうこうてんかん》しています。僕《ぼく》にとってはこれが自然《しぜん》で楽《たの》しいと思《おも》っています。

Q

周《まわ》りからしてほしかったサポートは？

大学《だいがく》の早《はや》めのうちに、「就活《しゅうかつ》」を説明《せつめい》してほしかった。

一つ《ひと》の社会《しゃかい》だけで育《そだ》っていくと、子《こ》どもの頃《ころ》からレールが敷《し》かれているし、自然《しぜん》とそこを進《すす》むことになりますよね。でも、色々《いろいろ》な社会《しゃかい》を転々《てんてん》としていると、各社会《かくしゃかい》の決《き》まり事《ごと》ややり方《かた》が全部違《ぜんぶちが》う。普段《ふだん》、最初《さいしょ》からその社会《しゃかい》で育《そだ》った人《ひと》たちにとっては当《あ》たり前《まえ》のことだけど、新《あたら》しく入《はい》る人《ひと》に対《たい》するオリエンテーション（入門《にゅうもん》）がもうちょっとあるといいかもしれません。

振《ふ》り返《かえ》ると、色々《いろいろ》な行《い》き止《ど》まりに当《あ》たっては、「あれ？　違《ちが》うな」と思《おも》ってきました。周《まわ》りと話《はな》すと当《あ》たり前《まえ》だったと後《あと》からわかることが度々《たびたび》ありました。僕《ぼく》も日本《にほん》の大学《だいがく》にいながら、３年《ねん》のときはアメリカに留学《りゅうがく》をしました。大学《だいがく》３年《ねん》は就職活動《しゅうしょくかつどう》の年《とし》です。僕《ぼく》はそれを全《まった》く知《し》らず、アメリカに１年《ねん》行《い》ってしまいました。戻《もど》ってきたらみんな就職先《しゅうしょくさき》が決《き》まっていて、「えええー!?」と思《おも》いながらも他人事《ひとごと》でした。そのまま就職《しゅうしょく》もせずに卒業《そつぎょう》してしまいました。別《べつ》にそれはそれでよかったのですが、そもそも就職活動《しゅうしょくかつどう》って何《なに》？　といった状態《じょうたい》でした。大学《だいがく》のもっと早《はや》めのときに、「就活《しゅうかつ》」を説明《せつめい》する機会《きかい》があったらよかったな、とは思《おも》います。誰《だれ》からも何《なに》も言《い》われなかった。でも考《かんが》えてみるとそれは大半《たいはん》の人《ひと》がみんな知《し》っているからですよね。僕《ぼく》みたいな人《ひと》だと完全《かんぜん》に抜《ぬ》けているわけです。

またそこにも細《こま》かいコツや戦略《せんりゃく》がありますよね。就職《しゅうしょく》できなかったらあえて卒業《そつぎょう》せずに１年留年《ねんりゅうねん》した方《ほう》がいいとか。普通《ふつう》なら無駄《むだ》に１年学校《ねんがっこう》に残《のこ》るのは意味《いみ》ないと思《おも》いますよね。でもそういうのが暗黙《あんもく》の了解《りょうかい》で常識《じょうしき》だったりします。日本《にほん》の色々《いろいろ》な独特《どくとく》なやり方《かた》についてのハンドブックがあるといいですよね。

自分《じぶん》も親《おや》としては、子《こ》どもにできるだけオプションを与《あた》えたい。

親《おや》というのは自分《じぶん》が歩《あゆ》んだ道《みち》を一番《いちばん》よく知《し》っているから子《こ》どもに教《おし》えて、そのやり方《かた》が一番望《いちばんのぞ》ましいというバイアスがかかりがちです。自分《じぶん》でもバイアスをかけないように意識《いしき》はしているものの、自分《じぶん》の子《こ》どもはバイリンガルに育《そだ》てたいという願望《がんぼう》はあります。

アラビア語《ご》を教《おし》えるのは諦《あきら》めましたが、少《すく》なくとも日本語《にほんご》と英語《えいご》は覚《おぼ》えてほしいです。何故自分《なぜじぶん》がそこまでバイリンガルにこだわっているのかと思《おも》うと、自分《じぶん》が社会《しゃかい》で競《きそ》うのに一番役立《いちばんやくだ》ち、稼《かせ》ぎが有利《ゆうり》になり、チャンスを与《あた》えてくれた要素《ようそ》は自分《じぶん》の英語力《えいごりょく》だったからです。ただし、それは僕《ぼく》が生《い》きた時代《じだい》だからというのもあると思《おも》います。また、努力次第《どりょくしだい》でなんとかなるとも思《おも》っています。長男《ちょうなん》は、若干《じゃっかん》そこを意識《いしき》しているようです。上《うえ》の子《こ》だからか、真面目《まじめ》にそのまま受《う》け取《と》っています。次男《じなん》は、「僕《ぼく》は日本人《にほんじん》だから日本《にほん》で、日本語《にほんご》でやっていくぜ」と言《い》っています。最終的《さいしゅうてき》には彼《かれ》らが時代《じだい》を感《かん》じながらこのバックグラウンドをどう使《つか》うかを決《き》めればいいと思《おも》います。

Q

次《つぎ》の世代《せだい》へのアドバイスやメッセージをどうぞ。

自分《じぶん》にしかない何《なに》かはすでに持《も》っているから、それを誇《ほこ》りに思《おも》うこと。

日本《にほん》は育《そだ》つのに恵《めぐ》まれている環境《かんきょう》だと思《おも》います。ただ日本《にほん》が少《すこ》しのんびりしている分《ぶん》、他《ほか》の国《くに》では生《い》き抜《ぬ》くプレッシャーがすごくあるように感《かん》じます。海外《かいがい》の友達《ともだち》は子《こ》どもに色々《いろいろ》な言語《げんご》を学《まな》ばせ、将来《しょうらい》のチャンスに向《む》けて具体的《ぐたいてき》な教育《きょういく》をさせています。たとえマルチカルチャーでもいる環境《かんきょう》によってその価値《かち》が変《か》わります。アメリカなどではマルチカルチャーであることはわりと普通《ふつう》。一方《いっぽう》日本《にほん》だとまだそこまで当《あ》たり前《まえ》ではない。みんなと違《ちが》う視点《してん》を持《も》ち、感《かん》じ方《かた》があることが武器《ぶき》でもありパワーだと思《おも》います。皆《みな》と違《ちが》うことによる大変《たいへん》さや葛藤《かっとう》もあるかもしれないけど感《かん》じ方《かた》、使《つか》い方《かた》は人《ひと》それぞれだと思《おも》います。

どんなマルチカルチャーな子《こ》でもその子《こ》にしかない独特《どくとく》な感性《かんせい》があるはずなのでそれに誇《ほこ》りを持《も》って生《い》きていってほしいですね。

06

アンドレ・サリブさん

必《かなら》ずしも
王《おう》道《どう》の
アドバイスが

自《じ》分《ぶん》にとっていいとは限《かぎ》らない。

吉《よし》川《かわ》有《ゆう》悟《ご》さん

アーティスト

（プロフィール）

吉川有悟《よしかわゆうご》／Hugo Yoshikawa　1986年東京生《ねんとうきょうう》まれ。日本人《にほんじん》の父《ちち》とフランス人《じん》の母《はは》を持《も》つ。幼年期《ようねんき》から10代《だい》の大半《たいはん》をロンドン、パリ、東京《とうきょう》、バンコク、ニューヨークで過《す》ごす。様々《さまざま》な言語《げんご》や文化《ぶんか》で暮《く》らすうちに、絵《え》も一《ひと》つの共《きょう》通言語《つうげんご》と考《かんが》えるようになる。アーティスト活動《かつどう》の原点《げんてん》は、小《ちい》さい頃《ころ》から好《す》きだった漫画《まんが》やアニメだった。その後《ご》、ロンドン芸術大学《げいじゅつだいがく》でイラストを専《せん》攻《こう》。卒業後《そつぎょうご》、マドリードと東京《とうきょう》でキャリアのスタートを切《き》った後《のち》ロンドンに戻《もど》り、イラスト、マンガ、ドローイングの垣根《かきね》を越《こ》えた創作活動《そうさくかつどう》を展開《てんかい》。その後《ご》バルセロナに本拠《ほんきょ》を移《うつ》し、ファインアート、ペインティングに集中《しゅうちゅう》。2023年《ねん》から東京《とうきょう》をベースに、多岐《たき》の分野《ぶんや》にわたり活躍中《かつやくちゅう》。

唯一《ゆいいつ》
ランドセルがなかった。
唯一《ゆいいつ》のハーフの子《こ》
だったんだよね。

Q

どんな子《こ》ども時代《じだい》でしたか？　どんな子《こ》どもでしたか？

唯一《ゆいいつ》ランドセルがなかった。
唯一《ゆいいつ》のハーフの子《こ》だったんだよね。

僕《ぼく》は日本《にほん》とフランスのハーフで、ママがフランス人《じん》でパパが日《に》本人《ほんじん》。父親《ちちおや》は外交官《がいこうかん》だったので、東京生《とうきょうう》まれだけど半年《はんとし》ぐらい経《た》ってすぐにロンドンへ行《い》った。幼稚園《ようちえん》はパリで、１年生《ねんせい》の１学期《がっき》だけニースの学校《がっこう》に行《い》ってました。学年《がくねん》が日本《にほん》とちょっと違《ちが》ったから、日本《にほん》で言《い》うと１年生《ねんせい》の３学期《がっき》に東京《とうきょう》の駒場小学校《こまばしょうがっこう》に転校《てんこう》して、４年生《ねんせい》の１学期《がっき》までの２年半通《ねんはんかよ》っていました。フランスの小《しょう》学校《がっこう》から日本《にほん》の小学校《しょうがっこう》に転校《てんこう》して、まあ７歳《さい》とかだからそんなに深《ふか》く考《かんが》えないけど、僕《ぼく》は、唯一《ゆいいつ》ランドセルがなかった。唯一《ゆいいつ》のハーフの子《こ》だったんだよね。東京《とうきょう》のど真《ま》ん中《なか》の駒場小《こまばしょう》なのに。茶髪《ちゃぱつ》だったけど「金髪君《きんぱつくん》」って呼《よ》ばれていたし。今思《いまおも》い直《なお》すと、すごいいじめられてたけど、僕《ぼく》は鈍感《どんかん》で。明《あか》るいキャラだから、向《む》こうもすぐ飽《あ》きちゃったんですよね。

それ以降《いこう》、学校《がっこう》はずっと
フランスの学校《がっこう》がベース。

そこからタイに行《い》ったんです。タイには、２年間住《ねんかんす》んでいた。

そのときにまたフランスの学校《がっこう》に通《かよ》って。ママがフランス人《じん》だし、海外《かいがい》どこも首都《しゅと》に行《い》けば絶対《ぜったい》フランスの学校《がっこう》はある。急《きゅう》にリマに行《い》くことになったら、Lycee Francais de Lima、フランス学《がく》園《えん》リマ校《こう》とか。ヨーロッパやアフリカの国《くに》に行《い》っても、どこに行《い》ってもだいたいあるんです。カリキュラムが同《おな》じだから、安心《あんしん》。それを理由《りゆう》に、イタリア人《じん》でもスペイン人《じん》でもフランスの学校《がっこう》に行《い》っている子《こ》もいる。

タイでは、インターナショナルな世界《せかい》で急《きゅう》に英語《えいご》も必要《ひつよう》になった。タイ人《じん》とは英語《えいご》でしゃべるし、一番《いちばん》の親友《しんゆう》は同《おな》じビルに住《す》んでいたスウェーデン人《じん》の子《こ》だったから、英語《えいご》しかしゃべれない。学校《がっこう》でも英語《えいご》のレッスンがあった。「最初《さいしょ》に習《なら》った言葉《ことば》って何《なに》？」って言《い》われて、僕《ぼく》もフランス語《ご》だとずっと思《おも》ってたけど、保育園《ほいくえん》はイギリスで行《い》ったし、フィリピン人《じん》のナニーがいて彼女《かのじょ》は英語《えいご》だった。だから今振《いまふ》り返《かえ》ると、英語《えいご》だったのかなとも思《おも》う。でも、よく考《かんが》えたらフランス語《ご》のはずだけどね。ママはフランス人《じん》だしと、ふと思《おも》って。そういうのがあったからか、タイに行《い》ったときも英語《えいご》は、けっこうすぐわーって習《なら》ってある程度《ていど》しゃべれるようになった。まあ若《わか》かったから。

変《へん》な英語《えいご》をしゃべったら みんなに速攻《そっこう》バカにされて。

そこから12歳《さい》から16歳《さい》、日本《にほん》だと中《ちゅう》1から高《こう》2はニューヨークに行《い》ったんですよね。ここでも、フランスの学校《がっこう》に通《かよ》った。ニューヨークは、みんな英語《えいご》。僕《ぼく》も変《へん》な英語《えいご》をしゃべったら速攻《そっこう》バカにされて。１回《かい》なんか、タコスのことをテコスって言《い》ったら、もう１ヶ月《げつ》ジョークにされた。「Hugo君《くん》のテコスってなんだ？」って。それでもう一生《いっしょう》間違《まちが》えないですね。みんなニューヨーカーだからけっこうハードだったかな。僕《ぼく》は唯一《ゆいいつ》のハーフで、唯一《ゆいいつ》のアジア人《じん》だった。みんなフレンドリーだったけど、やっぱりいじめはあった。みんな超《ちょう》アメリカ人《じん》で、僕《ぼく》も年頃《としごろ》だったから、自分《じぶん》もアメリカ人《じん》かなって思《おも》っていたけど、9.11が起《お》きて、僕《ぼく》は絶対《ぜったい》アメリカ人《じん》ではないってことを知《し》った。

やっと母国《ぼこく》に戻《もど》るって思《おも》ってたら、大《だい》ショックだったね。

高校《こうこう》２～３年生《ねんせい》は東京《とうきょう》のフランスの学校《がっこう》に行《い》った。当時《とうじ》、覚《おぼ》えてるのは16歳《さい》ぐらいで、僕《ぼく》は日本人《にほんじん》だって思《おも》うでしょう。ニューヨークの学校《がっこう》では、唯一《ゆいいつ》のアジア人《じん》だし。「Youはなんでテレビゲーム下手《へた》なんだよ」「うちテレビないし」「でもジャパニーズじゃん」って言《い》われたりもしていた。それで、日本《にほん》に戻《もど》ったとき、僕《ぼく》はやっと母国《ぼこく》に戻《もど》るって思《おも》っていたら、大《だい》ショックだったね。日本人《にほんじん》といると、やっぱり僕《ぼく》は絶対日本人《ぜったいにほんじん》じゃないとわかった。ハーフの子《こ》も会《あ》ったら、みんな日本育《にほんそだ》ちだから中身《なかみ》は日本人《にほんじん》なんだよね、結局《けっきょく》。あと日本人《にほんじん》からの扱《あつか》い。日本人《にほんじん》は冷《つめ》たい。「お前《まえ》、日本人《にほんじん》じゃねえだろ」って。すごいショックだったね。ちょうどティーンエイジャーだから、アイデンティティのこともあって。でも同時《どうじ》にすごく日本語《にほんご》を勉強《べんきょう》したね。僕《ぼく》の場合《ばあい》、親父《おやじ》が日本人《にほんじん》だからやっぱり名字《みょうじ》は「吉川《よしかわ》さん」だし、吉川《よしかわ》さんが日本語《にほんご》しゃべれなかったらちょっと切《せつ》ないと自分《じぶん》で思《おも》って、それでけっこう頑《がん》張《ば》ったっていうのは絶対《ぜったい》にある。

家《いえ》では母《はは》とはフランス語《ご》、親父《おやじ》とはだいたい日本語《にほんご》。

ママはできたらフランス語《ご》をしゃべりたいし、親父《おやじ》はできたら日本語《にほんご》をしゃべりたい。年《とし》を取《と》れば取《と》るほどそうなってる。でも、親同士《おやどうし》の言語《げんご》は、国《くに》による。２人《ふたり》はスペインで出会《であ》ったから、そのときはスペイン語《ご》が多《おお》くなる。フランスに行《い》ったらフランス語《ご》が多《おお》くなる。アメリカだとやっぱり英語《えいご》が多《おお》くなる。家族《かぞく》はみんな、４ヶ国語話《こくごはな》せるんです、一応《いちおう》。今《いま》では、僕《ぼく》が断然《だんぜん》うまいんだけど。（笑《わらい》）

日本語《にほんご》を話《はな》せるのは、パパがジャパニーズだから。あんまり家《いえ》にはいなかったけど、親父《おやじ》とは日本語《にほんご》でしゃべった。日本《にほん》のじいちゃんばあちゃんに会《あ》うときも日本語《にほんご》。当時《とうじ》は日本《にほん》に行《い》くとおもちゃのレベルがすごかった。海外《かいがい》と比《くら》べると、ミニ四駆《よんく》とか、プラモデルとか、テレビゲームだね。ファイナルファンタジーとか。ヨーロッパで１年後《ねんご》に出《で》るものを先《さき》に買《か》えた。全部日本語《ぜんぶにほんご》じゃないですか。だからある程度《ていど》は、ずっと日本語《にほんご》に触《ふ》れていた。僕《ぼく》が一番日本語《いちばんにほんご》を習《なら》った理由《りゆう》は漫画《まんが》。日本《にほん》の小学校《しょうがっこう》に行《い》ったとき、『ドラゴンボール』とか、『幽《ゆう》☆遊《ゆう》☆白書《はくしょ》』とか『ドラクエ』とかを読《よ》んで。やっぱりふりがなもあるし。そこから海外《かいがい》に行《い》っても、お年玉《としだま》を丁寧《ていねい》にためて、海外《かいがい》で3倍《ばい》の値段《ねだん》で日本《にほん》の漫画《まんが》を買《か》ったりしたね。漫画《まんが》を読《よ》んで、日本語《にほんご》のレベルをある程度《ていど》保《たも》ったかな。日本《にほん》にも小《しょう》4まではいたから、ある程度《ていど》のレベルは話《はな》せたし、読《よ》めた。

代《よ》ゼミに行《い》って、そこで初《はじ》めて
リアルジャパニーズに会《あ》う。

高校《こうこう》のとき、美大《びだい》に行《い》こうと思《おも》って代々木《よよぎ》ゼミナール（代《よ》ゼミ）に行《い》ったんだよね。土曜日《どようび》に代《よ》ゼミに行《い》って、そこで初《はじ》めてリアルジャパニーズに会《あ》った。僕《ぼく》はフランスのLycee（高校《こうこう》）に通《かよ》っていたから、そこはちょっと変《へん》な東京《とうきょう》の雰囲気《ふんいき》で、ハーフか外国人《がいこくじん》しか行《い》かない。初《はじ》めてリアルジャパニーズと一緒《いっしょ》になって、「やあ、みんな！」って言《い》ったら、向《む》こうは、「シー！　俺《おれ》、今《いま》、試験《しけん》の修業《しゅぎょう》してるんだよ！　だからあっち行《い》けよ」って。「5時間《じかん》、絵《え》を描《か》いて誰《だれ》もしゃべんないの？」と思《おも》ったけれどみんな黙々《もくもく》と描《か》く。シーンとしてて、先生《せんせい》がちょっとアドバイスしたりするだけ。それを見《み》て、こういう人《ひと》たちと大学《だいがく》に行《い》くのはありえないと思《おも》った。みんな遊《あそ》んだりとかしないの？　何《なに》かパーティーしないの？と思《おも》って。

それで、Lycee、つまり高校《こうこう》のアートの先生《せんせい》に相談《そうだん》した。僕《ぼく》は、パリも嫌《いや》だったの。フランスの教育《きょういく》システムが大嫌《だいきら》いだったから、絶対《ぜったい》フランスには行《い》きたくない。僕的《ぼくてき》には、パリは30代《だい》の町なんだよ。アメリカは学費《がくひ》を含《ふく》めてちょっと高《たか》すぎる。じゃあ英《えい》語《ご》だし、イギリスにしようって。あんまり深《ふか》く考《かんが》えず、英国文化《えいこくぶんか》振興会《しんこうかい》に「すみません、ちょっと大学《だいがく》の情報《じょうほう》ありますか？」って聞《き》きに行《い》った。そしたら、ちょうど来週《らいしゅう》に大学《だいがく》の説明会《せつめいかい》があるって聞《き》いて、行《い》ってみて受《う》けてみようかなあってなった。結果《けっか》、ロンドンの美大《びだい》でキャンバーウェル・カレッジ・オブ・アーツというところに行《い》ったんだ。

僕《ぼく》は本《ほん》当《とう》にルーツがないから、どこでもいいんだよね。

卒業《そつぎょう》してからは、メッセンジャー、配達員《はいたついん》を１年《ねん》やって、真面《まじ》目《め》に集中《しゅうちゅう》して仕事《しごと》をやらないといけないなと思《おも》った。広告会社《こうこくがいしゃ》でジュニアデザイナーとして働《はたら》いてみたり。半年《はんとし》スペインに、半年《はんとし》パリにも行《い》った。日本《にほん》の広告《こうこく》デザイン会社《がいしゃ》にも３、４ヶ月《げつ》いた。コマーシャルはちょっと違《ちが》うかなと思《おも》い、それからはフリーランスのイラストレーターをずっとやってた。イギリスには、結局《けっきょく》13年《ねん》いたかな。その後《あと》は、バルセロナに５年《ねん》住《す》んだかな。最初《さいしょ》は、あまり仕事《しごと》がなかった。そうしたら、本当《ほんとう》にペインティング、絵《かい》画《が》だけをするようになった。そして、2023年《ねん》の年明《としあ》けに東京《とうきょう》に来《き》ました。昔《むかし》から、「吉川《よしかわ》さん」だし一度《いちど》は日本《にほん》に住《す》んでもいいかなって思《おも》っていて。僕《ぼく》は本当《ほんとう》にルーツがないから、どこでもいいんだよね。海外《かいがい》の人《ひと》とか、ハーフの子《こ》ともけっこう会《あ》うけれど、僕《ぼく》のプロフィールはやっぱり全然違《ぜんぜんちが》うと思《おも》うんだよね。唯一《ゆいいつ》のアジア人《じん》であったこともあれば、唯一《ゆいいつ》の白人《はくじん》であったこともある。両方《りょうほう》を知《し》っている。

日本《にほん》に来《き》てからやっぱり「日本語上手《にほんごうま》いですね」で始《はじ》まる。

戻《もど》ってからはやっぱり、「いやあ、日本語上手《にほんごうま》いですね」と言《い》われて、「いや私日本人《わたしにほんじん》です」って答《こた》えたら、「ハッハッハッ」、「いやいや本当《ほんとう》ですよ」って。「パパが日本人《にほんじん》だから、一応私《いちおうわたし》、吉川《よしかわ》さんですから、名字《みょうじ》、吉川《よしかわ》です」と。みんなちょっとバグったような目《め》で見《み》て、向《む》こうが何《なに》かカチカチカチカチカチッと頭《あたま》の中《なか》で考《かんが》えているのがスローモーションで見《み》えて、急《きゅう》に「おおお、ふうううん」って。人《ひと》によって納得《なっとく》しない顔《かお》で、「ああ日本人《にほんじん》なんだ」ってなるんですよね。そういう反応《はんのう》になるともう僕《ぼく》は関《かか》わりたくないと思《おも》ってしまう。まあちょっと諦《あきら》めたのもあるんですけどね。

Q

あなたの逆境《ぎゃっきょう》や困難《こんなん》を乗《の》り越《こ》えるコツは？

今《いま》は移民《いみん》のプロだけど、当時《とうじ》は転校生《てんこうせい》のプロだった。

ちゃんと integrate、溶《と》け込《こ》んで、一体化《いったいか》して「移民《いみん》のプロ」になろうと僕《ぼく》は思《おも》っている。でも、そういうのはけっこうキャラによる。弟《おとうと》がいるけれど、比《くら》べるとすごい違《ちが》う。僕《ぼく》は明《あか》るくて、誰《だれ》とでも友達《ともだち》になるタイプ。弟《おとうと》は、数《かず》は少《すく》ないけど深《ふか》くつきあうタイプ。すごい時間《じかん》がかかるんだよね。シャイじゃないけど、シャイなキャラって感《かん》じでね。僕《ぼく》は、小《ちい》さいときはちょっと鈍感《どんかん》だったね。リュックを忘《わす》れて学校《がっこう》に行《い》くとか、いつもそんな感《かん》じだった。ちょっとマイペースで上《うわ》の空《そら》なところもあった。でもadjust、合《あ》わせられるし、できちゃう。移民《いみん》だったらよい移民《いみん》として、ちゃんとintegrate、一体化《いったいか》して「移民《いみん》のプロ」になる。僕《ぼく》は、大人《おとな》になってスペインに行《い》っても、頑張《がんば》ってスペイン語《ご》をしゃべれるようになった。だから、adaptする、適応《てきおう》することは重要《じゅうよう》。でもどこでも、adaptして、適応《てきおう》してよい面《めん》と、一生《いっしょう》adaptしない方《ほう》がいい面《めん》は絶対《ぜったい》あるけどね。

Q

違《ちが》う文化《ぶんか》の間《あいだ》で板挟《いたばさ》みにあった経験《けいけん》は？

どっちかに行《い》きすぎるとだめ。いいバランスを取《と》る。

僕《ぼく》の場合《ばあい》ね、日本語《にほんご》をもっと勉強《べんきょう》したかったけど、もういいレベルだし、日本語《にほんご》がうまくなりすぎて、超《ちょう》ジャパニーズになっちゃったら、ただ単《たん》に変《へん》な顔《かお》をした日本人《にほんじん》になって、いいことはないんだよね。逆《ぎゃく》に日本語《にほんご》がしゃべれなかったらただの外国人《がいこくじん》じゃん。だからそこは本当《ほんとう》にね、バランス。どっちかに行《い》きすぎるとだめだし、しゃべっている相手《あいて》にもよるけど、いい具合《ぐあい》のバランスを取《と》るのが難《むずか》しい。日本《にほん》は「あなた一生日本人《いっしょうにほんじん》じゃないから」みんなそういう目線《めせん》で見《み》てくる。「吉川《よしかわ》」って名字《みょうじ》すらあるのが変《へん》に見《み》えているのが顔《かお》に書《か》いてあって、こっちからは見《み》え見《み》え。21世紀《せいき》なのに。僕《ぼく》みたいに、フランスのハーフはまだいい方《ほう》。もし東南《とうなん》アジアとかだともっとそういう目線《めせん》はふえるんだろうなあと本当《ほんとう》に思《おも》う。

それと、だいたい顔《かお》でみんな決《き》めているんだよね。髭《ひげ》があると、もう「外人《がいじん》」、日本人《にほんじん》ではありえない、となる。10分《ぷん》15分日本語《ふんにほんご》でしゃべっても向《む》こうは日本人《にほんじん》だとして認識《にんしき》しないんですよ。前《まえ》の彼女《かのじょ》がアルゼンチン人《じん》で、一緒《いっしょ》にいるときにそのシチュエーションになると、最初《さいしょ》は、彼女《かのじょ》にもその誤解《ごかい》が超《ちょう》ウケるのよ、いつも。「同《おな》じパターンだね、みんな」と。「ああ日本語上手《にほんごうま》いね」、「いやいやいや違《ちが》う違《ちが》う違《ちが》う。」「えっ吉川吉川《よしかわよしかわ》。」で急《きゅう》に日本語《にほんご》でしゃべる。彼女《かのじょ》には、10回目《かいめ》で「Hugo、これ本当《ほんとう》に疲《つか》れるね。かわいそうだね」って言《い》われて。

日本《にほん》は「ジャパングループか海外《かいがい》グループか」で切《き》れている。

そうなると、ハーフの人《ひと》は、ジャパングループにいきたい。高校《こうこう》も日本《にほん》だし、だからきっとちょっとかっこいい、かわいい同級生《どうきゅうせい》ジャパニーズになりたいんだよね。「ちょっと茶髪《ちゃぱつ》なのよ、いいでしょう」っていけるぐらいがいいんだろうな。

ハーフが増《ふ》えているわりには日本《にほん》は全然変《ぜんぜんか》わってない。今回《こんかい》、日本《にほん》に来《き》て、海外《かいがい》の言葉《ことば》がしゃべれないハーフに遭遇《そうぐう》する多《おお》さにびっくりした。僕《ぼく》よりちょっと若《わか》くて、「あ、フランスのハーフです」「Tu parles francais？（フランス語《ご》しゃべれる？）」と言《い》うと「あ、日本語《にほんご》だけです」とか、「えースペインのハーフなんだ！」とスペイン語《ご》で話《はな》しかけたら「ううん、しゃべれない」。英語《えいご》もカタコトのハーフが多《おお》い。でもアイデンティティとして、両方《りょうほう》の国《くに》の国旗《こっき》をプロフィールとかにあげている。でもそれは彼《かれ》らのせいでもないんだよね。パパやママがちゃんとしゃべってくれなかったから。

Q
日本《にほん》で「みんなとちょっと違《ちが》う」ことの強《つよ》みや弱《よわ》みは？

「どこ出身《しゅっしん》？ 何人《なにじん》だ？」って言《い》われたら、本当《ほんとう》に返事《へんじ》ができない。

僕《ぼく》は、本当《ほんとう》にいっぱい引《ひ》っ越《こ》しているから視野《しや》と人生経験《じんせいけいけん》がちょっと違《ちが》う。言葉《ことば》もけっこうしゃべれる。でも、やっぱりルーツがない。パスポートを見ると、吉川《よしかわ》 Born in 東京《とうきょう》だから一応《いちおう》あなたはジャパニーズとなる。でも日本人《にほんじん》にしては、違《ちが》うんだよって感《かん》じで。僕《ぼく》には、出身地《しゅっしんち》と思《おも》うところは全《まった》くない。だから、すごい羨《うらや》ましいと思《おも》うのは、「僕《ぼく》、この村《むら》で生《う》まれ育《そだ》って、パパとママはまだ同《おな》じ家《いえ》に住《す》んでて」と、まだマイルームがあったりして、ガレージの中《なか》を見《み》たら「ほら見《み》て、僕《ぼく》の昔《むかし》の絵《え》」とか。それって本当《ほんとう》に my 歴史《れきし》、本当《ほんとう》に出身地《しゅっしんち》がある。僕《ぼく》にはそれがないね。

同《おな》じ外交官《がいこうかん》の子《こ》どもで「いや、俺《おれ》も同《おな》じだよ」という人《ひと》もいるけれど、「いや、お前《まえ》は純粋《じゅんすい》なスペイン人《じん》じゃん」いろいろ引《ひ》っ越《こ》したけど、パパもママもマドリードじゃん。だから少《すく》なくとも ethnicly、民族的《みんぞくてき》にというか人間《にんげん》としての出身《しゅっしん》がその人《ひと》たちにはある。だけど、僕《ぼく》は、どっちでもない。フランスにいるとアジア人《じん》ってなるし、日本《にほん》にいると年《とし》を取《と》れば取《と》るほど「外人《がいじん》」扱《あつか》いされる。

Q

自分《じぶん》のアイデンティティについてどうとらえていますか？

I'm French-Japanese, but I grew up in English speaking countries. フランスと日本《にほん》にルーツがあるけど、英語圏《えいごけん》で育《そだ》った。

でもそれも大嫌《だいきら》いなのね。人《ひと》に会《あ》うと「Hey Hugo, so where are you from?」やあ Hugo、どこからきたの？　となるから、真面目《まじめ》に全人生《ぜんじんせい》を話《はな》すべきか、あるいは、適当《てきとう》に短《みじか》めに答《こた》えるべきかでいつも悩《なや》む。たとえば、イギリスだとどっかで一杯飲《いっぱいの》んで「Where are you from man？」どっからきたの？　「So I'm French-Japanese.」フランスと日本《にほん》にルーツがあるんだ、「Oh, so you grew up in France?」フランスで育《そだ》ってってこと？「No, no no no.」違《ちが》う違《ちが》う違《ちが》う、「So you grew up in Japan?」じゃあ日本育《にほんそだ》ち？「No, no no no.」違《ちが》う違《ちが》う違《ちが》う、「So where the f**k did you grew up?」じゃあどこで育《そだ》ったんだよおい！「Oh, I grew up in New York where you know blah-blah.」あー、ニューヨークで育《そだ》って……「Oh you f**king try-hard.」なんてやつなんだ。で、そこで嫉妬《しっと》する人《ひと》もいれば「おおっ！」てなる人《ひと》もいるけれど、結局《けっきょく》、生《う》まれた場所《ばしょ》でみんなジャッジし、人《ひと》に紹介《しょうかい》する。「Hugo くんは動物《どうぶつ》が好《す》きで絵《え》を描《か》く」とか違《ちが》うイメージで本当《ほんとう》はいいはずなのに。僕《ぼく》は、ハーフだけど「フランス人《じん》なんだ」って言《い》われてもいいのに、そこでは、「ジャパニーズ」。ヨーロッパで、「Ah my Japanese friend」我《わ》が日本人《にほんじん》の友《とも》よって言《い》われると僕《ぼく》もちょっと「ん？」となるけど、でも諦《あきら》めた面《めん》もある。仕事《しごと》でも「Japanese artist.」日本人《にほんじん》アーティストと書《か》かれて、「はいはい、Yoshikawa だからね（怒《おこ》）」と思《おも》うし、「French artist.」フランス人《じん》アーティストと書《か》かれると「まあまあ、はいはい」と。フレンチジャパニーズと言《い》うともう特《とく》に日本《にほん》だと舌《した》がまわらないくらいややこしくなるから、なかなかそうは紹介《しょうかい》してもらえない。だから、そういうのもあんまり気《き》にしないのが大事《だいじ》なのかな。

僕《ぼく》は、「half-half」、半々《はんはん》。

日本《にほん》だと、「ハーフ」という言葉《ことば》はネガティブを内包《ないほう》していると最近言《さいきんい》われるじゃないですか。「ダブル」と呼《よ》べと。でも、僕《ぼく》は、

「half-half」。脳《のう》みそが２つあるわけじゃないし、魂《たましい》が半分《はんぶん》で生《う》まれたわけでもない。ミックスと言《い》われても、僕《ぼく》はバニラとチョコをグジグジにしたみたいな猫《ねこ》まんまじゃあるまいし、「ちゃんとご飯《はん》と味噌汁《みそしる》だよ」って思《おも》うから、ご飯《はん》ハーフ（半分《はんぶん》）、味噌汁《みそしる》ハーフ（半分《はんぶん》）でOKです。Japanese定食《ていしょく》かな。僕《ぼく》はそれでいいんじゃないって思《おも》う。

Q

今《いま》の仕事《しごと》についたきっかけは？

絵《え》を描《か》く以外《いがい》に何《なに》もなかった。

僕《ぼく》は、ママがヨガ大好《だいす》きで、育《そだ》ちがマクロビダイエットでテレビなし、砂糖《さとう》なし、マクドナルドなし、キンダーエッグはチョコを捨《す》ててガチャポンの部分《ぶぶん》だけくれた感《かん》じの教育《きょういく》なのね。勉強《べんきょう》が嫌《きら》いだったけど宿題《しゅくだい》を終《お》わらせない限《かぎ》り、部屋《へや》から出《で》ちゃだめだった。そのときに自分《じぶん》の世界《せかい》で絵《え》を描《か》いて落書《らくが》きをしてた。宿題《しゅくだい》をするかわりに絵《え》を描《か》いて、それが唯一《ゆいいつ》のエスケープ。それで絵《え》を描《か》くのを好《す》きになって。あと漫画《まんが》はOKだった。６歳《さい》から10歳《さい》ぐらいのときに、ママがいっぱいフランスの漫画《まんが》を買《か》ってくれて。Bande dessinéeというタイトルの。フレンチ漫画《まんが》はもうちょっとナイーブスタイルでフルカラーで、絵《え》がもっと凝《こ》ってるもので、作家《さっか》１人《ひとり》で描《か》いてる。それで将来《しょうらい》こういうのを描《か》きたいなって思《おも》った。

絵《え》ってユニバーサル。言葉《ことば》じゃない。

きっと一《ひと》つの言葉《ことば》で育《そだ》っていたら小説家《しょうせつか》とかになりたかったかもしれないけれど、いつも言語《げんご》というか国語《こくご》が苦手《にがて》だった。いつも出遅《でおく》れてたから。２年《ねん》のブランクで「Welcome back to France」フランスへおかえりなさいとなってもちゃんと読《よ》めないじゃない。だから、文章《ぶんしょう》は書《か》けてもいつも楽《たの》しくなかった。漫画《まんが》はやっぱり文半分絵半分《ぶんはんぶんえはんぶん》だからいいバランス。小《ちい》さいときは、漫画家《まんがか》になるんだって思《おも》ってずっと絵《え》を描《か》いて絵《え》を描《か》いて絵《え》を描《か》いて。それで、美大《びだい》に行《い》って、イラストに出会《であ》った。漫画《まんが》は、ストーリーを書《か》くのが大変《たいへん》だし、あまりお金《かね》にもならない。今《いま》でも、心《こころ》の奥底《おくそこ》では漫画《まんが》をいつか描《か》きたいとは思《おも》っているけど。

Q

大人《おとな》から言《い》われてよかったことやアドバイスは？
逆《ぎゃく》によくなかったことは？

親《おや》からも先生《せんせい》からも誰《だれ》からも
いいアドバイスはなかった。

その理由《りゆう》は、同《おな》じハーフとか、海外《かいがい》で外国人《がいこくじん》をやってる人《ひと》からしかそういうアドバイスはもらえないと思《おも》うから。フランスは、なんかもうフランス人《じん》の目線《めせん》でしか見《み》ていない。僕《ぼく》がハーフだっていうことも何《なに》も考《かんが》えてない。親父《おやじ》も仕事《しごと》でいっぱいいっぱいで、僕《ぼく》が海外《かいがい》で育《そだ》って、日本語《にほんご》を習《なら》う難《むずか》しさなんて一切考《いっさいかんが》えてないんじゃないかなと思《おも》う。小学校《しょうがっこう》だってランドセルがダサいという理由《りゆう》で「スヌーピーのリュックで行《い》け」とママに言《い》われて。それで、僕《ぼく》は学校《がっこう》で、唯一《ゆいいつ》ランドセルがなかった子《こ》。「外人《がいじん》」だった上《うえ》にね。日本《にほん》の男《おとこ》の子《こ》がはくショートパンツも、「こんな短《みじか》いショーツなんか着《き》るわけない」とママは思《おも》って、それで僕《ぼく》だけバミューダパンツだった。親《おや》が integration レベル、溶《と》け込《こ》むレベルの、難易度《なんいど》を上《あ》げていた気《き》がする。

ニューヨークに行《い》ったら、ママから急《きゅう》におにぎりとかカルピスとかを渡《わた》されて。「何《なに》この真《ま》っ黒《くろ》いボール？　何食《なにく》ってんだよ！」、カルピスは「何《なに》？　牛《うし》（cow）の piss？　おしっこかよ」って言《い》われて。僕《ぼく》は本当《ほんとう》に、ハムとチーズの適当《てきとう》なサンドイッチを夢見《ゆめみ》ていた。親父《おやじ》はいらない羊羹《ようかん》を、「お前《まえ》、ランチボックスのデザートにこれあげる」と。これも「糞《ふん》を固《かた》めたゼリー？」と言《い》われて。そういうことばっかりだったね。だからやっとお金《かね》をもらってカフェテリアに行《い》けたときは、ハレルーヤ。やっとピザが食《く》えると。

だから、アドバイスはもらってないね。ハーフじゃなかったらわからないことがたくさんある。本当《ほんとう》に同《おな》じ立場《たちば》、僕《ぼく》より20歳上《さいうえ》のハーフとかがいたらと思《おも》う。でもそれも日本育《にほんそだ》ちかフランス育《そだ》ちかでまたちょっと違《ちが》う。ハーフの子《こ》はいっぱいいるけれどやっぱりフランス語圏《ごけん》の人《ひと》、日本語圏《にほんごけん》の人《ひと》とかになる。でも、僕《ぼく》はどっちでもないから。

ユニバーサルに子《こ》どもと時間《じかん》を過《す》ごして、「ここにいるよ」っていうのが大事《だいじ》なんじゃないかな。何《なに》よりも。

Q

次《つぎ》の世代《せだい》へのアドバイスやメッセージをどうぞ。

自分《じぶん》は自分《じぶん》でいいんじゃない？

それが小《ちい》さいときに一番《いちばん》ほしかったアドバイスかな。ハーフとか海外《かいがい》に住《す》んでるからとかじゃなくて、ユニバーサルに言《い》えることかな。僕《ぼく》も、ティーンエイジャーのときにアイデンティティクライシスがあってね。イギリスに行《い》ったらどっちの国《くに》でもないから逆《ぎゃく》によかった。イギリスは、英語《えいご》をしゃべってジョークわかってくれりゃ何人《なにじん》でも誰《だれ》でもいいんだよね。フランスだと、やっぱり日本《にほん》みたいに「What do you do?」仕事《しごと》は何《なに》をしているんですかとか、「どこ出身《しゅっしん》ですか？」とまずボックスに入《い》れてから会話《かいわ》が始《はじ》まる。日本《にほん》は名刺《めいし》カルチャー。肩書《かたが》きで人《ひと》を判断《はんだん》する。

そういう意味《いみ》だとやっぱりバランスよくいかないといけない。外国人《がいこくじん》さを半分《はんぶん》にしたらみんな好《す》きなんだよな。フレンチみたいに「こんにちは」チュッチュッチュってほっぺにキスしていたら日本《にほん》の女性《じょせい》に嫌《いや》がられる。だからバランスよくちょっとフレーバーを出《だ》す。メキシコ料理《りょうり》は日本《にほん》だと辛《から》くしたら誰《だれ》も食《た》べられない。だから、辛《から》さを調整《ちょうせい》する。インド料理《りょうり》は、みんなカレーは好《す》きだけどちょっと出汁《だし》のバックフレーバーを足《た》せばいいんだよね。そういうのが移民《いみん》のプロじゃない。

Don’t take sh*t too seriously.
全部《ぜんぶ》を真面目《まじめ》に捉《とら》えちゃだめ。

本当《ほんとう》に真面目《まじめ》に全部《ぜんぶ》を捉《とら》えられちゃうと、「俺《おれ》はどこにも所属《しょぞく》できない」と壁《かべ》にぶつかってしまう。自分《じぶん》を他人《たにん》と比《くら》べちゃだめなんだよ。どうしてもティーンエイジャーだと、みんなと友達《ともだち》グループに入《はい》りたいけど、やっぱり個性《こせい》はある。特《とく》に日本《にほん》だと個性《こせい》を潰《つぶ》していく。だから、今《いま》の変《へん》な社会《しゃかい》になっているわけで。だからこそ、ルーツを大事《だいじ》にした方《ほう》がいい。それがもう得《とく》。ボーナスプラスアルファになるのに、それを使《つか》わない人《ひと》が多《おお》いんですね。

自分《じぶん》のアイデンティティを
言《い》い訳《わけ》にしない。

みんな「いや、俺《おれ》、何々人《なになにじん》だから」とか、ネガティブなエナジーを出《だ》すと結果《けっか》もネガティブになる。だから絶対自分《ぜったいじぶん》にプライドを持《も》ってポジティブに。特《とく》に日本《にほん》だと移民《いみん》とかあまりいない分《ぶん》、もっとエキゾチックで、もっとプラスになる。頭良《あたまよ》く、さっき言《い》ったように、出汁《だし》フレーバー足《た》してアフリカ人《じん》とかをやればいい。みんなプロの移民《いみん》をめざしていけば絶対大丈夫《ぜったいだいじょうぶ》。日本《にほん》のよい面《めん》を取《と》ればいい。adapt、適応《てきおう》しないといけないけど、not too much. Don’t adapt too much. 適応《てきおう》しすぎない方《ほう》がいい。みんなちょっとがむしゃらにいきすぎ。ジャパニーズのトンネルにワーって走《はし》って行《い》って、行《い》きすぎると井戸《いど》の底《そこ》で息《いき》ができないから、まだ明《あ》かりが見《み》えるぐらいで止《と》まって。コーヒーと同《おな》じじゃん。牛乳半分足《ぎゅうにゅうはんぶんた》していいけど、全部牛乳《ぜんぶぎゅうにゅう》だったらだめ。

自分《じぶん》の先祖《せんぞ》の言葉《ことば》を習《なら》ったら 絶対《ぜったい》にいいと思《おも》う。

僕《ぼく》みたいにTCK（Third culture kids）[*1]とかハーフとか外国人《がいこくじん》の子《こ》どもはやっぱり自分《じぶん》の先祖《せんぞ》の言葉《ことば》を習《なら》ったら絶対《ぜったい》にいいと思《おも》う。「なんでフランス語《ご》をしゃべる必要《ひつよう》があるの？　ここは日本《にほん》だしいいじゃん」という親《おや》や子《こ》どもがいるけど、それはlazyだと思《おも》う。僕《ぼく》も１回飛行機《かいひこうき》に乗《の》っていたら、２人《ふたり》のハーフの子《こ》に会《あ》った。20歳《さい》の同《おな》い年《どし》で２人《ふたり》ともフランスの語学大学《ごがくだいがく》に通《かよ》っていて、「実《じつ》は俺《おれ》たち大学《だいがく》で日本語《にほんご》を習《なら》って、お金《かね》を貯《た》めて日本《にほん》に旅行《りょこう》に行《い》くところなんだ」と。その子《こ》たちは、自分《じぶん》のルーツを知《し》りたいから、日本語《にほんご》を習《なら》っている。スタート時《じ》が遅《おそ》かったのは、親《おや》のせいでもある。海外《かいがい》の親《おや》も日本《にほん》で、自分《じぶん》の言葉《ことば》を教《おし》えることから逃《に》げている人《ひと》もいるし、逆《ぎゃく》に日本人《にほんじん》の女性《じょせい》とかだと、息子《むすこ》が10歳《さい》ぐらいになると、ママがフランス語《ご》が下手《へた》で話《はなし》ができない。日本語《にほんご》を教《おし》えておけば、しっかりコミュニケーションできたのにと思《おも》う。ハーフであることは、顔《かお》にどうせでる。僕《ぼく》だっていくら頑張《がんば》ってもフランスでは、「アジア人《じん》でしょ」って言《い》われる。そこで「しゃべれる？」「ううん」だったら、僕《ぼく》はちょっと残念《ざんねん》かな。日本《にほん》だと特《とく》に、もう「日本人《にほんじん》になりたい！」社会《しゃかい》からも「なれ！」っていうのはあるけど、それもやっぱり自分《じぶん》のルーツをちゃんととっておかないと、大人《おとな》になったらその特別《とくべつ》さがなくなる。

そんなに長《なが》く悔《く》いを持《も》たない。

反省《はんせい》はするけど開《ひら》き直《なお》りも僕《ぼく》は早《はや》い。いくら落《お》ち込《こ》んでも翌日《よくじつ》はまあ「It's a new day.」新《あたら》しい始《はじ》まりだって。死《し》なない限《かぎ》り、パーマネントダメージ（一生残る《いっしょうのこ》傷《きず》）がなければあとで笑《わら》えるんじゃない。プライドをそんなに持《も》たない。結局《けっきょく》、痛《いた》いのはプライドを持《も》ちすぎだから。Be yourself. 自分《じぶん》らしく、自然体《しぜんたい》でいて。いやでも本当《ほんとう》そう思《おも》うね。小《ちい》さいときはもうちょっと自分《じぶん》に自信《じしん》を持《も》てるといい。うまくやれば、移民《いみん》として超得《ちょうとく》することはある。僕《ぼく》は、いろんなところに住《す》んだけど、結局本当《けっきょくほんとう》にいい友達《ともだち》って何《なん》人《にん》いる？　5人《にん》でいいんだよ。それ以上《いじょう》は、いなくていい。みんなに好《す》かれたいかもしれないけど嫌《きら》われていいんだよ。もう1回《かい》言《い》うよ。Be yourself. 自分《じぶん》らしく自然体《しぜんたい》でいてね。

・・・

*1　国際移動《こくさいいどう》を繰《く》り返《かえ》し、さまざまな国《くに》や文化《ぶんか》の影響《えいきょう》を受《う》けながら育《そだ》つ子《こ》どもたちのことを指《さ》す。親《おや》の国《くに》の文化《ぶんか》でも、住《す》んでいた国《くに》の文化《ぶんか》でもない第《だい》3の文化《ぶんか》の中《なか》で育《そだ》つ。『新版《しんぱん》　サードカルチャーキッズ　国際移動《こくさいいどう》する子《こ》どもたち』（デビッド・C. ポロック、ルース゠ヴァン・リーケン、マイケル・V. ポロック）より一部引用《いちぶいんよう》。

07

吉川有悟さん

07

吉川有悟さん

全《ぜん》部《ぶ》を真《ま》面《じ》目《め》に

07

捉《とら》えちゃだめ。

吉川有悟さん

藤見《ふじみ》よいこさん

漫画家《まんがか》

プロフィール

福岡県北九州市《ふくおかけんきたきゅうしゅうし》出身《しゅっしん》の漫画家《まんがか》。2014年《ねん》に『ふたりじめ 戦国夫婦物語《せんごくふうふものがたり》』でデビュー。他作品《たさくひん》に『ないしょはまつげ』『こんな夜《よる》でも、おなかはすくから。』など。現在《げんざい》はリイド社《しゃ》・トーチwebにて、日本《にほん》で暮《く》らす「ハーフ」の人々《ひとびと》の姿《すがた》を描《えが》いた『半分姉弟《はんぶんきょうだい》』を連載中《れんさいちゅう》。美味《おい》しいものと物語《ものがたり》が好《す》き。

私《わたし》が真面目《まじめ》な話《はなし》を
日本語《にほんご》でしても、
父《ちち》は100%ニュアンスを
理解《りかい》してくれてる
わけじゃない。
私《わたし》もスペイン語《ご》
全然《ぜんぜん》できない。

Q

どんな子《こ》ども時代《じだい》でしたか？　どんな子《こ》どもでしたか？

父は結婚《けっこん》して、移住《いじゅう》して、しかも、いきなり奥《おく》さんの実家《じっか》と同居《どうきょ》ってなって。

　私《わたし》は母《はは》が日本人《にほんじん》、福岡県北九州市《ふくおかけんきたきゅうしゅうし》の人《ひと》で、父《ちち》はスペインの北《きた》の港町出身《みなとまちしゅっしん》で、よくスペイン人《じん》は陽気《ようき》なんじゃないかと言《い》われるんですけど、うちの父《ちち》はすごく神経質《しんけいしつ》で、どっちかって言《い》うと、イライラしてることが多《おお》いような人《ひと》でしたね。お母《かあ》さんは、工業英語《こうぎょうえいご》っていう分野《ぶんや》があって、機械《きかい》とかの説明書《せつめいしょ》の翻訳《ほんやく》を英語《えいご》でする仕事《しごと》で。トイレとか洗面器《せんめんき》を作《つく》ってる会社《かいしゃ》なんですけど、日本《にほん》のウォシュレットを輸出《ゆしゅつ》するための説明書《せつめいしょ》の翻訳《ほんやく》してましたね。ウォシュレットの用語《ようご》に日本一詳《にほんいちくわ》しい主婦《しゅふ》だと言《い》ってました。父《ちち》はスペイン語《ご》の先生《せんせい》をやってました。うちの実家《じっか》は二世帯住宅《にせたいじゅうたく》で、おじいちゃんとおばあちゃんも一緒《いっしょ》に住《す》んでたから、今思《いまおも》うと父《ちち》はストレスを抱《かか》えて生活《せいかつ》してたかもしれないですよね。おじいちゃんおばあちゃんもすごくいい人《ひと》だったけど、気《き》はつかいますよね。

　ハーフの人《ひと》って兄弟《きょうだい》がいるとしたら、一番上《いちばんうえ》が一番《いちばん》ひねくれてて、下《した》にいくほど素直《すなお》になることが多《おお》い。私《わたし》4人兄弟《にんきょうだい》なんですけど、妹２人《いもうとふたり》と弟１人《おとうとひとり》がいて。ハーフの人《ひと》、一人《ひとり》っ子《こ》だとつらかったっていう話《はなし》は聞《き》きますけど、私《わたし》は兄弟《きょうだい》がいたから、同《おな》じような立場《たちば》の人《ひと》たちが身近《みぢか》にいるのも心強《こころづよ》いことだったかもしれないですね。なんでかっていうと、親《おや》も最初《さいしょ》の子《こ》って手探《てさぐ》りなんですよ。どう育《そだ》てていいか、どう接《せっ》していいかわかんないし。たとえば、ブラック（黒人《こくじん》）ルーツの子《こ》だったら髪型《かみがた》とか、あと宗教《しゅうきょう》のこととか。学校側《がっこうがわ》にこういう髪型《かみがた》で登校《とうこう》してもいいですかとか、給食《きゅうしょく》でこれは出《だ》さないでくださいという交渉《こうしょう》をしなきゃいけない。そういう面《めん》では一番上《いちばんうえ》の子《こ》が一番大変《いちばんたいへん》かもしれませんね。実験台《じっけんだい》になるんですよね。でも、下《した》にいくほど、学校《がっこう》も慣《な》れてくるから。私《わたし》も長女《ちょうじょ》だから、長女《ちょうじょ》のハーフの子《こ》と「末《すえ》っ子《こ》はいいよね」みたいな話《はなし》したりとか。末《すえ》っ子《こ》目線《めせん》だとまた色々《いろいろ》と思《おも》うことがあるんでしょうけどね。

私《わたし》が真面目《まじめ》な話《はなし》を日本語《にほんご》でしても、父《ちち》は100%ニュアンスを理解《りかい》してくれてるわけじゃない。私《わたし》もスペイン語《ご》全然《ぜんぜん》できない。

うち、母《はは》が早《はや》く亡《な》くなってて、父《ちち》は再婚《さいこん》してスペインに戻《もど》っちゃって。たまにLINEとかでやり取《と》りするぐらいなんですけど、今《いま》が一番《いちばん》いい距離感《きょりかん》で付《つ》き合《あ》えてる。子《こ》どもの頃《ころ》はお互《たが》い気《き》が短《みじか》いから、衝突《しょうとつ》したり、憎《にく》んだり、そんなに上手《うま》くいくことばかりじゃなかった。たぶん私《わたし》も、感情《かんじょう》の起伏《きふく》が激《はげ》しいんですよね。それでぶつかることも多《おお》かった。私《わたし》、今結婚《いまけっこん》してるんですけど、夫《おっと》が転勤族《てんきんぞく》だったんですよ。１年《ねん》に１回《かい》とか引《ひ》っ越《こ》しが多《おお》くて、その度《たび》に環境《かんきょう》が変《か》わって、つらかったり、なじめなかったり、体調《たいちょう》崩《くず》したりして、そこで父《ちち》の気持《きも》ちがわかったんですよね。言葉《ことば》も100% のニュアンスは通《つう》じないし、外国人《がいこくじん》が歩《ある》いてたら見《み》られたりする地域《ちいき》で、父《ちち》も環境《かんきょう》が変《か》わってすごいストレスだったんだろうなと大人《おとな》になって想像《そうぞう》できるようになった。

小中高《しょうちゅうこう》まで日本《にほん》で、高校《こうこう》は芸術系《げいじゅつけい》の高校《こうこう》に行《い》ってたんですよ。

父方《ちちかた》のおばあちゃんが絵《え》を描《か》くのが好《す》きな人《ひと》で、元々《もともと》そういうのもあって、子《こ》どもの頃《ころ》から絵画教室《かいがきょうしつ》とかで習《なら》って私《わたし》もずっと絵《え》を描《か》くのが好《す》きで。母《はは》からあなたは見《み》た目《め》のことで日本社会《にほんしゃかい》になじめなかったり、居場所《いばしょ》がなくなったりするかもしれないけど、絵《え》っていうのは大体《だいたい》の人類《じんるい》にとって共通言語《きょうつうげんご》だから絵《え》が描《か》けたら日本《にほん》じゃないところでも生活《せいかつ》していけるし、新《あたら》しいコミュニティが作《つく》れるかもと聞《き》かされて。すごくよいアドバイスだった。運《うん》がよかったことに酷《ひど》いいじめにはあったことないし、友達《ともだち》もいたんですけど、でも、子《こ》どもにとって学校《がっこう》って絶対的《ぜったいてき》な存在《そんざい》というか、そこが世界《せかい》のすべてになっちゃうから、好《す》きなこととか得意《とくい》なことで繋《つな》がれるコミュニティを与《あた》えてくれたのはすごくありがたい。

中学校《ちゅうがっこう》はヤンキーが多《おお》い学校《がっこう》だった。1回《かい》、男子《だんし》と喧嘩《けんか》をしたときに男子《だんし》が私《わたし》のことを「外人《がいじん》」って言《い》って、もう「外人外人《がいじんがいじん》」って言《い》われて、それを先生《せんせい》が激怒《げきど》してくれたことは覚《おぼ》えていて、先生《せんせい》ありがとうって、今《いま》でも。でも、周《まわ》りの話《はなし》を聞《き》くとそんなに上手《うま》くいってたケースばっかじゃないから、恵《めぐ》まれてたなって思《おも》いますね。

陰《いん》キャだったんですけど、原因《げんいん》を思《おも》い出《だ》して。中学校入学《ちゅうがっこうにゅうがく》した初日《しょにち》にヤンキーに呼《よ》び出《だ》されて、「お前化粧《まえけしょう》してきとんか」って問《と》い詰《つ》められて。「化粧《けしょう》はしてません」って。それでおとなしくした方《ほう》がいいのかなって。でも、元々《もともと》クラスみんなと仲良《なかよ》くするっていうより1対《たい》1で仲《なか》いい子《こ》つくるタイプだったから。

日本《にほん》っていうものへの帰属《きぞく》をすごい求《もと》めてたんだなって。

子《こ》どもの頃《ころ》から一番得意《いちばんとくい》だったし、得意《とくい》でありたいなって思《おも》ってたのは、国語《こくご》の授業《じゅぎょう》だったんですよ。あと、日本史《にほんし》とか。大人《おとな》になっていろんな人《ひと》に話《はなし》を聞《き》いてる中《なか》で、国語《こくご》ではよい点数取《てんすうと》らなきゃとか、敬語《けいご》はちゃんとしゃべれるように気《き》をつけてたとかを聞《き》くようになって、自分《じぶん》もそうだったのかもなって。

高校《こうこう》はクラスにフィリピンの子《こ》とか、在日《ざいにち》コリアンの子《こ》とか、芸術系《げいじゅつけい》のコースだったからいろんな境遇《きょうぐう》の子《こ》が多《おお》くて。高校生活《こうこうせいかつ》はすごく楽《たの》しかったけど、周《まわ》りと違《ちが》うなっていうのはずっと思《おも》ってたかもしれないですね。友達《ともだち》と歩《ある》いてて、たまたま父親《ちちおや》と帰《かえ》るタイミングが同《おな》じだったりすると、父親《ちちおや》が「おう」と言《い》うけど、本当《ほんとう》に恥《は》ずかしいと思《おも》って、無視《むし》して帰《かえ》って怒《おこ》られたりとかもあって。

父《ちち》が、人生《じんせい》のどこかはスペインで過《す》ごしてほしいって思《おも》ってたみたいで。

高校卒業《こうこうそつぎょう》して、スペインに行《い》ってみたいって思《おも》って。スペインは9月入学《がつにゅうがく》なんで、1年半《ねんはん》ぐらい浪人《ろうにん》して、その間《あいだ》は、語学学校《ごがくがっこう》と画塾《がじゅく》に通《かよ》っていました。でも、周《まわ》りはみんな日本《にほん》の美大《びだい》とかに入《はい》って、課題《かだい》とか友達《ともだち》と展示《てんじ》をやって。「うわー私《わたし》は何《なに》をしてるんだ」という焦《あせ》りもすごいあって、あの時期《じき》はしんどかったですね。

デザイン系《けい》の専門学校《せんもんがっこう》の大卒《だいそつ》の資格《しかく》が取《と》れるコースに入《はい》って。日本《にほん》だと本当《ほんとう》にハローとか、完全《かんぜん》に西洋人《せいようじん》みたいな扱《あつか》いを受《う》けてたんですけど、スペインに行《い》ったら急《きゅう》に、カフェに入《はい》って、何《なに》か注文《ちゅうもん》しようと思《おも》ってメニューを見《み》てたら、店員《てんいん》に乱暴《らんぼう》な口調《くちょう》で、「何《なに》にするの、グリーンティー？」って聞《き》かれて、意味《いみ》がわかんなくて。後《あと》になって、アジア人差別《じんさべつ》を受《う》けたんだって気《き》づいて。「ああ、そっか、ここではアジア人《じん》なんだな」って。スペインもめちゃめちゃ白人社会《はくじんしゃかい》だから、歩《ある》いててニーハオと言《い》われたりとか。

「あれ？ 私《わたし》このクラスで一番醤油顔《いちばんしょうゆがお》の人間《にんげん》なんじゃん」って気《き》づいて。

デザイン系《けい》の学校《がっこう》で自分《じぶん》の顔《かお》を似顔絵《にがおえ》みたいにして、ロゴマークを作《つく》る課題《かだい》があって。私《わたし》、日本《にほん》で自分《じぶん》の似顔絵《にがおえ》を描《か》くとしたら、まつ毛《げ》が長《なが》くて、眉毛《まゆげ》が濃《こ》くて、鼻《はな》が高《たか》くてみたいな顔《かお》描《か》いてたんですよ。でも、向《む》こうの人《ひと》はみんな石膏像《せっこうぞう》のように顔《かお》が濃《こ》いんですよ。それが印象的《いんしょうてき》で覚《おぼ》えてるんですよね。自分《じぶん》の顔《かお》が急《きゅう》にわからなくなった。白人文化圏《はくじんぶんかけん》で育《そだ》った人《ひと》がアジア人《じん》の似顔絵《にがおえ》とか書《か》こうとするとつり目《め》に描《か》いちゃう。実際《じっさい》そうじゃなくても、バイアスがかかってるから。たぶんそれってどこでもあることだと思《おも》うんですよ。この人《ひと》はこういう人種《じんしゅ》だからこうなのかもっていう、実際《じっさい》はそうじゃなくても。

鬱屈《うっくつ》をぶつけるように
ずっと漫画《まんが》を描《か》いてたんです。

スペイン語《ご》についていくのが大変《たいへん》で、専門用語《せんもんようご》とかが全然《ぜんぜん》わからないんですよね。スペインの人《ひと》ってすごく世話焼《せわや》きな人《ひと》が多《おお》いから、みんな優《やさ》しくしてくれたけど、でも、お客《きゃく》さんだなって思《おも》ってたし、あんまりなじめないなってときに漫画描《まんがか》くのが超楽《ちょうたの》しくなっちゃって現実逃避《げんじつとうひ》だった。今《いま》なんて締《し》め切《き》り直前《ちょくぜん》になってもやる気《き》が出《で》ないときはダラダラしちゃうのに。

もともと日本《にほん》の戦国時代《せんごくじだい》がすごく好《す》きで、今思《いまおも》うとそれも高校《こうこう》3年生《ねんせい》の進路《しんろ》とかに迷《まよ》ってたときに、織田信長《おだのぶなが》にハマった時期《じき》があって、歴史小説《れきししょうせつ》とか読《よ》んで、今振《いまふ》り返《かえ》ると自分《じぶん》のアイデンティティに迷《まよ》ってたんだろうな。でも、そのとき自分《じぶん》で織田信長《おだのぶなが》をキャラクターとして描《えが》いてる漫画《まんが》を描《か》いてて、ネットに載《の》せてたら、最初《さいしょ》の担当《たんとう》さんに「これ本《ほん》にしませんか」って声《こえ》をかけてもらいました。担当《たんとう》さんが「打《う》ち合《あ》わせしましょう」ってメールをくれて、「まだスペインに住《す》んでるんですけど大丈夫《だいじょうぶ》ですか」って言《い》ったら、「なんでスペインで戦国時代《せんごくじだい》の漫画《まんが》なんか描《か》いてるんですか」って言《い》われて、たしかになんでだろうって。それで在学《ざいがく》中《ちゅう》に本《ほん》を出《だ》して。

でも、両立《りょうりつ》できないなって。正直《しょうじき》スペインの生活《せいかつ》にもなじめなくて、日本《にほん》に帰《かえ》りたい気持《きも》ちも強《つよ》くなってたから、どうしようかなって悩《なや》んでたときに、日本《にほん》に住《す》んでた母《はは》が病気《びょうき》になってしまって。そのときまだ下《した》の兄弟《きょうだい》たちが中学生《ちゅうがくせい》だったんで、これは何《なに》か一《ひと》つのタイミングなのかもって帰《かえ》ることを決《き》めて、漫画《まんが》で食《く》ってくのがいいのかなってなって、今《いま》に至《いた》る感《かん》じです。

Q

日本《にほん》で「みんなとちょっと違《ちが》う」ことの強《つよ》みや弱《よわ》みは？

普通《ふつう》に働《はたら》いてる人《ひと》のロールモデルがいないっていうのもあると思《おも》うんですよ。

一番自分《いちばんじぶん》がハーフなんだなって思《おも》ったのは、夫《おっと》と福岡《ふくおか》で出会《であ》って結婚《けっこん》して、転勤《てんきん》が多《おお》くて、あまり外国人《がいこくじん》がいない地域《ちいき》にも住《す》むことがあったんですよ。そのときどこに行《い》っても「どちらの方《かた》ですか」って聞《き》かれたり。『半分姉弟《はんぶんきょうだい》』描《か》きたいって思《おも》ったのもその時期《じき》だったから、マイノリティってことを考《かんが》えたのはそのときだったかもです。

私《わたし》は日本国籍《にほんこくせき》を持《も》ってるんですけど、外国籍《がいこくせき》の人《ひと》ってかなり就職《しゅうしょく》も苦労《くろう》する話《はなし》とか聞《き》きますし、普通《ふつう》の会社《かいしゃ》って入《はい》りにくいと思《おも》うんですよね。白人《はくじん》の人《ひと》が、たとえばモデルとか芸能人《げいのうじん》とかで、ブラック（黒人《こくじん》）ルーツだったらスポーツ選手《せんしゅ》とか。ドラマ見《み》ても、普通《ふつう》に会社員《かいしゃいん》をやってるブラックルーツの人《ひと》とか出《で》てこないから、ビジョンもない。自分《じぶん》がこういう大人《おとな》になるんだっていうのがわからないから、そういうのもあると思《おも》います。

（会社《かいしゃ》って）日本語話者《にほんごわしゃ》にもハードルが高《たか》い。私《わたし》もビジネスメールの書《か》き方《かた》とか全然《ぜんぜん》わかんなかったし、独特《どくとく》の気《き》をつかう文化《ぶんか》があるじゃないですか。仕事《しごと》っていうより村《むら》の掟《おきて》みたいなこと。人間関係《にんげんかんけい》とかも。あの人《ひと》はあの人《ひと》のこと嫌《きら》いだからここ関《かか》わらせちゃだめみたいな。そんなのわかんないよ。職場《しょくば》でのハーフの苦労《くろう》みたいな話《はなし》をしてたときに日本《にほん》の人《ひと》に、「でも、営業《えいぎょう》とかで顔《かお》を覚《おぼ》えてもらえるし」「かわいがってもらえるからいいじゃん」と。でも、実際《じっさい》ピエロにならなきゃいけないことってあるじゃないですか。たしかに、日本《にほん》だとアメリカとかと比《くら》べて、歩《ある》いてて暴力《ぼうりょく》を振《ふ》るわれるとかは少《すく》ないかもしれないけど、異質《いしつ》なものとして扱《あつか》われる。そういう難《むずか》しさがありますよね。「あなたは別《べつ》の人《ひと》だよね」っていう扱《あつか》いをけっこう受《う》けちゃう。悪意《あくい》のない排除《はいじょ》はすごくつらいですよね。

私《わたし》は漫画家《まんがか》になれたのもすごくラッキーだなと思《おも》う。全然《ぜんぜん》人《ひと》に会《あ》わないから。

漫画家《まんがか》は基本的《きほんてき》に担当編集者《たんとうへんしゅうしゃ》とさえうまくやってればいい。でも、漫画《まんが》の仕事《しごと》がないとき単発《たんぱつ》でバイトしたり、接客《せっきゃく》の仕事《しごと》をしたりもしてたんですけど、接客《せっきゃく》の仕事《しごと》をすると、1日《にち》2回《かい》ぐらいはどこの人《ひと》なんだと聞《き》かれるから、これ毎日《まいにち》だったら本当《ほんとう》につらいだろうなって思《おも》うんですよね。日本《にほん》と政治的《せいじてき》に近《ちか》い国《くに》は特《とく》に苦《く》労《ろう》しますよね。アメリカとのハーフの子《こ》は、歴史《れきし》の授業《じゅぎょう》で戦争《せんそう》の話《はなし》をするときにつらい気持《きも》ちになる、という話《はなし》はよく聞《き》きます。私《わたし》は全然大《ぜんぜんたい》した話《はなし》じゃないんですけど、小学生《しょうがくせい》のときに、学級文《がっきゅうぶん》庫《こ》に「インカ帝国《ていこく》の滅亡《めつぼう》」みたいな本《ほん》があって、やばいスペイン人《じん》の悪事《あくじ》がみんなにばれてしまう。これ見《み》られたらいじめられるかもと思《おも》って、それを隠《かく》したことがありましたね。今《いま》はスペインの歴史《れきし》もちゃんと学《まな》ばないといけないなと思《おも》ってますけどね。

「戦《せん》争《そう》になったらどっちで戦《たたか》うの」とか。
そんなこと世《せ》間《けん》話《ばなし》で話《はな》すような
内《ない》容《よう》じゃない。

　日本《にほん》の人同士《ひとどうし》だと政治《せいじ》の話《はなし》ってしない人《ひと》が多《おお》いと思《おも》うんですよ。でも、外国《がいこく》の人《ひと》だとかなりセンシティブな話《はなし》を聞《き》きたがる。「あなた中国人《ちゅうごくじん》としてどう思《おも》ってるの」とか、そんなことを聞《き》いちゃだめだと思《おも》うんです。政治的《せいじてき》な話《はなし》だけじゃなくても、「父《ちち》がスペイン人《じん》で」と言《い》うと、「じゃあ家《いえ》では何語《なにご》しゃべってるの」とか親のことを聞《き》かれるじゃないですか。うちもお母《かあ》さん亡《な》くなってるし、国際結婚《こくさいけっこん》ってそんなにうまくいかないケースも多《おお》くて、片親《かたおや》育《そだ》ちも多《おお》く、親《おや》に対《たい》して複雑《ふくざつ》な気持《きも》ちを持《も》ってる子《こ》も多《おお》いのに、親《おや》のことをまず何《なん》でも根掘《ねほ》り葉掘《はほ》り聞《き》かれちゃうとか。そんなこと普通《ふつう》だったらすごく失礼《しつれい》で突《つ》っ込《こ》みすぎてると思《おも》うんです。

相手《あいて》が珍《めずら》しい存在《そんざい》だと何《なん》でも聞《き》いていいと思《おも》い込《こ》んでるんです。

向《む》こうはもしかしたら聞《き》くのは初《はじ》めてかもしれないけども、こっちは子《こ》どもの頃《ころ》から何百回《なんびゃっかい》も説明《せつめい》させられてきた。私《わたし》の友達《ともだち》に日米《にちべい》ミックスの方《かた》がいて、1回《かい》Twitter（現X）でその人《ひと》がみんなに聞《き》かれがちなことを最初《さいしょ》から全部《ぜんぶ》カードに印刷《いんさつ》して、「父《ちち》がアメリカ人《じん》、母《はは》が日本人《にほんじん》です。家庭内《かていない》では日本語《にほんご》をしゃべります。国籍《こくせき》は日本《にほん》です」と渡《わた》すようにした。それがリツイートされて、ミックスルーツの人《ひと》たちにすごい共感《きょうかん》を呼《よ》んだんですけど、その投稿《とうこう》を見《み》たのも私《わたし》の中《なか》で大《おお》きくて、みんな聞《き》かれてるんだって。「こういう話題《わだい》やめてほしい」という声《こえ》がネットで上《あ》がると絶対《ぜったい》反発《はんぱつ》もあって、「じゃあ、何《なん》の話《はなし》すればいいんですか。天気《てんき》の話《はなし》でもすればいいんですか」と言《い》う人《ひと》がいるんですけど、「外国人《がいこくじん》じゃない人《ひと》と何《なん》の話《はなし》してるんですか？」って。

私《わたし》は夫《おっと》のことすごく好《す》きだけど、でも、彼《かれ》といるかいないかで私《わたし》が信頼《しんらい》できる人間《にんげん》かどうかが変《か》わるっていうのはあんまり気分《きぶん》のいい話《はなし》じゃない。

仕事《しごと》とか、家探《いえさが》しとか人生《じんせい》の大事《だいじ》なタイミングで外国籍《がいこくせき》だと、アパートとか本当《ほんとう》に借《か》りられない話《はなし》も聞《き》く。私《わたし》は日本人《にほんじん》で、会社《かいしゃ》員《いん》の日本人男性《にほんじんだんせい》と結婚《けっこん》してる。それがかなり優位《ゆうい》な立場《たちば》だなって思《おも》うんですよね。私《わたし》は見《み》た目《め》が日本人《にほんじん》ぽくないし、漫画家《まんがか》って不《ふ》安定《あんてい》な仕事《しごと》してるし、不動産屋《ふどうさんや》さんに行《い》っても怪《あや》しまれるじゃないけど。「ふーん」みたいな扱《あつか》いを受《う》ける。私《わたし》が「夫《おっと》はこの会社《かいしゃ》に勤《つと》めてて」と言《い》うと急《きゅう》に態度《たいど》が変《か》わったり。男性《だんせい》で日本人《にほんじん》で会社《かいしゃ》員《いん》ってこの社会《しゃかい》では一番信頼《いちばんしんらい》されるスペックの人《ひと》。いい会社《かいしゃ》でもそんなに名前《なまえ》が知《し》られてない会社《かいしゃ》もあるじゃないですか。そういうとこで働《はたら》いてる人《ひと》だっている。でも、逆《ぎゃく》にそこに勤《つと》めてるってことがどれほど担保《たんぽ》されることなんだみたいなね。

外国人《がいこくじん》が増《ふ》えると治安《ちあん》が悪《わる》くなると言《い》うけど、それって因果関係《いんがかんけい》が逆《ぎゃく》で、外国人《がいこくじん》って治安《ちあん》悪《わる》い街《まち》にしか住《す》めないんです。

審査《しんさ》が通《とお》らないからそういうとこにしか住《す》めない。だから、結《けっ》果的《かてき》に治安《ちあん》の悪《わる》い街《まち》に外国人《がいこくじん》がたくさん住《す》むようになるのであって、「うわ、外国人《がいこくじん》のせいで治安《ちあん》が悪《わる》くなった」のではない。見《み》た目《め》がみんなのイメージする「日本人《にほんじん》」っぽくない人《ひと》、特《とく》に白人《はくじん》じゃないルーツを持《も》つ人《ひと》とかやっぱ見《み》た目《め》ですごく職務質問《しょくむしつもん》される。1回友達《かいともだち》が「外国人《がいこくじん》でしょ。在留《ざいりゅう》カード見《み》せて」と言《い》われて、「いや、私日本人《わたしにほんじん》なんで在留《ざいりゅう》カード持《も》ってないです」って言《い》ったら、「あっ日本人《にほんじん》でしたか」って。それって防犯《ぼうはん》としてもだめじゃないですか。当《あ》たり前《まえ》だけど日本人《にほんじん》でも外国人《がいこくじん》でも悪人《あくにん》はいる。こないだも元警官《もとけいかん》の方《かた》が内情《ないじょう》を告白《こくはく》する記事《きじ》が出《で》てたんですけど、マニュアルがあって外国人《がいこくじん》に積極的《せっきょくてき》に声《こえ》を掛《か》けろみたいなのがあるらしいんですよ。ティーンの子《こ》とかでもあうじゃないですか、それはすごいつらいですよね。

Q

自分《じぶん》のアイデンティティについてどうとらえていますか？

私《わたし》は「日《に》本《ほん》人《じん》」っていう意識《いしき》がすごく強《つよ》かったけど、「スペイン人《じん》じゃない」と言《い》われると、それは違《ちが》うってなる。

どちらも自分《じぶん》の一部《いちぶ》なんですよね。これって本当複雑《ほんとうふくざつ》。一生考《いっしょうかんが》えることだなって思《おも》いますね。日本語《にほんご》の方《ほう》が得意《とくい》だし、慣《な》れてるし好《す》きだけど、でも、どっちか選《えら》べってのは私《わたし》にとって暴力的《ぼうりょくてき》なことだなって思《おも》う。こういう面《めん》でも二重国籍《にじゅうこくせき》はちゃんと認《みと》められてほしい。22歳《さい》までに選《えら》べっていう決《き》まりがあるんですけど、やっぱ「選《えら》べ」ってできないですよ。それは暴力的《ぼうりょくてき》な決断《けつだん》、選択《せんたく》を迫《せま》ってるってことに自覚的《じかくてき》になってほしいです。

アイデンティティは本当《ほんとう》に年《とし》を取《と》ってもすごく変《か》わるものだと思《おも》うし、別《べつ》にこれって決《き》めることでもないと思《おも》うんですよね。自分《じぶん》はアラサーくらいになって、下《した》の世代《せだい》のことを考《かんが》えるようになって、ルーツや国籍《こくせき》などアイデンティティのことで必要以上《ひつよういじょう》に悩《なや》むことを引《ひ》き継《つ》ぎたくない気持《きも》ちになって。そういう気持《きも》ちとかっていうのは若《わか》い頃《ころ》なかったから、年《とし》によって価値観《かちかん》もすごい変《か》わってくる。

Q

あなたの逆境《ぎゃっきょう》や困難《こんなん》を乗《の》り越《こ》えるコツは？

自分《じぶん》は味方《みかた》の方《ほう》が多《おお》いんだなって再確認《さいかくにん》することが大事《だいじ》かなって思《おも》いますね。

　去年《きょねん》、インタビューが炎上《えんじょう》して叩《たた》かれたときは、自分《じぶん》って世界《せかい》に１人《ひとり》なのかもみたいな気持《きも》ちになったけど、そうじゃないってことを思《おも》い出《だ》すことが大事《だいじ》ですよね。友達《ともだち》と会《あ》ったり。私《わたし》の場合《ばあい》、漫画《まんが》を通《とお》してミックスルーツの人《ひと》とかもたくさん知《し》り合《あ》えたから、そういう人《ひと》たちに会《あ》ったりして。つらいことがあるともうこの世《よ》には自分《じぶん》の味方《みかた》はいないのかもしれない気持《きも》ちになっちゃうけど、実《じつ》は全然《ぜんぜん》そんなことはない。ネットの人《ひと》は露悪的《ろあくてき》というか、人種差別的《じんしゅさべつてき》なこととかも平気《へいき》で言《い》う。でも、そういう人《ひと》たちがすべてじゃない。当《あ》たり前《まえ》だけど。特《とく》にマイノリティが口《くち》うるさくなると嫌《きら》われるなっていうのは思《おも》います。でも、そうは言《い》っても伝《つた》えたい気持《きも》ちはあるから、それは漫画《まんが》でも悩《なや》んでるところで。

私《わたし》もめっちゃやってると思《おも》うんですよね。自分《じぶん》と立場《たちば》の違《ちが》う人《ひと》のことは想像《そうぞう》するのが難《むずか》しいから。

この社会《しゃかい》で人種差別《じんしゅさべつ》は良《よ》くないことだって思《おも》ってない人《ひと》の方《ほう》が少《すく》ないんじゃないですか。みんなわかってるけど、でも、いざ話《はな》すとなるとどう接《せっ》していいのか。人種差別《じんしゅさべつ》っていうのは、たとえば、ブラックルーツの人《ひと》を木《き》に吊《つ》るしてリンチするみたいなことだと思《おも》ってるんだろうなみたいな人《ひと》が多《おお》い。そうじゃないじゃないですか。実際《じっさい》はもっと、たとえば相手《あいて》のパーソナルなことをしつこく聞《き》くとか、社会《しゃかい》システム的《てき》なこともそうだし、日常《にちじょう》に組《く》み込《こ》まれてることだから気《き》づけないし、やっちゃうことだと思《おも》う。うっかり差別的《さべつてき》なことをしてしまう人《ひと》って、ゴリゴリのレイシストではなくて、知識《ちしき》とか触《ふ》れ合《あ》った体験《たいけん》がない人《ひと》が圧倒的多数《あっとうてきたすう》だと思《おも》うから、知《し》ることで変《か》わることってすごくある。

私《わたし》の友人《ゆうじん》のハーフの子《こ》たちでも、エッセイや短歌《たんか》などで自分《じぶん》の境遇《きょうぐう》を表現《ひょうげん》している人《ひと》たちもいる。でも、まだまだ表《おもて》に出《で》て創作《そうさく》活動《かつどう》をしているエスニックマイノリティは日本《にほん》に少《すく》ないと思《おも》う。みんなヒップホップに行《い》っちゃうんですかねぇ。ヒップホップって成《な》り立《た》ちがそうですからね。でも、同《おな》じように漫画《まんが》も、誰《だれ》も描《か》いてくれないから自分《じぶん》で描《か》いてるところがあって、どんどん出《で》てきてほしいなって思《おも》ってるし、そういうエンタメから変《か》えていけることもいっぱいありますので。

日本《にほん》の映画《えいが》に外国《がいこく》ルーツの人《ひと》は出《で》てこないじゃないですか。その事《こと》にはたぶん気《き》づいてないんですよ。そういう批判《ひはん》とかにならないから。それってハリウッド映画《えいが》どころのバランスじゃないのに。たとえば漫画《まんが》とかでも、今外国人《いまがいこくじん》のキャラクターとか出《だ》すと、あえて無理《むり》やり出《だ》したキャラクターになるのは難《むずか》しさを感《かん》じる。でも、今《いま》の小学生《しょうがくせい》なんてクラスに１人《ひとり》くらいはいるのに、意識的《いしきてき》に変《か》えていかなきゃいけない段階《だんかい》なんだなって。出《だ》し続《つづ》けてたらみんな慣《な》れて、特別《とくべつ》なキャラクターだって思《おも》われなくなるから。

Q

周《まわ》りからしてほしかったサポートは？

もっと違《ちが》う存在《そんざい》を違《ちが》うものとして尊重《そんちょう》するってことを教《おし》えてほしいなって思《おも》います。

アメリカでは、気持《きも》ちのパーソナルスペースを尊重《そんちょう》することを教《おし》えるそうです。たとえば、相手《あいて》の体《からだ》を勝手《かって》に触《さわ》っちゃいけないというのもそうだし、自分《じぶん》と他人《たにん》は違《ちが》う人間《にんげん》というのもそう。日本《にほん》の教育《きょういく》って、排除《はいじょ》か同化《どうか》の二択《にたく》なんですよ。同《おな》じ存在《そんざい》として扱《あつか》うんじゃなくて違《ちが》う存在《そんざい》だっていうことを認《みと》めた上《うえ》で尊重《そんちょう》する。それがすごく大事《だいじ》だなって思《おも》って、子《こ》どもの頃《ころ》知りたかった。みんな違《ちが》うんですよ。ハーフの子《こ》とかだけじゃなくて、みんな違《ちが》うのに、学校《がっこう》の現場《げんば》とかで「何《なん》とかちゃんはみんなと同《おな》じ日本人《にほんじん》なんだよ」「仲間《なかま》はずれにしちゃダメ」というのもけっこう暴力的《ぼうりょくてき》。違《ちが》う存在《そんざい》として仲良《なかよ》くできるはずだから。

「私《わたし》は嫌《いや》なんだよ」って1回《かい》受《う》け止《と》められるようになってほしい。

日本《にほん》の小学校《しょうがっこう》で教《おし》える基本的《きほんてき》なことは、「自分《じぶん》がされて嫌《いや》なことはお友達《ともだち》にもするのをやめよう」。基本的《きほんてき》なことかもしれないけど、危《あや》うい考《かんが》え方《かた》ですよね。だって、たとえばナージャさんがされて嫌《いや》なことって私《わたし》は別《べつ》にされても嫌《いや》じゃないことかもしれない。だから、ナージャさんが嫌《いや》だって言《い》っても、「なんで？　私《わたし》は嫌《いや》じゃないもん」ってなっちゃう。それって全然違《ぜんぜんちが》うじゃないですか。「みんな同《おな》じ」ってベースの考《かんが》え方《かた》だから限界《げんかい》がある考《かんが》え方《かた》ですよね。相手《あいて》が違《ちが》う人間《にんげん》で、嫌《いや》なことも違《ちが》う。たとえば、私《わたし》は小学校《しょうがっこう》でスペイン人《じん》と言《い》われて嫌《いや》だったけど、でも、別《べつ》に私《わたし》の周《まわ》りの子《こ》が「日本人《にほんじん》」って言《い》われても嫌《いや》じゃない。それはマジョリティーだから。その子《こ》たちはたぶんなんで私《わたし》が「スペイン人《じん》」って言《い》われるのが嫌《いや》なのかわからない。ある意味事実《いみじじつ》を言《い》ってるだけじゃないっていう考《かんが》え方《かた》もできちゃうから。でも、そうじゃない。このレトリックって大人《おとな》も使《つか》います。自分《じぶん》は嫌《いや》じゃないから。いやいや、でも、それは相手《あいて》は嫌《いや》かもしれない。

たとえば、「どちらの方《かた》ですか」もやめてって言《い》うと、「でも、日本人同士《にほんじんどうし》だって出身地《しゅっしんち》の話《はなし》はするじゃん、なんでそんなに聞《き》かれるの嫌《いや》なの」と言《い》われるけど、でも、違《ちが》うじゃん。「あなたたち私《わたし》が福岡出身《ふくおかしゅっしん》ですって言《い》っても納得《なっとく》しないでしょ」って。私《わたし》の見《み》た目《め》が日本人《にほんじん》じゃないから、「日本人《にほんじん》には見《み》えないからどこの者《もの》だって聞《き》いてる」ってことでしょ。違《ちが》うじゃないですか、ニュアンスが全然《ぜんぜん》。政治的《せいじてき》に難《むずか》しい立場《たちば》の国《くに》もある。言《い》ったら憎悪《ぞうお》や危《き》害《がい》を加《くわ》えられたりする状況《じょうきょう》だってあります。

ルーツとかに限《かぎ》らずチョイスできないことについてはあまり触《ふ》れないことがスタンダードになってほしい。

容姿《ようし》のこともそうだし、親《おや》のこととかもそうじゃないですか。たとえば世間話《せけんばなし》でも、「そのトレーナー超《ちょう》おしゃれだね」とかはいいと思《おも》うんです。それはその人《ひと》が選《えら》んだものだから。でも、そうじゃない話《はなし》になると危《あや》うくなってしまう。私《わたし》も普段《ふだん》、人《ひと》と関《かか》わらない仕事《しごと》をしてるから、たまにそういう目《め》にあうと、「おっ」ってなるんですよね。同時《どうじ》に接客業《せっきゃくぎょう》を選《えら》ばざるを得《え》なかった人《ひと》とかもいるだろうし、本当《ほんとう》につらいだろうなって思《おも》って。お客《きゃく》さんのが立《た》場《ば》が強《つよ》いから、「いや失礼《しつれい》ですよ」とは言《い》えないじゃないですか。

国籍《こくせき》とかもかなりセンシティブな話《はなし》だと思《おも》うんです。同《おな》じミックスでも、本当《ほんとう》は本人《ほんにん》は日本国籍《にほんこくせき》がほしかったのに、日本《にほん》って血《けっ》統主義《とうしゅぎ》だから、日本《にほん》で生《う》まれても持《も》ってない人《ひと》たちもいる。平気《へいき》で「国籍《こくせき》どこなの」って。国籍《こくせき》っていうトピックで悩《なや》んだことのない一部《いちぶ》の人《ひと》はかなり深刻《しんこく》なことだと思《おも》ってない。我々《われわれ》って見《み》た目《め》とか名前《なまえ》でわかるじゃないですか。でも、アジアの国《くに》にルーツのある人《ひと》は見《み》た目《め》じゃわからないこともあるけど、ばれたら差別《さべつ》にあう人《ひと》もいる。聞《き》いちゃいけないし、「あの人中国人《ひとちゅうごくじん》なんだよ」なんて迂闊《うかつ》に言《い》いふらしちゃいけないと思《おも》う。オープンにしたいっていうのはその人《ひと》が選《えら》ぶことだから。

Q

次《つぎ》の世代《せだい》へのアドバイスやメッセージをどうぞ。

本当《ほんとう》に何《なん》とかなるから。全然《ぜんぜん》いろんな人《ひと》がいるから大丈夫《だいじょうぶ》だよって言《い》いたいです。

漠然《ばくぜん》と自分《じぶん》って違《ちが》うなっていう意識《いしき》を持《も》ってて、学校《がっこう》やめて、漫画《まんが》だけで食《た》べていくと決《き》めたとき、最終学歴《さいしゅうがくれき》が高卒《こうそつ》になる。それって日本社会《にほんしゃかい》では不利《ふり》なことだってわかってたし、そのときはとんでもない選択《せんたく》をしてしまったと思《おも》ってた。けど、人生《じんせい》って本当《ほんとう》に何《なん》とかなるよと思《おも》って。若《わか》い頃《ころ》に悩《なや》んでたことって、今思《いまおも》うと本当《ほんとう》にどうでもいいことばっかりなんです。けど、当時《とうじ》はそれが世界《せかい》のすべてだって思《おも》う。大人《おとな》になるとドロップアウトしてたり、22歳《さい》で社会《しゃかい》に出《で》てない人《ひと》もいっぱいいる。でも若《わか》い頃《ころ》、本当《ほんとう》に目《め》に入《はい》らないんですよね。大人《おとな》になるといろんな道《みち》があるけど、渦中《かちゅう》にいると気《き》づけない。

長所《ちょうしょ》と短所《たんしょ》って裏表《うらおもて》だったりするから、人《ひと》って絶対合《ぜったいあ》うところはある気《き》がしますね。肯定《こうてい》できるようになるにはすごい時間《じかん》がかかっちゃう。私《わたし》は人《ひと》よりできないことが多《おお》いという自覚《じかく》があるのですが、みんなと違《ちが》うなって思《おも》ってたんですけど、生活《せいかつ》に支障《ししょう》をきたすほどではないんです。

ルーツとかに限《かぎ》らず、チョイスできないことについては

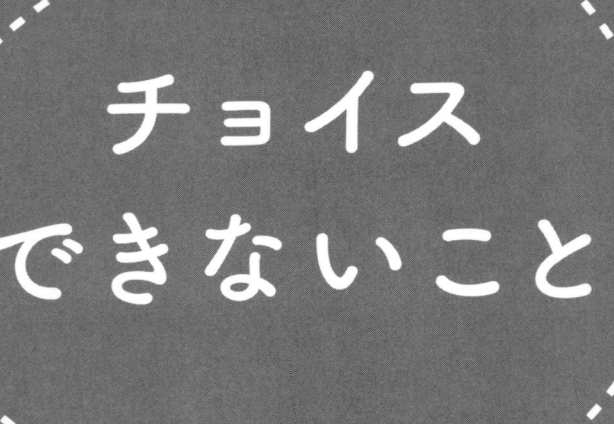

あまり触《ふ》れない
ことがスタンダードに
なってほしい。

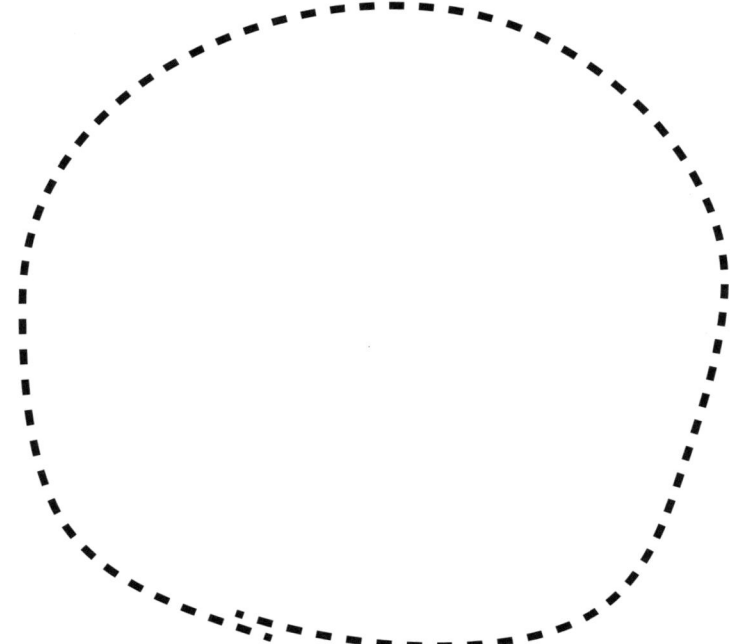

矢《や》野《の》マイケルさん

元《もと》Jリーガー／シンガーソングラッパー

プロフィール

ガーナ生《う》まれ。9歳《さい》までガーナで育《そだ》ち、サッカー選手《せんしゅ》として活躍《かつやく》。元《もと》ブンデスリーガのヴェルダーブレーメンAユース、Jリーグの清水《しみず》エスパルス、ヴィッセル神戸《こうべ》、水戸《みと》ホーリーホック、サガン鳥栖《とす》に所属《しょぞく》。音楽《おんがく》で実《じつ》の兄弟《きょうだい》とYANO BROTHERSやヒップホップクルーDouble Dogz Crewのリーダーとして活動《かつどう》し、テレビ東京《とうきょう》「流派《りゅうは》－R」でRバトル優勝《ゆうしょう》。多《おお》くのアーティストとのコラボレーションや楽曲制作《がっきょくせいさく》を手掛《てが》け、日本《にほん》の音楽《おんがく》シーンで活躍《かつやく》。現在《げんざい》はラッパー名《めい》ARKとして、2024年《ねん》に全員《ぜんいん》ハーフのクルーDouble Dogz Crewの「Time Is Money」を配信《はいしん》し、日本《にほん》のヒップホップ界《かい》に新《あたら》たな息吹《いぶき》をもたらすことに注力《ちゅうりょく》している。

お父《とう》さんとお母《かあ》さんは
違《ちが》うけど、
それが当《あ》たり前《まえ》
っていう環《かん》境《きょう》。

Q

どんな子《こ》ども時代《じだい》でしたか？　どんな子《こ》どもでしたか？

お父《とう》さんとお母《かあ》さんは違《ちが》うけど、それが当《あ》たり前《まえ》っていう環《かん》境《きょう》。

僕《ぼく》の父《ちち》は日本人《にほんじん》で、いわゆるエリートコースの人《ひと》でした。横須賀《よこすか》高校《こうこう》、早稲田大学《わせだだいがく》、その後《あと》は竹中工務店《たけなかこうむてん》の１級建築士《きゅうけんちくし》です。母親《ははおや》はガーナ出身《しゅっしん》で、王族家《おうぞくけ》の血筋《ちすじ》の人《ひと》。父親《ちちおや》は、逗子《ずし》マリーナのレンガの屋根《やね》を造《つく》ったり、特許《とっきょ》も取《と》るほどの仕事《しごと》をしていました。そうしたら、ハワイに送《おく》られて。社長《しゃちょう》とかがハワイに行《い》ったときに「明日《あした》、奥《おく》さんと息子《むすこ》が来《く》るから、お前《まえ》、英語《えいご》できるみたいだから、デパートで買《か》い物付《ものつ》き合《あ》ってやってくれ」と。次《つぎ》の日《ひ》「矢野《やの》くんイングリッシュスピークペラペラじゃないか」って言《い》われ、「今《いま》、ガーナでとあるプロジェクトをやろうとしている」と。野口英世《のぐちひでよ》が南米《なんべい》、アフリカでいろんな病気《びょうき》を研究《けんきゅう》してるうちに最後《さいご》はガーナで亡《な》くなったんですよ。その記念館《きねんかん》を建《た》てるためにガーナへ行《い》って指揮《しき》を執《と》ってくれってなるんです。そして父親《ちちおや》はガーナに行《い》った。ガーナ人《じん》って、アフリカ黒人以外《こくじんいがい》の人《ひと》たちを白人《はくじん》（オブロニ）っていうんですよ。白人《はくじん》さんが来《き》たからおもてなししてあげようと、母親《ははおや》の友達《ともだち》が呼《よ》ばれて母親《ははおや》も一緒《いっしょ》に行《い》くことになった。父親《ちちおや》と会《あ》ったときに、紳士《しんし》な態度《たいど》に、一瞬《いっしゅん》で恋《こい》に落《お》ちたみたいで。父親《ちちおや》もすごい母親《ははおや》のことが好《す》きで。ちょっと冗談挟《じょうだんはさ》むと、記念館《きねんかん》を建《た》てる前《まえ》に僕《ぼく》ができちゃったんですけど。僕《ぼく》はハーフの中《なか》ではまだ色《いろ》が濃《こ》い方《ほう》だから、特《とく》にいじめとかはなかった。髪《かみ》の毛《け》を伸《の》ばすと羊《ひつじ》みたいにくるくるだから、お前《まえ》の髪《かみ》の毛《け》いいなってポジティブなことが多《おお》くて。つむじがあったから、それたぶん侍《さむらい》だから生《う》まれたときに刀《かたな》でトーンってやられたんだよとか言《い》われて。あ、そうなんだっていうぐらいで、そのぐらいのことしか日本《にほん》についてはわからなかった。

Kill me, but never touch my wife and my children. 私《わたし》を殺《ころ》していい。でも妻《つま》と子《こ》どもには絶対《ぜったい》に手《て》を出《だ》すな。

8歳《さい》か9歳《さい》だったあるとき。9時頃《じごろ》に寝《ね》ようとしたら、当時《とうじ》は普段《ふだん》あんまり車《くるま》が通《とお》らないところだったんですけど、トラックの音《おと》が聞《き》こえて、飼《か》っている7匹《ひき》の犬《いぬ》がみんないっせいに吠《ほ》え出《だ》した。発砲《はっぽう》の音《おと》が聞《き》こえ始《はじ》めて。発砲《はっぽう》の音《おと》が聞《き》こえるたびに犬《いぬ》の悲《ひ》鳴《めい》が聞《き》こえてきた。そしたら急《きゅう》に電気《でんき》がついて親父《おやじ》がショットガンを持《も》って部屋《へや》に入《はい》ってきた。俺《おれ》と弟《おとうと》を2段《だん》ベッドから下《お》ろして、ショットガンと一緒《いっしょ》にベッドの下《した》に隠《かく》して。そしたら鉈《なた》やピストルを持《も》って、バンダナやマスクを被《かぶ》った男《おとこ》たちが窓《まど》を壊《こわ》しながら入《はい》ってきて。屋根《やね》でも足音《あしおと》はするし、ベッドの下《した》で僕《ぼく》が弟《おとうと》のデイビットの口《くち》をふさいで。ちっちゃいなりにも、映画《えいが》でみたようなことがこうやって起《お》きてしまうんだと思《おも》った。夢《ゆめ》であってほしいけど夢《ゆめ》じゃないバージョン、こうやって人《ひと》って死《し》んでいくんだと思《おも》った。ベッドの下《した》から見《み》ていたら、親父《おやじ》が窓《まど》から入《はい》ってくるやつらを撃《う》とうと１回発砲《かいはっぽう》しようとして引《ひ》き金《がね》を引《ひ》いた。そしたらたまたまそのブラジル製《せい》のピストルが壊《こわ》れていて、投《な》げた瞬《しゅん》間《かん》に父《ちち》が急《きゅう》にあぐらかき始《はじ》めた。入《はい》ってきたやつらは50人《にん》ぐらいいて。囲《かこ》まれて。発砲《はっぽう》してたら話《はなし》は変《か》わってたと思《おも》うんですよ。あぐらの親父《おやじ》が彼《かれ》らに「Kill me, but never touch my wife and my children. If you want the money, it’s all in that room.」私《わたし》を殺《ころ》していい。でも妻《つま》と子《こ》どもには絶対《ぜったい》に手《て》を出《だ》すな。お金《かね》がほしいならあっちの部屋《へや》に全部《ぜんぶ》あるからって。僕《ぼく》は学校《がっこう》では毎日《まいにち》のように最近強盗《さいきんごうとう》が増《ふ》えてるから、ミックスの子《こ》たち気《き》をつけてねって言《い》われていた。片方《かたほう》の親《おや》が白人《はくじん》さんの国《くに》から来《き》てるからお金持《かねも》ちっていうイメージがあった。そういう事件《じけん》ではみんな殺《ころ》されてたから、こうやって終《お》わるんだと思《おも》った。でも、親父《おやじ》のその態度《たいど》を見《み》た彼《かれ》らは、急《きゅう》にお互《たが》い「Let’s kill him.」と始《はじ》まって、「No, we shouldn’t kill him. Let’s just take the money.」お金《かね》だけ取《と》ろうよ、この人殺《ひところ》すのやめようっていう、二手《ふたて》にわかれちゃって仲間《なかま》同士《どうし》で殺《ころ》し合《あ》いが始《はじ》まっちゃったんです。

人《ひと》って本当《ほんとう》に怖《こわ》いとき、わけのわかんないこと言《い》うんだなって思《おも》って。

　自分《じぶん》と弟《おとうと》もベッドの下《した》に隠《かく》れているのがバレて、リビングに連《つ》れて行《い》かれた。物《もの》を全部持《ぜんぶも》って行《い》かれて、お金《かね》も銀行《ぎんこう》に入《い》れない時代《じだい》だった。銀行《ぎんこう》も信用《しんよう》できないから。犬《いぬ》も６匹殺《ぴきころ》されて、最後《さいご》の1匹《ぴき》はもう角《かど》でブルブル震《ふる》えていた。強盗《ごうとう》の1人《ひとり》がビデオデッキを持《も》って行《い》こうとしたときに、俺《おれ》は『ドラえもん』とか見《み》られなくなると思《おも》って「やめろ」って言《い》ったら、一番《いちばん》でかい人《ひと》に、「お前死《まえし》にたいのか」って言《い》われて。そのビデオデッキを触《さわ》って使《つか》い方《かた》を説明《せつめい》し始《はじ》めちゃった。これをここに入《い》れてここ、再生《さいせい》を押《お》すと……って。母親《ははおや》は地元《じもと》の人《ひと》だから、すぐ隣《となり》の家《いえ》に壁《かべ》を越《こ》えて電《でん》話《わ》してたけど、警察《けいさつ》はなかなか来《こ》なくて。後《あと》からうちに遊《あそ》びに来《き》てた夫婦《ふうふ》も殺《ころ》されていた。うちの家族《かぞく》は誰《だれ》も亡《な》くならなかったけど、一番下《いちばんした》のサンシローっていう弟《おとうと》は、ショックで1週間《しゅうかん》ぐらい口《くち》がきけなくなっちゃった。母《はは》は地元《じもと》の噂《うわさ》で警察《けいさつ》とそいつらがグルだったと聞《き》いた。当時《とうじ》ナイジェリアあたりから出稼《でかせ》ぎに強盗《ごうとう》が来《き》ていて、たまたまうちの家族《かぞく》がターゲットになっちゃった。父親《ちちおや》はそのことを聞《き》いて、危《あぶ》ないから、借金《しゃっきん》までしてとりあえず子《こ》どもたちを日本《にほん》に連《つ》れて行《い》った。後《あと》から母親《ははおや》も日本《にほん》に来《き》た。

もう子《こ》どもなりの地獄《じごく》の始《はじ》まりでしたね。

日本《にほん》に来《く》ると母親《ははおや》がカルチャーショックだった。当時《とうじ》の一流企業《いちりゅうきぎょう》では、父親《ちちおや》は子《こ》どもたちが起《お》きる前《まえ》に出《で》かけて寝《ね》てから帰《かえ》ってくる。母親《ははおや》はそれがもう信《しん》じられなくて。僕《ぼく》らが学校行《がっこうい》くと1人《ひとり》でドラマとか見《み》ていた。昼間《ひるま》のドラマってドロドロだから、想像《そうぞう》が先走《さきばし》って、自分《じぶん》の旦那《だんな》はジャパニーズウーマンと会社《かいしゃ》で浮気《うわき》してんじゃないかって。喧嘩《けんか》もすごいあった。ガーナでは子《こ》どもたちに躾《しつけ》として手《て》を出《だ》すのは当《あ》たり前《まえ》。僕《ぼく》はそれが普通《ふつう》だったけどあるとき、やられたことを父親《ちちおや》に言《い》ったら、「お前《まえ》はそんなことを息子《むすこ》にしたのか」って母親《ははおや》に言《い》って。あ、日本《にほん》ではいけないことなんだって、初《はじ》めて知《し》った。父親《ちちおや》と母親《ははおや》もうまくいかなくなってある日《ひ》、父親《ちちおや》が僕《ぼく》らを母親《ははおや》から引《ひ》き離《はな》して、ホテル暮《ぐ》らしになった。父親《ちちおや》が仕事《しごと》に行《い》ってる間《あいだ》はホテルで遊《あそ》んでるだけ。父親《ちちおや》もそれがよくないってわかっているから、「もうすぐ友達《ともだち》がいるところに連《つ》れて行《い》ってあげる」って言《い》われていた。それが、児童相談《じどうそうだん》所《しょ》だった。

児童相談所《じどうそうだんしょ》では、６時《じ》か７時《じ》に夜《よる》ご飯《はん》をみんなで食《た》べるんです。日本《にほん》の料理《りょうり》を食《た》べ慣《な》れないから、手《て》がつけられなくて、白《しろ》い米《こめ》と肉《にく》っぽいのだけ取《と》った。みんな食《た》べていなくなるわけですよ。でも先生《せんせい》が来《き》て「食《た》べるまで寝《ね》られない」って。１時間机《じかんつくえ》の周《まわ》りで木刀《ぼくとう》を持《も》ち始《はじ》めて、当時言葉《とうじことば》がわからないけれど「オラ早《はや》く食《く》えや」みたいな。サンシローが泣《な》き出《だ》しちゃって。先生《せんせい》が背《せ》中《なか》向《む》けた瞬間《しゅんかん》に、弟《おとうと》２人《ふたり》の分《ぶん》を食《た》べてあげたからサンシローとデイビットは寝《ね》られて、自分《じぶん》は毎回《まいかい》９時《じ》10時《じ》ぐらいまで残《のこ》っていた。「もう寝《ね》ろ」って言《い》われて部屋《へや》に戻《もど》ったら、たたみ４畳《じょう》ぐらいの部《へ》屋《や》で、サンシローとデイビットがぐっすり寝《ね》ていた。ぶっちゃけ言《い》うと、毎晩安心《まいばんあんしん》して寝《ね》ている顔《かお》を見《み》て、悲《かな》しくなった。こういうことが自分《じぶん》の子《こ》どもに起《お》きてることを知《し》らない親《おや》がいると思《おも》って。でも、弟《おとうと》を心配《しんぱい》させちゃいけないから、枕《まくら》みたいなのを顔《かお》に思《おも》いっきりあてて、ウーって、ずっともう噛《か》みしめて泣《な》いた。お兄《にい》ちゃんだから、こいつらを絶対守《ぜったいまも》らないといけないと思《おも》っていた。１週間後《しゅうかんご》ぐらいにお父《とう》さんが来《き》たとき、殴《なぐ》りかかろうと思《おも》ってすごいスピードで走《はし》っていった。「なんで俺《おれ》たちをこんなとこ入《い》れたんだ」って。親父《おやじ》はそれを見《み》て、なんで俺《おれ》の子《こ》どもはこんな怖《こわ》がってんだって。その後《ご》、先生《せんせい》がちょっと優《やさ》しくなったけど。

あなたたちはこれからこの世界《せかい》で、この色《いろ》ですっごい苦労《くろう》するから、それだけは覚悟《かくご》しなさいね。

３ヶ月経《げつた》ったら、養護施設《ようごしせつ》に入《はい》ることになった。隠《かく》している子《こ》どもとか、親《おや》から逃《に》げてる人《ひと》とか、いろんな理由《りゆう》があってそこに入《はい》る。でかい敷地内《しきちない》で、学校《がっこう》もあった。学校《がっこう》の廊下《ろうか》を中《ちゅう》３から小《しょう》１までずっと通《とお》っていくんだけど、中《ちゅう》３のとこから「ああ外人《がいじん》だ」「国《くに》に帰《かえ》れ」とか言《い》われて紙《かみ》とか投《な》げられた。もうここは強《つよ》くいないとと思《おも》った。親《おや》もいないし、先生《せんせい》もどんな人《ひと》たちかもわかんない。先生《せんせい》が止《と》めに来《く》るまで、片《かた》っ端《ぱし》からもう喧嘩《けんか》した。

日本《にほん》に来《き》て母親《ははおや》とまだ一緒《いっしょ》にいるときに、町中《まちなか》でもそういうことを言《い》う子《こ》どもたちがいた。あるとき母親《ははおや》が、たたみの部屋《へや》に兄弟《きょうだい》３人《にん》を集《あつ》めた。「マイク、デイビット、サンシローカモン。Show me your hands.」手《て》を見《み》せて。「What do you see?」って言《い》われたの。何《なに》が見《み》える？　って。「I see my hands.」手《て》が見《み》えるって言《い》ったら、「No,No,No. Turn it around.」ひっくり返《かえ》して何《なに》が見《み》える？　って。「My hands.」って言《い》ったら、「違《ちが》う」と。「よく聞《き》きなさいね」って、「あなたたちはこれからこの世界《せかい》でこの色《いろ》ですっごい苦労《くろう》するから、それだけは覚悟《かくご》しなさいね」って。だから

「You have to be strong.」、強《つよ》くいなさいって言《い》われた。その年《とし》のときは衝撃《しょうげき》を受《う》けて、なんでこの肌《はだ》なだけで、なんでこんな世《よ》の中《なか》なんだろうって怖《こわ》くなっちゃったけど、施設《しせつ》で歩《ある》いてるときに、その言葉《ことば》を思《おも》い出《だ》した。

ちょうどJリーグができたときで、先《せん》生《せい》たちは「マイケルサッカーやれ」と。

日本《にほん》に来《き》たときにお父《とう》さんから「マイケル、日本《にほん》ではお父《とう》さんが借金《しゃっきん》を返《かえ》せなかったら、長男《ちょうなん》のお前《まえ》が返《かえ》すんだぞ」って言《い》われた。お父《とう》さんは命《いのち》も助《たす》けてくれたし、頑張《がんば》るけどこの国《くに》で何《なに》ができる？　ストレートパーマをかけて七三分《しちさんわ》け、そんなの自分《じぶん》でも笑《わら》っちゃうよ。毎朝鏡《まいあさかがみ》を見《み》るのがコンプレックスだった。「髪《かみ》の毛《け》染《そ》めちゃいけません、パーマかけちゃいけません」「じゃあマイケルは？」ってなるわけですよ。先生《せんせい》が「マイケルはマイケルなんだよ」。それじゃ理由《りゆう》になんないと。先生《せんせい》に理由《りゆう》を聞《き》いても「わかんない」って。自分《じぶん》で調《しら》べたら、たぶん暴走族《ぼうそうぞく》がパンチパーマで、染《そ》めると不良《ふりょう》っぽく見《み》えるから。俺《おれ》は毎朝《まいあさ》、櫛《くし》のついてるドライヤーで、髪《かみ》の毛《け》を中分《なかわ》けで何《なん》とか伸《の》ばそうとしてやるんだけど学《がっ》校《こう》に着《つ》いたら戻《もど》っちゃう。もうJリーグでプロのサッカー選手《せんしゅ》になるしかないと思《おも》った。

どうやってプロになるんだ
こんな弱《よわ》いところから。

入《はい》っていたチームは地域《ちいき》で一番弱《いちばんよわ》くて、「マイケルはすごいけど、こんな弱《よわ》いとこからなれないよ」って言《い》われた。でも偶然《ぐうぜん》、親戚《しんせき》の旦那《だんな》さんがJリーグのコメンテーターをやっていて、あるとき、試合《しあい》を見《み》に来《き》てくれた。「君絶対《きみぜったい》プロになるから。もう日本《にほん》にいたらダメだ」と。また家族《かぞく》と離《はな》れることになるからすごい悩《なや》んだけど、俺《おれ》はこれしかない、ドイツへ行《い》くって決《き》めた。中学《ちゅうがく》のチームじゃなくてプロの下《した》のユース。いくら身体能力《しんたいのうりょく》はすごいとはいえ、まだ15歳《さい》だった。1日目《にちめ》、ドリブルで抜《ぬ》いた後《あと》に、いきなり何《なに》か当《あ》たって、唇《くちびる》が切《き》れて、見《み》たら、2m ちょっとある選手《せんしゅ》が膝《ひざ》を押《お》さえていた。あ、これが世界《せかい》の違《ちが》いなんだと思《おも》って。そのときずっと一緒《いっしょ》に一対一《いったいいち》やってたトルコ人《じん》がいた。勝《か》ったり負《ま》けたりで。監督《かんとく》に呼《よ》ばれて「マイケル頑張《がんば》ったじゃん」って言《い》われて、「あいつと同《おな》じぐらいじゃないですか」って言《い》ったら、「あいつはここのチームのキャプテンだ」と。しかもトルコのオリンピック代表《だいひょう》だよ。じゃあ、日本《にほん》に帰《かえ》れば余裕《よゆう》だなと思《おも》った。

4チーム受《う》けて、全部《ぜんぶ》受《う》かって。

日本《にほん》に帰《かえ》ったら、サンフレッチェ広島《ひろしま》、名古屋《なごや》グランパスエイト、ジェフユナイテッド市原《いちはら》、清水《しみず》エスパルス、全部受《ぜんぶう》かった。家族《かぞく》から離《はな》れたくないから、その中《なか》で一番近《いちばんちか》かったジェフ市原《いちはら》に入《はい》りたかったけど、代理人《だいりにん》が「エスパルス入《はい》りなよ」って。養護《ようご》施設《しせつ》にいたから、大人《おとな》の言《い》うことを断《ことわ》れない子《こ》どもになっていて、自分《じぶん》の気持《きも》ちを言《い》えない。我慢《がまん》することが、日常生活《にちじょうせいかつ》の一部《いちぶ》になっていて、エスパルスに入《はい》ることになった。膝《ひざ》が悪《わる》かったので、手術《しゅじゅつ》が終《お》わってからチームに合流《ごうりゅう》した。午前中はプロで練習《れんしゅう》して、夕方《ゆうがた》はユースへ行《い》った。サッカーの時間《じかん》はもう嫌《いや》だったけれど、お父《とう》さんの借金《しゃっきん》を返《かえ》すためにやるしかない。少《すく》ないけど母親《ははおや》にもたまにお金《かね》を送《おく》った。チームの扱《あつか》いもよくなかったので、俺《おれ》は１年経《ねんた》ったらこのチームを出《で》て行《い》くと決《き》めた。

ジャンプしただけで、こんな沸《わ》くんだと思《おも》って。

１年後《ねんご》、ヴィッセル神戸《こうべ》に入《はい》るときはちゃんと契約金《けいやくきん》をもらった。15歳《さい》で、高校《こうこう》サッカーから入《はい》ったわけじゃないから、ベンチスタート。後半《こうはん》で呼《よ》ばれて、靴紐《くつひも》を結《むす》ぼうと足《あし》を置《お》いて、「あれっ俺緊張《おれきんちょう》しないのに、なんで足震《あしふる》えてるんだろう」って思《おも》った。１試合目《しあいめ》に出《で》て、走《はし》ってるだけでお客《きゃく》さんが沸《わ》いていた。サッカー楽《たの》しいかもってなって、だんだんファンからも覚《おぼ》えられてきた。ファンに「あーマイケルさん」と言《い》われても、施設《しせつ》から出《で》た子《こ》どもだから、大人《おとな》も信用《しんよう》できなかったし、けっこう冷《つめ》たい人《ひと》だったと思《おも》うんです。心《こころ》を開《ひら》いてなかった。

３年目《ねんめ》のときに、若《わか》い選手《せんしゅ》の中《なか》で一番勢《いちばんいきお》いがあった。「今年《ことし》はJ1に残《のこ》ってくれてありがとう。来年《らいねん》はこちらです」と見《み》たら、0

円《えん》って書《か》いてあった。「マイケルの噂《うわさ》をいろいろ聞《き》いて。毎日《まいにち》のように違《ちが》う女《おんな》の人《ひと》と歩《ある》いてるって、ファンから電話《でんわ》来《き》てたんだよ。マイケルも目立《めだ》つしさ」って。「申《もう》し訳《わけ》ないんだけど、０円《えん》でもやってくれんだったらウェルカム」って言《い》われた。俺《おれ》は、彼女《かのじょ》は１人《ひとり》しかいなくて、髪《かみ》の毛《け》を毎日《まいにち》いろんな髪型《かみがた》にしてあげていた。それで違《ちが》う人《ひと》だと思《おも》われたとしか考《かんが》えられなくて。お父《とう》さんに電話《でんわ》して「お父《とう》さんごめん。もう助《たす》けられなくなるかも」と、悔《くや》しくて涙《なみだ》が止《と》まらなかった。

代理人《だいりにん》が「ヨーロッパにもう１回行《かいい》かないか」ということで、ドイツとイギリスに行《い》ったけど、「ほしいけど代表《だいひょう》に何回出《なんかいで》た」って言《い》われて。「まだ」と。「若《わか》い選手《せんしゅ》を守《まも》るために、海外《かいがい》から来《き》たら取《と》れるわけじゃなくて、代表《だいひょう》で何時間以上《なんじかんいじょう》のクリアがないとビザが出《で》ない」って言《い》われた。

普通《ふつう》の人《ひと》がやってる普通《ふつう》のことをやりたくて。

日本《にほん》に帰《かえ》ってきて水戸《みと》ホーリーホックっていう弱《よわ》いチーム、当時《とうじ》はJ2に入《はい》った。給料《きゅうりょう》も低《ひく》いし、バイトしながら選手《せんしゅ》をやる。でも俺《おれ》は、やったことがなかったからバイトをしたかった。カラオケ屋《や》さんでバイトをした。試合《しあい》から流《なが》れる人《ひと》たちが来《き》て、「あ、矢野《やの》マイケル」って店《みせ》の売上《うりあげ》がすごい上《あ》がった。その次《つぎ》のチームはサガン鳥栖《とす》に２年《ねん》いて、試合《しあい》に出《で》たり出《で》なかったり。もうあんまりサッカーが面白《おもしろ》くなかった。俺《おれ》は施設《しせつ》にいて、縛《しば》られたくないから、練習《れんしゅう》が終《お》わったらすぐ帰《かえ》っちゃうんです。家《いえ》では、自分《じぶん》だけの部屋《へや》、自分《じぶん》のしたいこと、クーラーガンガンかけて、C.C.レモン、ドンタコス。初《はじ》めて自由《じゆう》になれたと思《おも》って、ちょっとサボりぐせができたのかな。それでもうチームにも「もう引退《いんたい》します」って言《い》って、サッカーをやめた。

音楽《おんがく》でお前《まえ》の身体能力《しんたいのうりょく》を どうやって活《い》かすんだよ。

もう音楽《おんがく》やりたくて。最初《さいしょ》に日本《にほん》に来《き》てすぐ、叔母《おば》さんからマイケルに来《き》てほしいと言《い》われ少《すこ》しの期間《きかん》、アメリカに行《い》った。悪《わる》いことしたら叔母《おば》さんがすぐ怒《おこ》る。トイレで泣《な》いてたんだけど、だんだんメロディを歌《うた》えるようになった。絶対《ぜったい》このメロディで人《ひと》の心《こころ》を捉《とら》える自信《じしん》がある。それを思《おも》い出《だ》して、今《いま》がチャンスかなと思《おも》った。24歳《さい》ぐらいのときかな。お父《とう》さんに報告《ほうこく》をしたら、「サッカーやめて、お前《まえ》の身体能力《しんたいのうりょく》をどう活《い》かすんだ」「いやお父《とう》さん、それでも、俺《おれ》はそうする」って。「まあお前《まえ》の好《す》きなことやれ」と言《い》ってくれた。

優勝《ゆうしょう》した瞬間《しゅんかん》から俺《おれ》たちもこの国《くに》でも 受《う》け入《い》れられ始《はじ》めた。

音楽《おんがく》をやることになって東京《とうきょう》に帰《かえ》ってくるときに、ハーフの仲間《なかま》がいた。「俺《おれ》はサッカーは引退《いんたい》する」って言《い》って「音楽《おんがく》やるからカラオケ行《い》くぞ」って。音楽《おんがく》かけて、「今《いま》から全員《ぜんいん》、1周《しゅう》でも2周《しゅう》でも、即興《そっきょう》でお前《まえ》らの気持《きも》ちを歌《うた》ってくれ」って言《い》った。俺《おれ》から始《はじ》まって、ハーフのマイノリティのこととか、俺《おれ》たちの中《なか》でいつか成功《せいこう》していくやつもいるけど、お互《たが》いの事《こと》を忘《わす》れずに引《ひ》っ張《ぱ》っていこうって、もう熱《あつ》く語《かた》った。「こん中《なか》でやる気《き》あるやつは誰《だれ》だ？　明日《あした》俺《おれ》に知《し》らせろよ」って。返事《へんじ》くれたやつと「Double Dogz Crew」を作《つく》った。全員《ぜんいん》ハーフ。白人《はくじん》もいれば、台湾《たいわん》のハーフ、ナイジェリアのハーフもいて。ヒップホップ番組《ばんぐみ》の全国《ぜんこく》のオーディション大会《たいかい》に出《で》たら優勝《ゆうしょう》した。うちらが頑張《がんば》ることによって、同《おな》じ思《おも》いをしない子《こ》どもたちも増《ふ》えるだろうって思《おも》っていた。でも、俺《おれ》はプロでちやほやされることに慣《な》れていたけど、他《ほか》のメンバーで今《いま》まで差別《さべつ》とかいじめられてきたやつは、注目《ちゅうもく》を浴《あ》びるようになって勘違《かんちが》いし始《はじ》めた。だから俺《おれ》はやめるって言《い》った。「お前《まえ》らは好《す》きだけど、俺《おれ》がつけた名前《なまえ》と俺《おれ》が作《つく》った曲《きょく》だけは使《つか》うな。あとはお前《まえ》らは好《す》きにしろ」って。「優勝《ゆうしょう》して全部《ぜんぶ》の事務《じむ》所《しょ》から話来《はなしき》てるけど、お前《まえ》らが好《す》きにしろ」って言《い》って俺《おれ》は離《はな》れた。

今《いま》は、「YANO BROTHERS」という兄弟《きょうだい》のユニットをやりながら、あるアーティストをプロデュースしていて、自分《じぶん》もモチベーションが上《あ》がっています。今《いま》は個人事業主《こじんじぎょうぬし》ですけど、これから法《ほう》人《じん》にして、たぶん合同会社《ごうどうがいしゃ》に。最初《さいしょ》に解散《かいさん》した、ヒップホップグループに、数年前《すうねんまえ》から「マイケル、俺《おれ》たち悪《わる》かったよ」って言《い》われています。何個《なんこ》もクルー（メンバー）をやったけど俺《おれ》は一番最《いちばんさい》初《しょ》のやつらがやっぱり好《す》きだから。今《いま》、自分《じぶん》と影《かげ》（KAGE）とジュリアンでちょうど曲《きょく》を作《つく》っています。タイムイズマネーという曲《きょく》で。俺《おれ》たちももう、タイムイズもうねえっていう感《かん》じで、時《とき》は金《かね》なりっていう曲《きょく》で。今若《いまわか》い奴《やつ》らで流行《はや》ってるヒップホップのトラップっていうジャンルですけど、そこにちょっと入《はい》っていこうかなって。

Q

あなたの逆境《ぎゃっきょう》や困難《こんなん》を乗《の》り越《こ》えるコツは？

ぶっちゃけ言《い》うと、プレッシャーはあまり感《かん》じたことないですね。

ガーナで起《お》きたできごと、養護施設《ようごしせつ》に行《い》ったできごとによって、何《なん》でも鼻《はな》で笑《わら》えるようになりました。唯一《ゆいいつ》サッカーのとき心《しん》配《ぱい》だったのが、大勢《おおぜい》の前《まえ》の緊張《きんちょう》。俺《おれ》はもし緊張《きんちょう》したら、「全員対《ぜんいんたい》俺《おれ》」だから緊張《きんちょう》してるんだって思《おも》ったんですよ。外《そと》でも日本人対《にほんじんたい》俺《おれ》みたいなときもあったけど、全員《ぜんいん》が友達《ともだち》でグルになって俺《おれ》を責《せ》めてるわけじゃないし、みんな一人一人《ひとりひとり》いて、俺《おれ》もその中《なか》の一人《ひとり》だからって、考《かんが》え方《かた》を工夫《くふう》するようになりましたね。

中学《ちゅうがく》のとき、試合《しあい》でみんなに見《み》られることが嫌《いや》だった。どこの学校《がっこう》でも、「外人《がいじん》だ～」って言《い》われていたので、試合中《しあいちゅう》も耳《みみ》がずっと動《うご》いちゃう。見《み》られることで、動《うご》きが変《へん》になったときもあった。１日《にち》でもいいから「いわゆる日本人《にほんじん》」になりたいって何回《なんかい》も思《おも》った。喧嘩《けんか》すると無視《むし》されてたけど、それをギャグにしてた。あるとき、先生《せんせい》が喧嘩《けんか》を知《し》らずに、「五十嵐君《いがらしくん》、マイケルをサッカーの靴《くつ》を買《か》うところに連《つ》れていってあげて」って言《い》って。一緒《いっしょ》に歩《ある》いてるときにその友達《ともだち》は、シカトしているのに「マイケル、いつもこんなふうに見《み》られてるの」って驚《おどろ》いて思《おも》わず言《い》った。「そうだよ」って。「いやすっげえ嫌《いや》だな、あんなこと言《い》われてるの？」って帰《かえ》りにしゃべってくれたからもう本当《ほんとう》に嬉《うれ》しかった。「五十嵐《いがらし》、一緒《いっしょ》に我慢《がまん》して歩《ある》いてくれてありがとうね」ってもう、涙流《なみだなが》しながら言《い》ったのを覚《おぼ》えてる。

ターニングポイントになったのが、中学《ちゅうがく》のときのある試合《しあい》。「よっし、俺《おれ》をこいつらがこんなに見《み》るんだったら、俺《おれ》が逆《ぎゃく》にめっちゃすげえことをすれば、2倍《ばい》じゃん」と思《おも》った。

闇《やみ》を知《し》らないと光《ひかり》の良《よ》さに気《き》づかない。

日本《にほん》は自殺率《じさつりつ》が高《たか》いけど、ガーナではみんな自殺《じさつ》したくない。みんな貧乏《びんぼう》で、なのにめっちゃ笑《わら》ってる。ガーナ人《じん》は日本人《にほんじん》と比《くら》べると明《あか》るい性格《せいかく》の人《ひと》が多《おお》い。でも、ガーナより日本《にほん》はお金《かね》を持《も》ってる。貧乏《びんぼう》だけど心《こころ》は裕福《ゆうふく》、裕福《ゆうふく》だけど心《こころ》は貧乏《びんぼう》。その間《あいだ》のいいバランスを見《み》つけないといけないなって思《おも》う。命《いのち》を奪《うば》われる方《ほう》が、どのメンタルへの攻撃《こうげき》よりも怖《こわ》いって思《おも》ったときに、余裕《よゆう》になった。

ただ黒人《こくじん》というだけで殺《ころ》された国《くに》が、時代《じだい》があった。ガーナはイギリスの植民地《しょくみんち》だったので、お母《かあ》さんの兄弟《きょうだい》、いとことかイギリスにいて、皆集《みなあつ》まってテレビつけてたらキリストは実《じつ》は黒人《こくじん》だったっていう番組《ばんぐみ》が始《はじ》まった。聞《き》いてるうちに火《ひ》がついてくるわけ。「誰《だれ》が（キリストを）白人《はくじん》に決《き》めたんだよ」って文句《もんく》が始《はじ》まる。その中《なか》の１人《ひとり》の黒人《こくじん》がずっと静《しず》かで、「何《なに》どうしたのお前《まえ》」と聞《き》いたら「いやお前《まえ》ら好《す》き勝手《かって》に言《い》ってるけど、俺《おれ》の親父《おやじ》は白人《はくじん》だぞ」って言《い》った。黒人《こくじん》の奴《やつ》らは、ハーフは自動的《じどうてき》に黒人《こくじん》だと思《おも》ってる。でも、本人《ほんにん》にも選《えら》ぶ権利《けんり》はある。そいつは自分《じぶん》を白人《はくじん》だとも思《おも》ってる。「じゃあお前《まえ》らよ、今生《いまう》まれてきた白人《はくじん》の赤《あか》ちゃんになんて言《い》うんだよ」って言《い》った瞬間全員《しゅんかんぜんいん》シーンってなった。その瞬間《しゅんかん》から、世《よ》の中《なか》、危《あぶ》ないなって思《おも》った。誰《だれ》と一緒《いっしょ》に電車《でんしゃ》に乗《の》っているかを知《し》らないと、いくとこまでいっちゃうこともあるんだなあって。

Q

日本《にほん》で「みんなとちょっと違《ちが》う」ことの強《つよ》みや弱《よわ》みは？

昔《むかし》は嫌《いや》な部《ぶ》分《ぶん》もあったけど、宝《たから》くじよりもすごいもの当《あ》たったって今《いま》思《おも》ってますね。

　この時代《じだい》に、自分《じぶん》がその経験《けいけん》をしたのが俺《おれ》でよかったって思《おも》う。そのあとから出《で》てくるハーフのやつらの、見本《みほん》というか、いろいろシェアをしてあげられるから。自分《じぶん》に与《あた》えられた試練《しれん》かなと思《おも》う。起《お》きたこと、これから起《お》きることもちゃんと目《め》を光《ひか》らして。日本人《にほんじん》といると黒人《こくじん》の話《はなし》を聞《き》かれるし、ガーナ人《じん》の目《め》から見《み》ると日本人《にほんじん》なのは、架《か》け橋《はし》になれてよかった。今《いま》の年《とし》になって日本《ほん》にも溶《と》け込《こ》むことができた。自分《じぶん》は両方《りょうほう》の世界《せかい》に行《い》けるパス、本音《ほんね》を話《はな》してくれるパスを持《も》ってる。この肌《はだ》じゃなかったらそのパスはもらえなかった。ヒップホップも好《す》きだったし、エミネムっていうアーティストは大変《たいへん》だったと思《おも》う。黒人《こくじん》も差別《さべつ》されてきたわりには、何《なん》でエミネムを差別《さべつ》するんだろう。「お前白人《まえはくじん》だろ、なんでラップしてんだよ」って。同《おな》じことを違《ちが》うところから見《み》てるつもりですね、自分《じぶん》は。黒人《こくじん》といたら、俺《おれ》は黒人《こくじん》として黒人《こくじん》しか使《つか》えない言葉《ことば》も言《い》うけど、俺《おれ》はお前《まえ》らには縛《しば》られない。だから、たとえば黒人《こくじん》が身近《みぢか》にいない日本人《にほんじん》が怖《こわ》がるの当《あ》たり前《まえ》でしょって。映画《えいが》で悪《わる》い役《やく》しか見《み》てないんだから。見《み》たことない自分《じぶん》より大男《おおおとこ》が来《き》たらそれは怖《こわ》がるし。そこで逆《ぎゃく》に優《やさ》しくすれば日本人《にほんじん》もっと近《ちか》づいてくれるよ、とか。日本人側《にほんじんがわ》の考《かんが》えもわかって、両方《りょうほう》わかって、やるべきことあるのかなって。

Q

自分《じぶん》のアイデンティティについてどうとらえていますか？

両方《りょうほう》だと思《おも》ってる部分《ぶぶん》もあるし、両方《りょうほう》でもないと思《おも》う部分《ぶぶん》もある。

日本《にほん》に来《き》たときはガーナ人《じん》。でもお父《とう》さんは日本人《にほんじん》で、国籍《こくせき》は日本《にほん》。だんだん日本語《にほんご》を覚《おぼ》えてきたら、日本人《にほんじん》になってきた。でもアイデンティティの前《まえ》に、その人自身《ひとじしん》がどうなのかと今《いま》は思《おも》っている。自分《じぶん》は自分《じぶん》、地球人《ちきゅうじん》の１人《ひとり》。ある人《ひと》からすれば、外国人《がいこくじん》と思《おも》うかもしれないけど、俺《おれ》は最近《さいきん》自分《じぶん》のことを内黒人《ないこくじん》って呼《よ》んでる。ブラックジャパニーズ。ブラックアメリカンみたいな。彼《かれ》らの奴隷時代《どれいじだい》からの悲《かな》しみからできたポジティブなものに救《すく》われた自分《じぶん》もいた。自分《じぶん》がこの国《くに》の種類《しゅるい》としては新《あたら》しい種類《しゅるい》だから、かつて同《おな》じような状況《じょうきょう》のアメリカを見《み》ないといけないと思《おも》った。たとえば、黒人《こくじん》はバスの一番後《いちばんうし》ろしか乗《の》れなかった、レストランによっては入《はい》れなかったとか。いきなりムカつかれたら首吊《くびつ》りされた。犠牲《ぎせい》になった人《ひと》たちの先《さき》に今《いま》のヒップホップ、ブラックミュージックがある。

Q

大人《おとな》から言《い》われてよかったことやアドバイスは？

ガーナ人《じん》は仲間《なかま》として、日本人《にほんじん》よりはもっと近《ちか》い感《かん》じがする。

どの国《くに》でも黒人同士《こくじんどうし》は高《たか》い確率《かくりつ》ですれ違《ちが》うときに挨拶《あいさつ》がある。ヨーロッパもアメリカもそうだし、日本《にほん》でもアジアでもあった。それって、黒人同士《こくじんどうし》が他《ほか》の人種《じんしゅ》を差別《さべつ》してるんじゃなくて、生《う》まれたときから、俺《おれ》たちは、お母《かあ》さんの手《て》の話《はなし》もそうだけど、もう世《よ》の中《なか》がそうであるから、少《すく》なくともうちらは仲良《なかよ》くしようねって。目《め》が合《あ》ったときに大変《たいへん》だけど頑張《がんば》ろうなって。兄弟大丈夫《きょうだいだいじょうぶ》かって。他《ほか》のやつらに差別《さべつ》されるかもしれないけど、俺《おれ》たちは仲間《なかま》だよなって。そういうものがあったのは、俺《おれ》の中《なか》でデカかった。

Q

周《まわ》りからしてほしかったサポートは？

日本人《にほんじん》に相談《そうだん》することが、「かわいそうに思《おも》ってほしい」と思《おも》われたくない。

ハーフでいうと、親《おや》は両方《りょうほう》ともそうじゃないからハーフの気持《きも》ちなんかわかるわけない。「何人《なにじん》？　何人《なにじん》？」って聞《き》かれるのが嫌《いや》だった。親２人《おやふたり》と歩《ある》いてるときが一番安心《いちばんあんしん》するじゃないけど、説明《せつめい》する必要《ひつよう》はない。自分《じぶん》の親《おや》でさえもわかんないと思《おも》ったから、日本人《にほんじん》に相談《そうだん》することが、「かわいそうに思《おも》ってほしい」と思《おも》われたくないし。そういう相談《そうだん》をしても、「いや、私《わたし》たちはマイケルのことはそう思《おも》わないよ」って。差別的《さべつてき》なことがあることすら信《しん》じない人《ひと》もいた。「もっとこうしたらいいんじゃない」ってアドバイスをくれる人《ひと》がいたらよかった。自分《じぶん》の見本《みほん》がほしかった。周《まわ》りの子《こ》どもたちに、違《ちが》うものや国《くに》に対《たい》してもうちょっと心《こころ》の準備《じゅんび》をしてほしかった。「パーマかけちゃいけない」と言《い》ったら、人《ひと》はどう思《おも》うのか、心《こころ》を国際的《こくさいてき》に豊《ゆた》かにして想像《そうぞう》してほしかった。地球《ちきゅう》って黄色人種《おうしょくじんしゅ》だけじゃない。

イベントに行《い》ったときに、良《よ》かれと思《おも》って知《し》らないおじいさんから、「矢野《やの》さんはハーフで大変《たいへん》だったでしょうね」って言《い》われた。楽屋《がくや》に帰《かえ》ってから兄弟《きょうだい》で、「っていうかあれ失礼《しつれい》じゃね」って。だって緑《みどり》の子《こ》どもがいたとして、俺《おれ》がもし、「緑《みどり》の肌《はだ》で大変《たいへん》だったでしょ」っていうのは自分《じぶん》が同《おな》じような経験《けいけん》したから言《い》える。でもそうじゃなかったら、「あの緑《みどり》の人《ひと》、気持《きも》ち悪《わる》いから、みんなも気持《きも》ち悪《わる》いと思《おも》ってんのかな」っていう言《い》い方《かた》にもなりかねない。「大変《たいへん》だったの？」ならわかるけど、「大変《たいへん》だったでしょ」って言《い》われて、「どう大変《たいへん》だったと思《おも》います？」と聞《き》き返《かえ》したくなる。でもそれは日本人同士《にほんじんどうし》でも、言《い》い方《かた》を考《かんが》えないといけないし、結局人間力《けっきょくにんげんりょく》が大事《だいじ》なのかなって。

Q

次《つぎ》の世代《せだい》へのアドバイスやメッセージをどうぞ。

とりあえずもう頑張《がんば》るしかないよって。

「こうだ」って言《い》い方《かた》はしたくないんですよ。こういう考《かんが》え方《かた》が俺《おれ》はあると思《おも》うよ、でも所詮本人《しょせんほんにん》が選《えら》ぶことだから、頑張《がんば》るしかないよって。覚悟《かくご》しろよって。ただ、みんな敵《てき》じゃない。敵《てき》じゃない人《ひと》を敵《てき》だと思《おも》っているのも疲《つか》れる。力《りき》んじゃうから、肩《かた》の力《ちから》抜《ぬ》きなって。誰《だれ》もお前《まえ》を殺《ころ》そうとしてるんじゃないんだから。お前自身《まえじしん》がちゃんとした考《かんが》えであれば、それに寄《よ》って来《こ》ない人《ひと》はいい心《こころ》を持《も》ってない人《ひと》って思《おも》う。人《ひと》によっては見《み》た目《め》で判断《はんだん》する人《ひと》もいるからそれはしょうがない。ちゃんとした仲間《なかま》といるべきなんじゃない？　って。命《いのち》さえあれば、嫌《いや》なこと言《い》われてもそこから離《はな》れればいいだけ。お母《かあ》さんがよく言《い》ってたんですよ。喧嘩《けんか》は1人《ひとり》でできないよって。相手《あいて》がいるから、自分《じぶん》も喧嘩《けんか》したいと思《おも》うから、喧嘩《けんか》になるわけだし、相手《あいて》が喧嘩《けんか》したいと思《おも》っても自分《じぶん》が離《はな》れればいい。

昔《むかし》は嫌《いや》な部《ぶ》分《ぶん》もあったけど、

宝《たから》くじよりも
すごいもの
当《あ》たった

って今《いま》
思《おも》ってますね。

10

ティファニー・レイチェルさん

広告代理店勤務《こうこくだいりてんきんむ》のSNSアナリスト

プロフィール

1998年生《ねんう》まれ。茨城県生《いばらきけんう》まれ育《そだ》ちのアフリカ系《けい》アメリカ人《じん》。小学《しょうがく》6年生《ねんせい》まで日本《にほん》の教育《きょういく》を受《う》け、中高《ちゅうこう》はアメリカで通《かよ》い、大学《だいがく》で日本《にほん》へ戻《もど》る。2019年《ねん》にYouTube デビューし、バイカルチュラルの経験《けいけん》をさまざまな YouTube チャンネルに出演《しゅつえん》して話《はな》し、日本《にほん》の黒人差別反対運動《こくじんさべつはんたいうんどう》でもメディアの取材《しゅざい》を受《う》ける。過去《かこ》5年間《ねんかん》で出演動画《しゅつえんどうが》の総再生数《そうさいせいすう》が1000万回突破《まんかいとっぱ》。

もう田舎《いなか》なので、
みんなが自分《じぶん》たちのこと
知《し》ってるんですよ。
だから、
自己紹介《じこしょうかい》をすることが
あんまりなかった。

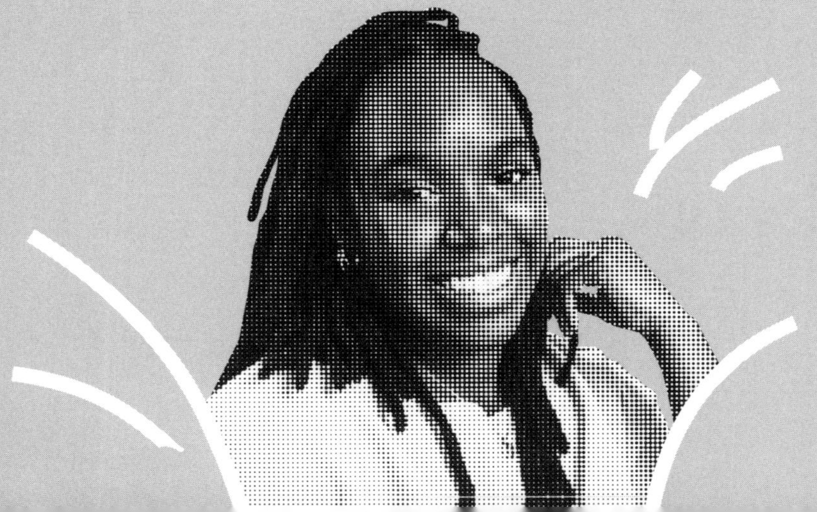

Q

どんな子《こ》ども時代《じだい》でしたか？　どんな子《こ》どもでしたか？

みんなが自分《じぶん》たちのことを知《し》ってるんですよ。だから、そもそも自己紹介《じこしょうかい》をすることがあんまりなかった。

茨城県《いばらきけん》の日立市《ひたちし》で生《う》まれて、生後《せいご》４ヶ月《げつ》のときにアメリカに２年間《ねんかん》住《す》んでたんです。２年後《ねんご》また日本《にほん》に戻《もど》ってきたときに、笠間《かさま》に住《す》んで、そこから城里町《しろさとまち》っていうもっと田舎《いなか》にお父《とう》さんの仕事《しごと》で引《ひ》っ越《こ》したんです。そこで私《わたし》が幼稚園《ようちえん》、小学《しょうがく》１年生《ねんせい》から６年生《ねんせい》まで通《かよ》ったんですけど、両親《りょうしん》は城里町《しろさとまち》、笠間《かさま》、水戸《みと》、日立《ひたち》……いろんなところで英語教師《えいごきょうし》をしていて。私《わたし》の学校《がっこう》や周《まわ》りの学校《がっこう》の子《こ》どもたちに英語《えいご》を教《おし》えたり、生徒《せいと》たちの親《おや》にも教《おし》えて仲良《なかよ》くなったりとか。「英語《えいご》の先生《せんせい》の子《こ》どもだ」とみんな自分《じぶん》たちのことを知《し》っていました。ある意味《いみ》そのおかげで、どの街《まち》に行《い》っても頼《たよ》れる家族《かぞく》はいて、笠間《かさま》にいたらこの方《かた》のお家《うち》に行《い》くとか、水戸《みと》に行《い》ったらここでちょっとお話《はな》ししてもらうとか、日立市《ひたちし》も同《おな》じく。両親《りょうしん》が仕事《しごと》で忙《いそが》しかったので、お泊《と》まりしたり面倒《めんどう》を見《み》てもらったりすることがあって、血縁関係《けつえんかんけい》ないのに家族感覚《かぞくかんかく》になったんです。毎年旅行《まいとしりょこう》に行《い》ったり、スキー場《じょう》やディズニー、草津温泉《くさつおんせん》に行《い》ったりとか。両親《りょうしん》といる時間《じかん》より、友達《ともだち》とかそういった近所《きんじょ》の方《かた》たちといる時間《じかん》の方《ほう》が圧倒的《あっとうてき》に長《なが》かった。だから、英語《えいご》がしゃべれなかったっていうのもあると思《おも》う。

私《わたし》の小《しょう》学《がっ》校《こう》は全《ぜん》校《こう》生《せい》徒《と》60人《にん》。私《わたし》の学《がく》年《ねん》は7人《にん》しかいなかったんですよ。

1組《くみ》2組《くみ》とかはなく、転校生《てんこうせい》が入《はい》ってくることも小学《しょうがく》6年間《ねんかん》の間《あいだ》に2回《かい》しかなかった気《き》がする。お兄《にい》ちゃんのクラスが一番人数《いちばんにんずう》が多《おお》くて29人《にん》いて、私《わたし》のクラスは7人《にん》しかいなかったんですよ。しかも、男《おとこ》2人《ふたり》女《おんな》5人《にん》で、私《わたし》が一番体《いちばんからだ》がデカくて。私《わたし》はクラスメイトと仲《なか》がよかったのは覚《おぼ》えてるのでいじめはなかったんですけど、周《まわ》りの日本育《にほんそだ》ちの外国人《がいこくじん》の話《はなし》からするといじめが当《あ》たり前《まえ》のようにあると聞《き》くので、自分《じぶん》はなかった一例《いちれい》なのかなと。ただ、私《わたし》は小《しょう》6までだったので中学校入《ちゅうがっこうはい》ってたらどうなったかわかんないですけど。

そんな中《なか》でも、育《そだ》ちはみんなと大《たい》して変《か》わらないのに「アメリカ人《じん》だからみんなより英語《えいご》がわかる」と、多少期待《たしょうきたい》されたことはあった。たしかに英語《えいご》の先生《せんせい》である両親《りょうしん》と住《す》んでるけど、かといって四六時中英語《しろくじちゅうえいご》で暮《く》らしているわけではないし、むしろみんなといる時間《じかん》の方《ほう》が長《なが》い。ちょっとは話《はな》せたけど、たとえば「リュックサックって英語《えいご》で何《なに》？」って言《い》われると、当時《とうじ》はわからなかったんですけど、後《のち》にドイツ語《ご》だということがわかったんですよ。カタカナなら英語《えいご》だと、正直自分《しょうじきじぶん》もそう思《おも》ってたので、周《まわ》りからも「ティファニー、アメリカ人《じん》なのに何《なん》でわかんないの」とか言《い》われました。

国籍《こくせき》がアメリカなだけで、英語《えいご》もアメリカについての情報《じょうほう》も周《まわ》りと変《か》わらないのに期待《きたい》されてたというのは今《いま》でも覚《おぼ》えてます。かといって、それでイラついたとかはなく、自分《じぶん》も「アメリカ人《じん》としてそういうことも知《し》るべきだよね」という意識《いしき》は少《すこ》しあった。

わざわざ先生《せんせい》が私《わたし》の肌色《はだいろ》を見《み》つけてくれたことにすごい感動《かんどう》したんです。

私《わたし》は普通《ふつう》だと思《おも》ったんですけど、うちのお母《かあ》さんがすごいびっくりしたことで、小学《しょうがく》4年生《ねんせい》のときに、self-portrait、自分《じぶん》の顔《かお》を絵《え》の具《ぐ》で描《か》いていたんですけど、そこで肌色《はだいろ》の段階《だんかい》に来《き》たんです。先生《せんせい》はまず他《ほか》の6人《にん》のクラスメイトの肌色《はだいろ》の指導《しどう》をして、「ティファニーは後《あと》で来《く》るからちょっと待《ま》っててね」って言《い》ってくださった。私《わたし》の番《ばん》になったときに普通《ふつう》に茶色《ちゃいろ》とか、赤色《あかいろ》とか、緑《みどり》とか、下地《したじ》の色《いろ》とかも合《あ》わせるようにしてくれたんです。作品《さくひん》を見《み》たお母《かあ》さんがすごいびっくりして、お母《かあ》さんがそれにびっくりしてるのに私《わたし》もびっくりして。アメリカって「skin color」って言《い》ったら、日本《にほん》と違《ちが》って色《いろ》んな人種《じんしゅ》がいるので、みんなが想像《そうぞう》してる「肌色《はだいろ》」の一色《いっしょく》ではないんですよ。でもお母《かあ》さんは日本語《にほんご》の聞《き》き取《と》りレベルは悪《わる》くないので、恐《おそ》らく日本《にほん》の「肌色《はだいろ》」の意味《いみ》をわかっていて、茶色《ちゃいろ》じゃなくて本当《ほんとう》に「肌色《はだいろ》」で自分《じぶん》を塗《ぬ》っちゃうんじゃないかなって。だからそうじゃなかったことで感動《かんどう》していたのではないかと思《おも》う。そういう意味《いみ》では、学校《がっこう》で特別扱《とくべつあつか》いはあったかもしれない。悪《わる》い方《ほう》の特別扱《とくべつあつか》いじゃないけど。

Q

日本《にほん》で「みんなとちょっと違《ちが》う」ことの強《つよ》みや弱《よわ》みは？

自分《じぶん》はみんなと違《ちが》うと
意識《いしき》してたかもしれない。

私《わたし》、他《ほか》の女《おんな》の子《こ》たちと違《ちが》って、スポーツがめっちゃ好《す》きだったんですね。外《そと》で遊《あそ》ぶのが好《す》きで。周《まわ》りは自然《しぜん》と女子《じょし》は室内《しつない》で、男子《だんし》は外《そと》で遊《あそ》ぶという空気《くうき》だったにもかかわらず、自分《じぶん》は違《ちが》うからというのを前提《ぜんてい》に好《す》きにしていた。女子《じょし》はみんなこうしてるから私《わたし》も、という気持《きも》ちは当然《とうぜん》あったけどその空気《くうき》をあえて無視《むし》してたときも多々《たた》あったのではないかと。

そんな感《かん》じで自分《じぶん》が違《ちが》うということを強《つよ》み？　って言《い》ったらおかしいんですけど、好《す》きに行動《こうどう》できた元《もと》なのではないかと。自分《じぶん》がみんなと同《おな》じ「日本人《にほんじん》」だった場合《ばあい》、目立《めだ》ちたくないという気持《きも》ちで周《まわ》りのプレッシャーに従《したが》っていたかもしれないけど、何《なに》もしなくても目立《めだ》つ存在《そんざい》だからこそなじもうとしても無理《むり》がある。

最近友達《さいきんともだち》とこの話《はなし》をしてたんですけど、「ティファニーってマナー選《えら》びしてたんだね」って。たしかにそうかも。たとえば、誰《だれ》かのお家《うち》にお邪魔《じゃま》して食事《しょくじ》をする際《さい》は、ご飯《はん》を残《のこ》さないとか。でもお母《かあ》さんは「無理《むり》して食《た》べなくていいよ」派《は》だったので、逆《ぎゃく》に全部食《ぜんぶた》べちゃうと無理《むり》してるって思《おも》わせたくないという理由《りゆう》でゆっくり食《た》べたり、ときには少《すこ》し残《のこ》したり。外《そと》では日本式《にほんしき》、家庭内《かていない》ではアメリカ式《しき》（というか、まだアメリカに住《す》んだことない私《わたし》からするとアメリカのことがわからないから「アメリカ式《しき》」ではなく「日本《にほん》じゃない式《しき》」）。

でも、そこの気遣《きづか》いができてるのは日本育《にほんそだ》ちだからなんじゃないかなって思《おも》うんですよね。そもそもそこに気付《きづ》けるところも、日本育《にほんそだ》ちだからあるスキルだと思《おも》います。

私《わたし》がみんなと普通《ふつう》に一緒《いっしょ》に勉強《べんきょう》できて、普通《ふつう》に同《おな》じことを学《まな》んでいて、私《わたし》が有利《ゆうり》だと先生《せんせい》が他《ほか》の子《こ》たちに怒《おこ》る。

毎回《まいかい》ってわけではなかったけど、小学校《しょうがっこう》6年間《ねんかん》で2、3回起《かいお》きたのは覚《おぼ》えてる。自分《じぶん》で言《い》うのはどうかと思《おも》う内容《ないよう》にはなるので、一瞬《いっしゅん》だけ許《ゆる》して頂《いただ》きたいんですけど、私《わたし》は書道《しょどう》で小学《しょうがく》5、6年生《ねんせい》のときに金賞《きんしょう》をとったんですよ。そこで先生《せんせい》がクラスメイトを怒《おこ》ったんです。外国人《がいこくじん》に負《ま》けんなと。私《わたし》が一番上手《いちばんうま》かったことに罪《つみ》はなかったけど、それを気《き》に食《く》わなかった先生《せんせい》がいたんでしょうね。

絵《え》も同《おな》じように、私《わたし》の作品《さくひん》が一番上手《いちばんうま》いってなったり、勉強面《べんきょうめん》とか漢字《かんじ》とか私《わたし》が一番《いちばん》できちゃうと先生《せんせい》がクラスメイトを怒《おこ》るということは何回《なんかい》かあった。

さっきも言《い》ったように私《わたし》が出《だ》した作品《さくひん》や見《み》せた実力自体《じつりょくじたい》には罪《つみ》はないので、そういったところでクラスメイトが怒《おこ》られた場面《ばめん》で余計私《よけいわたし》はみんなと違《ちが》うと意識《いしき》したり。

かといって、日本《にほん》の教育《きょういく》において全《まった》く先生方《せんせいがた》に怒《おこ》られていないわけではない。しっかり怒《おこ》ってくれたり、ちゃんと向《む》き合《あ》ってくれた実感《じっかん》はある。

そんな中《なか》でもクラスメイトに対《たい》して「外国人《がいこくじん》に負《ま》けるな」という一言《ひとこと》や、特別扱《とくべつあつか》いされたことで自分《じぶん》はみんなと違《ちが》うという意識《いしき》が芽生《めば》えたりしたのではないかと思《おも》う。

東《ひがし》日《に》本《ほん》大《だい》震《しん》災《さい》があって、アメリカに引《ひ》っ越《こ》しました。

内陸《ないりく》の方《ほう》だったんで津波《つなみ》はなかったんですけど、山《やま》に囲《かこ》まれてたので山《やま》の向《む》こう側《がわ》が見《み》えなくてどうなってるかわからない。地震《じしん》が起《お》きたときは、うちらは震度《しんど》７ぐらいだったのかな。急《きゅう》に黄色《きいろ》い煙《けむり》が出《で》てて火災《かさい》かと思《おも》ったら、花粉《かふん》だったんです。それぐらい揺《ゆ》れちゃって空《そら》が黄色《きいろ》になってたのは覚《おぼ》えてます。それまでは全《まった》くアメリカに引《ひ》っ越《こ》す予定《よてい》はなかったんですけど、お兄《にい》ちゃんが中学《ちゅうがく》２年生《ねんせい》だったので、高校《こうこう》をどうするかって話《はなし》になったときに、親《おや》は東京《とうきょう》にあるインターナショナルスクールに送《おく》りたいらしくて、英語《えいご》を上達《じょうたつ》させるために。だけど、場所《ばしょ》も遠《とお》いし１人《ひとり》で東京《とうきょう》に送《おく》るのも……と思《おも》ったときに地震《じしん》が起《お》きて。アメリカに引《ひ》っ越《こ》したら自然《しぜん》と英語《えいご》が身《み》につくし、他《ほか》にも理由《りゆう》があって総《そう》じてアメリカに行《い》くのがいいんじゃないかって。小学《しょうがく》６年生《ねんせい》を卒業《そつぎょう》した１週間後《しゅうかんご》ぐらいにアメリカに引《ひ》っ越《こ》しました。

全部《ぜんぶ》が全部《ぜんぶ》、食《た》べ物《もの》って感《かん》じられないものばかりで、それで痩《や》せちゃって。

アメリカに引《ひ》っ越《こ》す前《まえ》は年《ねん》に1回《かい》か2年《ねん》に1回《かい》はアメリカに遊《あそ》びに行《い》ってたんですよ。夏休《なつやす》みとか年末年始《ねんまつねんし》とか。でもやっぱり遊《あそ》びに行《い》くのと住《す》むのとは全然違《ぜんぜんちが》いますよね。遊《あそ》びに行《い》ったときは、天国《てんごく》。食《た》べ物《もの》の量《りょう》も、お店《みせ》も、遊園地《ゆうえんち》も、全部《ぜんぶ》でかいし、広《ひろ》い。ピザもワッフルもカリカリベーコンも最高《さいこう》って思《おも》ってた。アメリカに引《ひ》っ越《こ》して最初《さいしょ》の1週間《しゅうかん》、外食《がいしょく》してたんですけど、その1週間分《しゅうかんぶん》の食《た》べたものが体《からだ》に合《あ》わな過《す》ぎて全部戻《ぜんぶもど》しちゃって。けっして初《はじ》めて食《た》べた物《もの》ではないのにこんなに体調《たいちょう》を崩《くず》したのは、アメリカに引《ひ》っ越《こ》してから初《はじ》めてのショックだった。

一番覚《いちばんおぼ》えてるのが、給食《きゅうしょく》のリンゴが異常《いじょう》に軽《かる》かったことです。「これ中身《なかみ》どうなってるの」と疑問《ぎもん》に思《おも》うくらいで、リンゴのおもちゃを持《も》ってるぐらいの感覚《かんかく》。食感《しょっかん》はスタイロフォーム（発泡《はっぽう》スチロール）で、うっすらとリンゴの味《あじ》がして、人工食品《じんこうしょくひん》だと思《おも》いました。

そこで茨城《いばらき》に住《す》んでいた頃《ころ》をふと思《おも》い出《だ》すと、住《す》んでいたあの田舎《いなか》がどれぐらいタイトだったかっていうのを実感《じっかん》する。たとえば、給食《きゅうしょく》の時間《じかん》に放送委員《ほうそういいん》が「今日《きょう》は誰々《だれだれ》のお米《こめ》、誰々《だれだれ》のキノコ食《た》べてます」とか毎日発表《まいにちはっぴょう》するんですね。何《なに》が言《い》いたいかって、ほぼ生《う》まれてからずっと誰《だれ》の何《なに》を食《た》べていたかわかってたんですね。それからのアメリカ食《しょく》なので、ギャップが半端《はんぱ》ない。

お母《かあ》さんは茨城《いばらき》にいたときの近所《きんじょ》のママ友《とも》に日本食《にほんしょく》の作《つく》り方《かた》を

教《おし》えてもらっていたので、「今日《きょう》も肉《にく》じゃがお願《ねが》い」とか、毎日《まいにち》日《に》本食《ほんしょく》をリクエストしてました。なかなかアメリカの生活《せいかつ》に慣《な》れなくて、日本《にほん》に戻《もど》ろうと決意《けつい》した。ただ戻《もど》れるまでに6年《ねん》はかかった。

「なんで日本《にほん》から来《き》たんだって言《い》ってるの？ 嘘《うそ》じゃん」って言《い》われたのがめっちゃショックで。

うちの両親《りょうしん》はアメリカ人《じん》で、ノースカロライナ州《しゅう》に住《す》んでたんですけど、黒人《こくじん》ってアメリカの歴史上《れきしじょう》、教育《きょういく》を受《う》けられなかった時代《じだい》が長《なが》かったんです。私《わたし》の祖父母《そふぼ》の世代《せだい》は一応学校《いちおうがっこう》に通《かよ》う選択《せんたく》肢《し》があったものの、家族《かぞく》を養《やしな》うために学校《がっこう》は小学《しょうがく》3年生《ねんせい》でやめてその後《ご》畑《はたけ》で働《はたら》いたりして、それが普通《ふつう》の時代《じだい》だったので、黒人《こくじん》の英語《えいご》は癖《くせ》が強《つよ》いというのが黒人《こくじん》に対《たい》する世間《せけん》のイメージなんですね。その中《なか》で、両親《りょうしん》は割《わり》と普通《ふつう》の英語《えいご》でしゃべれるし、英語《えいご》を教《おし》えてる側《がわ》なので、他《ほか》の黒人《こくじん》と比《くら》べてきれいな英語《えいご》で話《はな》すんです。それで、両親《りょうしん》の英語《えいご》だけを身《み》につけてアメリカに行《い》くと、現地《げんち》の英語《えいご》と違《ちが》って、自分《じぶん》の英語《えいご》が教科書英語《きょうかしょえいご》すぎてバカにされたり、「黒人《こくじん》らしくないねー」「なんで白人《はくじん》っぽく話《はな》してるの」とか言《い》われたり。

アメリカの文化《ぶんか》とか、みんなが知《し》ってるようなオーソドックスなテレビ番組《ばんぐみ》とかには触《ふ》れてない。言葉一個一個《ことばいっこいっこ》はわかるから同《おな》じ言語《げんご》でしゃべれてると思《おも》ってても、文化《ぶんか》がわからないと結局何《けっきょくなん》の話《はなし》をしてるのかさっぱりわからない。親戚《しんせき》だとなんとなくはわかってくれるんですけど、アメリカの学校《がっこう》のクラスの人《ひと》からは毎《まい》日《にち》のようにブラックでアメリカ人《じん》だから、日本《にほん》から来《き》たことを疑《うたが》われたりした中《なか》で初《はじ》めて、日本人《にほんじん》で生《う》まれたかったって思《おも》ったんですよね。

もし私《わたし》の外見《がいけん》が日本人《にほんじん》で、「日本《にほん》から来《き》たんだ」って言《い》ったら、一瞬《いっしゅん》で信《しん》じてくれること間違《まちが》いないのに。結局《けっきょく》見《み》た目《め》で全部《ぜんぶ》ジャッジされてるから、私《わたし》が黒人《こくじん》という理由《りゆう》で信《しん》じてくれないんだったらこの黒人肌《こくじんはだ》が嫌《きら》いだと、アメリカで初《はじ》めて自分《じぶん》は黒人肌《こくじんはだ》だと常《つね》に意識《いしき》した。

そのとき中学生《ちゅうがくせい》で、周《まわ》りと仲良《なかよ》くなりたくてしょうがないときだったので、そういったアイデンティティ・クライシスはけっこう大変《たいへん》だった。

アメリカの南部《なんぶ》って「What are you?」って聞《き》かれたときって、大《だい》体《たい》人《じん》種《しゅ》の話《はなし》なんです。

けっこう聞《き》かれたのが、「What are you？」直訳《ちょくやく》すると「あなたは何《なに》？」と。「Where are you from？」の「どこから来《き》たの」ではなく。「What って何《なに》、私《わたし》を人間《にんげん》だと思《おも》っていないのか」と、質問《しつもん》の形態《けいたい》が意味不明《いみふめい》で、お互《たが》いアメリカ人《じん》なのに聞《き》かれる。特《とく》にショックだったのがよく黒人《こくじん》に聞《き》かれたこと。
「あんたは、白人《はくじん》？　黒人《こくじん》？　どっちなの」とか。自分《じぶん》は明《あき》らかに黒人《こくじん》なのに何《なん》でわざわざそんな質問《しつもん》を聞《き》くのって思《おも》って、気《き》づくのに数年《すうねん》かかったんですけど、現地《げんち》の人《ひと》は人種《じんしゅ》を軸《じく》に生活《せいかつ》してるのと、「白人像《はくじんぞう》」と「黒人像《こくじんぞう》」のイメージが強《つよ》すぎて、白人《はくじん》の人《ひと》柄《がら》とか、黒人《こくじん》の人柄《ひとがら》とかはっきり違《ちが》うんですね。なので、黒人《こくじん》で白人《はくじん》っぽくなると、「お前何様《まえなにさま》なの」と言《い》われてしまう。そういうところで「What are you?」って何回《なんかい》も聞《き》かれたのを覚《おぼ》えてる。英《えい》語教師《ごきょうし》の娘《むすめ》である私《わたし》は教科書英語《きょうかしょえいご》しか聞《き》いたことないから「What are you?」を「あなたは何《なに》？」の直訳《ちょくやく》であってるよねと何《なん》回確認《かいかくにん》したか。私《わたし》ちゃんとこの質問理解《しつもんりかい》できてる？　といろいろコンプレックスになっちゃって。

通《かよ》ってた高校《こうこう》は恐《おそ》らく昔《むかし》、隔離《かくり》されてた。1960年代《ねんだい》まで白人《はくじん》と黒人《こくじん》が共存《きょうぞん》してはいけないっていう法律《ほうりつ》があったんです。

　高校《こうこう》は1959年《ねん》に建《た》てられたんですけど、地域《ちいき》によってはその前《まえ》かその後《あと》に白人《はくじん》と黒人《こくじん》が公共施設《こうきょうしせつ》に共存《きょうぞん》することになった。私《わたし》が通《かよ》ってた高校《こうこう》は公立《こうりつ》で、学校《がっこう》の設計《せっけい》が不思議《ふしぎ》だったんです。食堂《しょくどう》が２つあってサイズ感《かん》も雰囲気《ふんいき》も違《ちが》って、お手洗《てあら》いも２つあって、小《ちい》さい方《ほう》の食堂《しょくどう》のすぐ隣《となり》にあるお手洗《てあら》いが暗《くら》くてオンボロ。

　サッカー場《じょう》が２つ、アメフト場《じょう》が２つあったりとか。大《おお》きい方《ほう》のカフェテリアの方《ほう》が比較的白基調《ひかくてきしろきちょう》で立派《りっぱ》に見《み》えた。2010年代《ねんだい》なのに、みんな自然《しぜん》と人種別《じんしゅべつ》で行動《こうどう》してるんです。小《ちい》さい方《ほう》のカフェテリアでは当《あ》たり前《まえ》のように黒人《こくじん》とメキシコ人《じん》がいて、大《おお》きい方《ほう》には白人《はくじん》がいる感《かん》じで。

そういう校則《こうそく》はもちろんないのに、空気《くうき》を読《よ》めば自分《じぶん》は小《ちい》さい方《ほう》の食堂《しょくどう》で食《た》べるべきなのかなと思《おも》って入《はい》ったんですけど、やっぱり文化《ぶんか》が違《ちが》うから話《はなし》も合《あ》わないし、私《わたし》が白人《はくじん》っぽいと言《い》われてたりする中《なか》で余計目立《よけいめだ》って、居心地良《いごこちよ》くないから大《おお》きい方《ほう》の食堂《しょくどう》で食《た》べるようにしたら、私以外《わたしいがい》に１人《ひとり》か２人《ふたり》ぐらいは黒人《こくじん》がいるのに気《き》づいた。大《おお》きいカフェテリアの方《ほう》は周《まわ》りがあまり関《かか》わってこないから１人《ひとり》で食《た》べていたんですけど、小《ちい》さい食堂《しょくどう》にいるよりかはマシだと。そしたら、小《ちい》さい方《ほう》のカフェテリアでいじめられた人《ひと》たちに、「ティファニー、お前《まえ》、なんでこっちいんの。あんた黒人《こくじん》だろ？」「やっぱり白人《はくじん》になろうとしてんだ」とか言《い》われて、さすがに厳《きび》しすぎないかと思《おも》って、人種《じんしゅ》のこだわりが強《つよ》すぎると。それ以外《いがい》にも、きれいな方《ほう》のトイレを使《つか》って出《で》てくると、きれいなトイレを使《つか》ってることでジャッジされたり。トイレを使《つか》ってるだけなのに。

私《わたし》がラッキーだったなと思《おも》うのは、自然《しぜん》と会話《かいわ》の聞《き》き手役《てやく》をしていたこと。

アメリカ人《じん》は、良《よ》くも悪《わる》くも話《はな》すのが大好《だいす》きなんです。「神様《かみさま》が１つの舌《した》と２つの耳《みみ》を賦与《ふよ》したのは、しゃべることよりも二倍多《にばいおお》く聞《き》くためなり」という言葉《ことば》をアメリカで知《し》った。皮肉《ひにく》だと思《おも》いながらも、たぶんそれを意識《いしき》しないとしゃべりすぎてしまうくらい、アメリカ人《じん》は自分《じぶん》を主張《しゅちょう》するのが得意《とくい》。

そのおかげで自分《じぶん》からしゃべるという機会《きかい》がなかったので、むしろ助《たす》かった。そのときは自信持《じしんも》ってしゃべれなかったから。相手《あいて》の話《はなし》に対《たい》してなんてリアクションするかというのを身《み》に付《つ》けた。Oh! Really? Oh! Wow! とか。話《はなし》の意味《いみ》がわかんなくても、雰囲気《ふんいき》に合《あ》わせてどの回答《かいとう》が合《あ》うかっていうのを、言葉《ことば》バンクみたいに考《かんが》えて出《だ》してたんです。それをずっとやることでそのうち言《い》ってることが徐々《じょじょ》にわかってくる。

話《はなし》を聞《き》くだけでも自然《しぜん》と勉強《べんきょう》になるということに気《き》づいた。話題《わだい》によって使《つか》われる表現《ひょうげん》が変《か》わったり、とある単語《たんご》の意味《いみ》が変《か》わることに気《き》づいたり。歴史《れきし》や政治《せいじ》、社会問題《しゃかいもんだい》、スポーツ、セレブなど、あらゆる話《はなし》の中《なか》で単語《たんご》の使《つか》い方《かた》を見極《みきわ》めることが勉強《べんきょう》になった。

それで私《わたし》としゃべるのが好《す》きだというふうに言《い》ってもらえた。私《わたし》もしゃべるからではなく、唯一相手《ゆいいつあいて》の話《はなし》を聞《き》く役《やく》を演《えん》じていたから。私《わたし》にとってはそれが練習《れんしゅう》になった。それを通《つう》じてカルチャーを身《み》につけることができたから。

日本《にほん》に戻《もど》れたのは、高校《こうこう》を卒業《そつぎょう》してから。

高校生活《こうこうせいかつ》があまりにも酷《ひど》くて、単位《たんい》をとっていれば高校《こうこう》4年生《ねんせい》の上半期《かみはんき》の時点《じてん》で卒業《そつぎょう》する選択肢《せんたくし》もあったので元々《もともと》そうする予定《よてい》でいた。なるべく早《はや》めに高校《こうこう》の環境《かんきょう》から脱出《だっしゅつ》したいと。

そこで「卒業《そつぎょう》せずに短大《たんだい》行《い》ったら市《し》の教育機関《きょういくきかん》が学費《がくひ》を出《だ》してくれるから、そうしな」って先生《せんせい》が言《い》ってくださって、高校《こうこう》4年《ねん》生《せい》の下半期《しもはんき》に短大《たんだい》に通《かよ》ってたんです。そしたら高校《こうこう》の環境《かんきょう》から離《はな》れられるし、大学《だいがく》の単位《たんい》も取《と》れると。そこで受《う》けた単位《たんい》を東京《とうきょう》にあるテンプル大学《だいがく》に移《うつ》した。今振《いまふ》り返《かえ》ると当時《とうじ》どれほど追《お》い込《こ》まれてたか、悲《かな》しい気持《きも》ちになります。

アメリカとの繋《つな》がりは国籍《こくせき》だけ。だから実際《じっさい》アメリカにいてもホームに感《かん》じない、一応現地《いちおうげんち》の人《ひと》なのに。母国《ぼこく》でここまで居心地《いごこち》が良《よ》くないのであれば、だったら外国人《がいこくじん》として日本《にほん》に住《す》みたいと思《おも》った。

Q

あなたの逆境《ぎゃっきょう》や困難《こんなん》を乗《の》り越《こ》えるコツは？

周《まわ》りがどんなときにどう反応《はんのう》してるかをいくつか身《み》につけるといい。

「英語《えいご》がわからなかった」と言《い》ったんですけど、英語力《えいごりょく》はゼロってわけではないです。問題《もんだい》は言葉《ことば》というよりも文化《ぶんか》だった。

現地《げんち》で使《つか》われてる言葉一個一個《ことばいっこいっこ》は教科書《きょうかしょ》で学《まな》んだ記憶《きおく》はあるのに、その組《く》み合《あ》わせがどういう意味《いみ》になるかがわかんないときが多《おお》かった。たとえばsuper bowl。想像《そうぞう》では大《おお》きいボウルという意味《み》なのではないかと。なのにsuper bowlと言《い》いつつ、アメフトの話《はなし》をしてるのは不思議《ふしぎ》じゃない？

アメリカ人《じん》からすると当然《とうぜん》アメフトの話。私《わたし》は最初《さいしょ》に聞《き》いたときに、「まさかシリアルが好《す》きすぎて大量《たいりょう》に食《た》べる会《かい》があるの」って思《おも》っちゃったんですね。

そんなときに自分《じぶん》がどうしたかっていうと、わかるフリをしていた。自分《じぶん》は一応《いちおう》アメリカ人《じん》だし、どれぐらい「アメリカ人《じん》」かってことを見《み》せられるかが勝負《しょうぶ》だった。なぜかというと、私《わたし》が日《に》本《ほん》から来《き》たということを信《しん》じてくれる人《ひと》がほぼいなかったから。

そうなると、「どこから来《き》たの」っていう質問《しつもん》が来《こ》ないように、周《まわ》りになじむ感《かん》じでふるまっていた。私《わたし》がシャーロット出身《しゅっしん》じゃないということを気《き》づかせない感《かん》じで。

アメリカ人《じん》らしく、いや、黒人《こくじん》らしく、様子《ようす》をまねした。無理《むり》に大胆《だいたん》に体《からだ》を動《うご》かして何《なに》かしゃべったりしてたんです。それが自《し》然《ぜん》とできるように、まず周《まわ》りの様子《ようす》を勉強《べんきょう》してスキルを身《み》につけるということを常《つね》に意識《いしき》していた。

Q

自分《じぶん》のアイデンティティについてどうとらえていますか？

日本人《にほんじん》でもアメリカ人《じん》でもない、「日本《にほん》生《う》まれのアメリカ国籍《こくせき》」っていうのが一番《いちばん》しっくりくる。

私《わたし》は意外《いがい》と「日本《にほん》に住《す》んでる外国人《がいこくじん》」ですっとくるんです。周《まわ》りの人《ひと》が「ティファニーって日本人《にほんじん》だよね」とか「日本人《にほんじん》のところあるよね」って言《い》ってくださるのは全然《ぜんぜん》いいですし、むしろめちゃくちゃ嬉《うれ》しいんですけど、自分《じぶん》から「日本人《にほんじん》だ」って言《い》うのは気《き》が済《す》まないというか、なかなか言《い》えない。私《わたし》の「日本人《にほんじん》」の定義《ていぎ》は国籍《こくせき》と紐《ひも》づいてるので、国籍《こくせき》で言《い》うと違《ちが》う。

幼少期《ようしょうき》にいろいろと俯瞰的《ふかんてき》に見《み》るように意識《いしき》していたので、みんなとは違《ちが》う意識《いしき》はありました。みんなにどんだけ日本人扱《にほんじんあつか》いされようが、みんなと何《なに》もかもが違《ちが》う。肌色《はだいろ》も違《ちが》うし国籍《こくせき》も違《ちが》う。名前《なまえ》も漢字《かんじ》ではなくカタカナだし、なんならミドルネームもあるのもみんなと違《ちが》う。

でも、お母《かあ》さんからすると、「いや、あなたはアメリカ人《じん》じゃない」と言《い》う。国籍《こくせき》で言《い》うともちろんアメリカ人《じん》ではあるけど、それより「アメリカ国籍《こくせき》」の方《ほう》が言《い》いやすい。国籍《こくせき》だと、性格《せいかく》が属《ぞく》さないっていうか。

国籍《こくせき》だけは向《む》こう。だから、「日本生《にほんう》まれのアメリカ国籍《こくせき》」っていうのが一番《いちばん》しっくりくる。茨城県《いばらきけん》に住《す》んでたとき、周《まわ》りの方々《かたがた》はありのままの自分《じぶん》を受《う》け入《い》れてくれたので、「みんなみたいにならないと」っていうプレッシャーや気持《きも》ちはなかったんです。

自分《じぶん》が外国人《がいこくじん》だということで特別扱《とくべつあつか》いはあったけど、悪《わる》い特別《とくべつ》扱《あつか》いではなかったから、自分《じぶん》を変《か》える必要《ひつよう》もないし、無理《むり》に日本《にほん》人《じん》になる必要《ひつよう》もないと感《かん》じていた。それによって日本《にほん》を客観視《きゃっかんし》することができた気《き》がする。アメリカでも自分《じぶん》がアメリカ育《そだ》ちではない立場《たちば》としてある意味《いみ》、客観視《きゃっかんし》できる面《めん》はあるけど、自分《じぶん》もアメリカ国籍《こくせき》だというところで自分事《じぶんごと》かのように物事《ものごと》を捉《とら》えたり感《かん》情的《じょうてき》になったりして冷静《れいせい》に考《かんが》えられない部分《ぶぶん》もある。アメリカにいたときの自分《じぶん》は、プレッシャーでアメリカ人《じん》っぽくしないとと感《かん》じてしまった。

Q

大人《おとな》から言《い》われてよかったことやアドバイスは？

「お母《かあ》さんとお父《とう》さんはいつかいなくなるから、私《わたし》たちに頼《たよ》るのもいいんだけど、それより神《かみ》様《さま》に頼《たよ》りなさい」って。

うちの家族《かぞく》はキリスト教《きょう》なので、茨城県《いばらきけん》の時代《じだい》から教会《きょうかい》には通《かよ》っていたんですけど、そのときはお母《かあ》さんとお父《とう》さんもめっちゃ仕事《しごと》が忙《いそが》しかったし、お金《かね》もそれなりに儲《もう》けていたので、ほしいものを全部《ぜんぶ》買《か》ってくれたんですね。なので、お母《かあ》さんとお父《とう》さんが言《い》う「神様《かみさま》を信《しん》じなさい」っていうことに、あんまりピンと来《こ》なくて。

なんで見《み》えない「神様《かみさま》」のことを信《しん》じなくちゃいけないのと、当時《とうじ》思《おも》ったんです。日本《にほん》に住《す》んでる以上《いじょう》、地震《じしん》の揺《ゆ》れにはそれなりに慣《な》れているのに、東日本大震災《ひがしにほんだいしんさい》が起《お》きて神様《かみさま》はいるんだなと初《はじ》めて確信《かくしん》して、当時《とうじ》12才《さい》の私《わたし》が初《はじ》めて自《みずか》ら神様《かみさま》と向《む》き合《あ》った。

震災《しんさい》の後《あと》アメリカに引《ひ》っ越《こ》して、全部《ぜんぶ》が変《か》わった。アメリカの環境《かんきょう》はもちろん、お金《かね》も学校《がっこう》も、生活《せいかつ》のすべてにおいて大変《たいへん》だった。目《め》に見《み》えない神様《かみさま》のことを信《しん》じるしかない時期《じき》だったんです。

そこで信仰《しんこう》がすごく深《ふか》まって。もしアメリカに引《ひ》っ越《こ》さないでずっと日本《にほん》に住《す》んでたら、間違《まちが》いなく神様《かみさま》の存在《そんざい》を知《し》らずにいた。自分《じぶん》で言《い》うのもあれだけど、アメリカに引《ひ》っ越《こ》したおかげで謙虚《けんきょ》になれたというか。親《おや》は優《やさ》しいので、ずっと日本《にほん》にいたら習慣的《しゅうかんてき》にほしいものを全部買《ぜんぶか》ってくれていた。

だからアメリカの経験《けいけん》はたしかに大変《たいへん》だったけど、総《そう》じて考《かんが》えるとアメリカでの経験《けいけん》は自分《じぶん》に必要《ひつよう》だったのではないかと思《おも》います。

Q

周《まわ》りからしてほしかったサポートは？

もし私《わたし》が茨城県《いばらきけん》に住《す》んでたときに、私《わたし》みたいな人《ひと》がいたら少《すこ》しでも助《たす》かってたなって思《おも》う。

日本《にほん》にいる黒人《こくじん》というと、大半《たいはん》はアフリカ人《じん》。アフリカ系《けい》アメリカ人《じん》はめちゃくちゃ少《すく》ない上《うえ》に、大体米軍《だいたいべいぐん》だったり、ALT（外国語指導助手《がいこくごしどうじょしゅ》）経由《けいゆ》の英語《えいご》の先生《せんせい》だったり。自分《じぶん》の両親《りょうしん》も英語《えいご》の先生《せんせい》だけど、自分《じぶん》たちで英語教室《えいごきょうしつ》を立《た》ち上《あ》げてるある種《しゅ》、起業家《きぎょうか》という違《ちが》いで、それによる日本《にほん》の経験《けいけん》や環境《かんきょう》が全然変《ぜんぜんか》わったりするので、自分《じぶん》と似《に》たような背景《はいけい》を持《も》つ人《ひと》と出会《であ》うことがめったになかった。

私《わたし》みたいに日本《にほん》の血《ち》が入《はい》ってない日本生《にほんう》まれ育《そだ》ちのアフリカ系《けい》アメリカ人《じん》が周《まわ》りにいた方《ほう》がよかったと、必《かなら》ずしもではないけど、いてもよかった程度《ていど》。日本《にほん》にいる間《あいだ》も母国《ぼこく》であるアメリカのことをもっと知《し》りたかったというか。

たとえば、2008年《ねん》にオバマ大統領《だいとうりょう》が当選《とうせん》したじゃないですか。その年《とし》だけ特別《とくべつ》だったことがなんとなく伝《つた》わったけど、その理由《りゆう》がわからなくて。なんでお母《かあ》さんこんな号泣《ごうきゅう》してるの。「黒人《こくじん》が大統領《だいとうりょう》になったんだ」って一言《ひとこと》をお母《かあ》さんに言《い》われたけど、それでもピンと来《こ》なくて。意味《いみ》がわからなかったから「アメリカ人《じん》ならそりゃ誰《だれ》だって大統領《だいとうりょう》になれるじゃん」とお母《かあ》さんに言《い》ったら、お母《かあ》さんが怖《こわ》い目《め》で私《わたし》をガン見《み》して、ゾッとした。

それも言葉以上《ことばいじょう》の意味《いみ》を理解《りかい》できてないと、という話《はなし》に該当《がいとう》する例《れい》になるんですけど、両親《りょうしん》と距離《きょり》を感《かん》じたりした。親《おや》は感謝《かんしゃ》しきれないぐらい家族《かぞく》のために色々《いろいろ》してくれたので、そこは感謝《かんしゃ》しかない。けど、それプラス自分《じぶん》と同《おな》じような経験《けいけん》をしてる人《ひと》たちなら一番私《いちばんわたし》の気持《きも》ちをわかってくれると感《かん》じる。

今度《こんど》は次世代《じせだい》の子《こ》たちに、私《わたし》が当時必要《とうじひつよう》だった存在《そんざい》になれれば嬉《うれ》しいと思《おも》ってる。

Q

次《つぎ》の世代《せだい》へのアドバイスやメッセージをどうぞ。

自分《じぶん》が思《おも》っていることを、言語化《げんごか》する習慣《しゅうかん》をつける。

うちらみたいな人《ひと》ってレアじゃないですか。ただ、そこまでレアじゃないっていう説《せつ》も感《かん》じるんですね。あまり言及《げんきゅう》されていないだけで、実《じつ》は共感《きょうかん》できる人《ひと》は山《やま》ほどいるんじゃないかと。

　そんな中《なか》で自分《じぶん》を周《まわ》りと比《くら》べちゃって「私《わたし》みたいな人《ひと》がいない」って思《おも》い込《こ》んじゃうと、自分《じぶん》が感《かん》じてることがおかしいって、自分《じぶん》も感《かん》じてたときはあった。そうなる前《まえ》に自分《じぶん》の思《おも》いを言語化《げんごか》してリアルにするのがいい。感《かん》じてるってことはリアルなんだから、自分《じぶん》がおかしいって思《おも》わないように言語化《げんごか》して、誰《だれ》かとその思《おも》いをシェアできるならシェアしていくのがいい。

　それがあなたにしかない貴重《きちょう》な体験《たいけん》だからこそ、周《まわ》りがわかってくれないだけで自分《じぶん》の気持《きも》ちを見捨《みす》てるのはもったいない。せっかくレアな経験《けいけん》をしてるんだから、言語化《げんごか》して重宝《ちょうほう》すべき。言葉《ことば》に発《はっ》して言語化《げんごか》するうちに、言《い》い慣《な》れるし徐々《じょじょ》に普通《ふつう》のことになっていく。その先《さき》には共感《きょうかん》できる人《ひと》たちもいるかもしれない。

　何《なに》が言《い》いたいかって、自分《じぶん》を見捨《みす》てないことが大事《だいじ》。自分《じぶん》を見捨《みす》てない手段《しゅだん》として、自分《じぶん》の思《おも》いを言語化《げんごか》する習慣《しゅうかん》をつけるのがいいと思《おも》う。それによってその思《おも》いをリアルにする。私《わたし》も昔《むかし》からそうしておけばよかったと思《おも》う。

自分《じぶん》のアイデンティティは、
周《まわ》りに合《あ》わせない。
自分《じぶん》のアイデンティティだから、
理解《りかい》されなくてもいい。

　理解《りかい》してほしいという気持《きも》ちをもとにアイデンティティを作《つく》り上《あ》げちゃうと、本来《ほんらい》の自分《じぶん》に当《あ》てはまらないところが生《う》まれてしまう。周《まわ》りに合《あ》わせてるから。

どういうことかというと、たとえば自分《じぶん》の思《おも》いやアイディアが直径《ちょっけい》20cm の円《えん》の形《かたち》で、相手《あいて》の脳《のう》みその範囲《はんい》が長《なが》さ 10cm の正方《せいほう》形《けい》だとします。そうすると、相手《あいて》に自分《じぶん》の思《おも》いを理解《りかい》してもらうためには、自分《じぶん》の思《おも》いを直径《ちょっけい》10cm のサイズに削《けず》らないと理解《りかい》してもらえない。

それって極端《きょくたん》な話《はなし》、その人《ひと》が理解《りかい》できる余裕《よゆう》がないだけで、自《じ》分《ぶん》を小《ち》さくしたり削《けず》ったりする必要《ひつよう》はない。話《はな》す相手《あいて》を間違《まちが》えただけで、自分《じぶん》の思《おも》いを無理矢理《むりやり》押《お》しつける必要《ひつよう》はない。理解《りかい》する姿勢《しせい》、余地《よち》もない人《ひと》には、何度《なんど》シェアしても何回工夫《なんかいくふう》して言《い》い回《まわ》しても自分《じぶん》が疲《つか》れるだけ。工夫《くふう》するにも限界《げんかい》はある。

私《わたし》もこれで、アメリカで大《おお》きなミスをした。アメリカに引《ひ》っ越《こ》す前《まえ》は、別《べつ》に自分《じぶん》のアイデンティティを言《い》う必要《ひつよう》もなかった状態《じょうたい》だった。アイデンティティなんていう言葉《ことば》も頭《あたま》になかった。私《わたし》は「ティファニー」だった。

だからこそアメリカで「アイデンティティ・クライシス」になった。「What are you？」あなたは何《なに》？　ってひたすら聞《き》かれたし、求《もと》められて、出身地《しゅっしんち》を基《もと》にアイデンティティを表《あらわ》してるのかなと思《おも》って、「I'm Japanese.」私《わたし》は日本人《にほんじん》って言《い》ってたけど、自分《じぶん》を日本人《にほんじん》だと思《おも》っていなかった。

ただ、そう答《こた》えないと理解《りかい》してくれないと思《おも》って、「日本人《にほんじん》」だと言《い》わざるを得《え》ないと感《かん》じた。何度《なんど》も自分《じぶん》は日本人《にほんじん》だと、繰《く》り返《かえ》すことによって強制的《きょうせいてき》に自分《じぶん》を日本人《にほんじん》だと思《おも》わせようと自分《じぶん》を狂《くる》わせた。

当時《とうじ》は13才《さい》だったし、みんなと仲良《なかよ》くなりたいと思《おも》って、無理《むり》してたのは今《いま》でも鮮明《せんめい》に覚《おぼ》えてる。何回《なんかい》も無理《むり》して説明《せつめい》していくと非常《ひじょう》に疲《つか》れる。他人《たにん》の理解力《りかいりょく》は私《わたし》がコントロールすることではないと、昔《むかし》の自分《じぶん》にも言《い》いたい。

強制《きょうせい》だけはしないっていうのは心《こころ》がけている。強制《きょうせい》されたところでもう知《し》りたくないって思《おも》う。

一人一人《ひとりひとり》の理解《りかい》できる範囲《はんい》って人《ひと》それぞれじゃないですか。だから私《わたし》が思《おも》ってることを強制《きょうせい》するのではなくて、「How you see me is how you see me.」あなたがどう私《わたし》を見るかは、あなたの自由《じゆう》だと。理解《りかい》できない人《ひと》たちに強制的《きょうせいてき》に理解《りかい》を求《もと》めてもストレスになるだけなんじゃないかと。

特《とく》にあったのが、アメリカの黒人《こくじん》って、暗黙《あんもく》の了解《りょうかい》がたくさんあるんですね。教科書《きょうかしょ》に載《の》っていない歴史《れきし》のできごとや事実《じじつ》もけっこうあったり（しかもそれに闇深《やみぶか》い理由《りゆう》があって）。「ティファニーも黒人《こくじん》だから知《し》るべきだろう」っていう優《やさ》しいトーンで教《おし》えてくれるのは嬉《うれ》しいんですけど、強制的《きょうせいてき》に「黒人《こくじん》としての責任感《せきにんかん》だ」という感《かん》じで強《つよ》いトーンで言《い》われちゃうと逆《ぎゃく》に知《し》りたくなくなるんですよね。大半《たいはん》は厳《きび》しく激《はげ》しいトーンで言《い》われて、強制的《きょうせいてき》にやるのは絶対《ぜったい》だめだと思《おも》えました。

10

ティファニー・レイチェルさん

私《わたし》がラッキーだったなと思《おも》うのは、自《し》然《ぜん》と会《かい》話《わ》の聞《き》き

10

手《て》役《やく》をしていたこと。

ティファニー・レイチェルさん

11

照《てる》屋《や》エイジさん

弁護士《べんごし》

プロフィール

1992年《ねん》3月《がつ》3日《っか》にブラジル連邦共和国《れんぽうきょうわこく》サンパウロ州《しゅう》リベルダージ区《く》にて出生《しゅっしょう》。デカセギの母《はは》に連《つ》れられて日本《にほん》に定住《ていじゅう》。2018年《ねん》より大獄達哉法律事務所《おおたけたつやほうりつじむしょ》にて勤務《きんむ》。日伯《にちはく》にまたがる案件《あんけん》を扱《あつか》う。

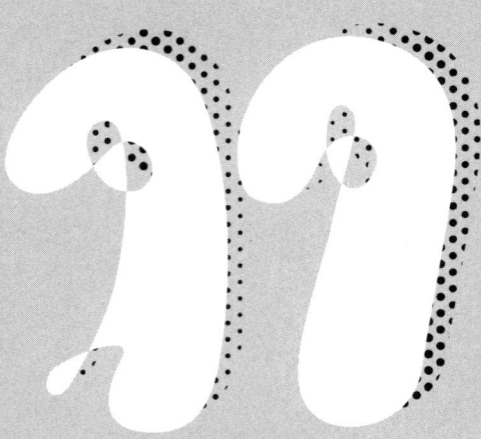

子《こ》ども時代《じだい》を
思《おも》い返《かえ》してみると、
やっぱり勉強《べんきょう》ができない、
全然《ぜんぜん》しない。
宿題《しゅくだい》とかも全然《ぜんぜん》
やらなかったんですね。

Q
どんな子《こ》ども時代《じだい》でしたか？　どんな子《こ》どもでしたか？

子《こ》ども時《じ》代《だい》を思《おも》い返《かえ》してみると、やっぱり勉《べん》強《きょう》ができない、全《ぜん》然《ぜん》しない。宿《しゅく》題《だい》とかも全《ぜん》然《ぜん》やらなかったんですね。

祖父母《そふぼ》が日本《にほん》の国籍《こくせき》で沖縄《おきなわ》の人《ひと》だったので、何度《なんど》か日本《にほん》に行《い》くことはあったんですが、実際《じっさい》に日本《にほん》に住《す》むということになったのが８歳《さい》くらいから。小学校《しょうがっこう》のとき、理科系《りかけい》の科目《かもく》が全然《ぜんぜん》わからなかったんです。理科《りか》の実験《じっけん》とか体験型《たいけんがた》の授業《じゅぎょう》も好《す》きでしたけれども、理屈《りくつ》はもう全然《ぜんぜん》わからなくて。社会《しゃかい》も、日本《にほん》の歴史《れきし》とかも、全然《ぜんぜん》興味《きょうみ》がなくて、全《まった》く勉強《べんきょう》した記憶《きおく》がないんですね。国語《こくご》だけは比較的《ひかくてき》好《す》きでした。面白《おもしろ》い話《はなし》が小学校《しょうがっこう》の教科書《きょうかしょ》は出《で》てくるので。でも、文法《ぶんぽう》とかは全然《ぜんぜん》。なので、小学校《しょうがっこう》で何《なに》か勉強《べんきょう》しましたかっていうと、本当《ほんとう》に何《なに》も思《おも》い浮《う》かばないぐらい全然《ぜんぜん》やってなくて。

記憶《きおく》にあるのは、ずっと友達《ともだち》と遊《あそ》んでました。友達《ともだち》と遊《あそ》ぶのでよいのは、難《むずか》しい言葉《ことば》を使《つか》わなくていいのと、ちょうどゲームがたくさん出《で》てきた世代《せだい》だったんですね。ゲームボーイ、ゲームボーイアドバンス、NINTENDO64、ゲームキューブ、プレイステーション、プレイステーション２とか。テレビゲームだけじゃなくって、ベイブレードとか、遊《ゆう》☆戯《ぎ》☆王《おう》カードとか。その波《なみ》に乗《の》ってみんなで遊《あそ》んでました。友達《ともだち》の家《いえ》に放課後《ほうかご》集《あつ》まって、夕方《ゆうがた》まで遊《あそ》んで帰《かえ》って。家《いえ》ではテレビゲームしながら、ドラマを見《み》ながら、映画《えいが》を見《み》ながら、また次《つぎ》の日《ひ》を迎《むか》えて。学校《がっこう》では昨日《きのう》こういうゲームしたよねとか、ドラマこうだったよねとか、バラエティー番《ばん》組《ぐみ》の話《はなし》をして、また放課後《ほうかご》みんなで集《あつ》まって。みんなででも1人《ひとり》ででも勉強《べんきょう》するという習慣《しゅうかん》が全《まった》くないまま、小学校《しょうがっこう》を過《す》ごしてました。

　小学校時代《しょうがっこうじだい》は、あまり外国人《がいこくじん》として扱《あつか》われなかったんです。もちろん一部《いちぶ》からは、「外人《がいじん》だ」ということで見《み》られる、からかわれることはありましたけど、普通《ふつう》に友達《ともだち》といるときにブラジル人《じん》だなんだっていうのは特《とく》になくって、一人《ひとり》の友達《ともだち》として遊《あそ》んでました。

人生《じんせい》の中《なか》で一番《いちばん》嫌《いや》だった期間《きかん》は
間違《まちが》いなく中学校《ちゅうがっこう》です。

　勉強《べんきょう》のレベルもぐっと上《あ》がりますし、中学校《ちゅうがっこう》に入《はい》るまではそんなに将来何《しょうらいなに》するかは正直思《しょうじきおも》い悩《なや》んだことはないですね。でも、中《ちゅう》学校《がっこう》からすごく悩《なや》みました。圧力《あつりょく》を感《かん》じるというか、管理社会《かんりしゃかい》というか、ずっと内申《ないしん》がつきまとう生活《せいかつ》なんですよね。本《ほん》とか興味《きょうみ》ないだろうっていう人《ひと》が本《ほん》を読《よ》みだしたり、小学校《しょうがっこう》のときそんなキャラじゃなかった人《ひと》が学級委員長《がっきゅういいんちょう》に出《で》たり。みんなが無理《むり》してるのをひしひしと感《かん》じるような生活《せいかつ》で、小学校《しょうがっこう》と全然違《ぜんぜんちが》うなって。学校《がっこう》の中《なか》でもとにかく常《つね》に先生《せんせい》に見張《みは》られてるような感覚《かんかく》でしたね。制服《せいふく》で、髪《かみ》の毛《け》も耳上何《みみうえなん》ミリまでとか、靴下《くつした》の色《いろ》とか全《ぜん》部《ぶ》見《み》られる。一体《いったい》ここはどういう組織《そしき》なんだろうって。

今《いま》はあまり学校《がっこう》に行《い》かないっていう選択肢《せんたくし》もそんなに変《へん》なことじゃない、受《う》け入《い》れられつつあるようにもなって。ただ当時《とうじ》は学校《がっこう》休《やす》むのはけしからん、不登校《ふとうこう》っていうのはおかしいっていうのがあったので、あんまり学校《がっこう》には行《い》きたくなかったんですけれども、我慢《がまん》しながら嫌《いや》だなと思《おも》いながら通《かよ》ってました。

引《ひ》き続《つづ》き理科系《りかけい》は本当《ほんとう》に苦手《にがて》でしたし、全然意味《ぜんぜんいみ》がわかんなかったんです。数学《すうがく》でXとかYとか出《で》てきますけど、なんで英語使《えいごつか》ってんだろうと。グラフとかも意味不明《いみふめい》。社会《しゃかい》とかもなんとなく覚《おぼ》えてる単語《たんご》を試験《しけん》で書《か》き出《だ》すような、部分点狙《ぶぶんてんねら》いでやってましたね。ただ国語《こくご》だけは比較的好《ひかくてきす》きで、本《ほん》も読《よ》んでたので苦手意識《にがていしき》はそんなになかったかなって思《おも》います。

このまま進《すす》んでいくと、体《からだ》が弱《よわ》いけど肉体労働《にくたいろうどう》とか、工場《こうじょう》とか、ちょっと苦手《にがて》な仕事《しごと》になるかもしれない。

進路《しんろ》を考《かんが》えざるを得《え》ないという状況《じょうきょう》になりまして、これはどこかで切《き》り替《か》えないといけない。ただ中学校《ちゅうがっこう》っていうのは先《さき》ほど出《で》てきた内申制度《ないしんせいど》ってのがあるんですね。1回ドロップアウトするとなかなか上《あ》がるインセンティブがない。要《よう》するに前《まえ》まで内申点《ないしんてん》低《ひく》かった、で、あるときだけ内申《ないしん》が上《あ》がったとして、結局全体《けっきょくぜんたい》を見《み》られるので、一発逆転《いっぱつぎゃくてん》みたいなのがなかなか出《で》にくいところなんですね。大学入試《だいがくにゅうし》はそこまでどんだけ仮《かり》に不良《ふりょう》だったとしても入試《にゅうし》の当日《とうじつ》、座《すわ》って合格点《ごうかくてん》を取《と》ればいいという世界《せかい》なので、これは合《あ》ってるなということで、高校《こうこう》では頑張《がんば》ろうと思《おも》いました。もう心機一転《しんきいってん》して、３年間《ねんかん》あるわけですから、勉強《べんきょう》してきちんと大《だい》学《がく》に行《い》って、仕事《しごと》に就《つ》こうと。そのとき興味《きょうみ》があった仕事《しごと》は、弁《べん》護士《ごし》。弁護士《べんごし》しか知《し》らないような状況《じょうきょう》だったんですが。弁護士《べんごし》になるためには、まずは法律《ほうりつ》を学《まな》ぶ必要《ひつよう》があるということで法学部《ほうがくぶ》に行《い》くことを高校《こうこう》のときに考《かんが》えまして、そこからきちんと勉強《べんきょう》することにしました。

弁護士《べんごし》に興味《きょうみ》を持《も》った最初《さいしょ》のきっかけは、小学校《しょうがっこう》のときの弁護士《べんごし》を扱《あつか》うゲーム。

弁護士《べんごし》を扱《あつか》うゲームを友達《ともだち》と遊《あそ》んで面白《おもしろ》いなと。あとは鍵《かぎ》っ子《こ》なんですね。友達《ともだち》の家《いえ》で遊《あそ》んで戻《もど》ってもまだ親《おや》が帰《かえ》ってきてない状況《じょうきょう》で、夕方《ゆうがた》にドラマの再放送《さいほうそう》があったんですけれども、そのときに弁護士《べんごし》を扱《あつか》ったドラマがいくつかあって。しかも、コミカルな弁護士《べんごし》が出《で》てくるのですごい面白《おもしろ》い仕事《しごと》だなって。さらに、中《ちゅう》学校《がっこう》のときにクラスの後《うし》ろに本《ほん》がずらっと並《なら》んでてその中《なか》の一《ひと》つに「私《わたし》はこうして弁護士《べんごし》になりました」っていう内容《ないよう》の本《ほん》が置《お》いてあって。その方《かた》も非常《ひじょう》に大変《たいへん》な方《かた》で、元々《もともと》ヤクザの妻《つま》をやってたけれども、ヤクザの妻《つま》を抜《ぬ》けて、一念発起《いちねんほっき》して弁護士《べんごし》になられたとのことで、「うわ、こんなすごい方《かた》がいるんだな」と感銘《かんめい》を受《う》けたのもありました。

家《いえ》が母子家庭《ぼしかてい》で、母親《ははおや》だけなんですけれども、外国人《がいこくじん》っていうのは非常《ひじょう》に立場《たちば》が弱《よわ》い、リーマン・ショックのときもそれを感《かん》じまして、高校生《こうこうせい》のときでしたけれども。やっぱり弁護士《べんごし》かなっていう気持《きも》ちは強《つよ》くなりました。当時《とうじ》は弁護士《べんごし》がどれくらいの難易《なんい》度《ど》かわかってなかったので、無謀《むぼう》にも挑戦《ちょうせん》したっていうのが実態《じったい》には近《ちか》いですね。

高校《こうこう》の先生方《せんせいがた》には本当《ほんとう》に足《あし》を向《む》けて寝《ね》られない。非常《ひじょう》に人生《じんせい》を変《か》えていただいた。

　高校《こうこう》の先生《せんせい》がすごく手厚《てあつ》くお尻《しり》を叩《たた》いてくれた。特《とく》に英語《えいご》と数《すう》学《がく》の先生《せんせい》が非常《ひじょう》に熱心《ねっしん》で、２つとも入試《にゅうし》のとき柱《はしら》になる科目《かもく》なので、すごく鍛《きた》えていただいたのは大《おお》きかったですね。数学《すうがく》は中学《ちゅうがっ》校《こう》のときには、一次関数《いちじかんすう》、二次関数《にじかんすう》なんだこれっていう感《かん》じだったんですけれども。高校《こうこう》の科目《かもく》をやっていく中《なか》でわからないことが出《で》てきたら、先生《せんせい》に質問《しつもん》したり、ネットとかで調《しら》べて、本当《ほんとう》に自分《じぶん》のわかるところまで戻《もど》って、一《ひと》つ一《ひと》つ確認《かくにん》してました。英語《えいご》も全然《ぜんぜん》わからなくて、現在完了《げんざいかんりょう》とかいつ使《つか》うんだろうっていう状《じょう》況《きょう》だったんですが、一《ひと》つ一《ひと》つ出《で》てくるたびにニュアンスを確認《かくにん》したり、単語帳《たんごちょう》も一《ひと》つ一《ひと》つ、中学校《ちゅうがっこう》で習《なら》うような単語《たんご》とかも押《お》さえながら、高校《こうこう》の単語《たんご》もしっかり勉強《べんきょう》しながら基本《きほん》に立《た》ち返《かえ》りながらやってました。

　先生方《せんせいがた》は勉強《べんきょう》を応援《おうえん》してくれて、常《つね》に。授業《じゅぎょう》についていくうちに模試《もし》とかでも安定《あんてい》して点《てん》を取《と》れるようになって、そこから授業《じゅぎょう》を信用《しんよう》して、食《く》らいついていってました。中学《ちゅうがく》のときはどちらかというと内申《ないしん》が常《つね》につきまとうから逆転《ぎゃくてん》がきかないんですよね。先生《せんせい》の方《ほう》から推薦《すいせん》できないし、やめた方《ほう》がいいって普通《ふつう》に出《で》てくる話《はなし》なんですよ。どちらかと言《い》うと諦《あきら》めさせる教育《きょういく》をすごい感《かん》じてたんです。ほどほど、身分相応《みぶんそうおう》のところに行《い》けと。大学《だいがく》は入試《にゅうし》制度《せいど》が全然違《ぜんぜんちが》うので、行《い》きたいんだったら勉強《べんきょう》して、わからないところがあるんだったら、基礎的《きそてき》なところをきちんと固《かた》めていく。やっぱそこが肌《はだ》に合《あ》ってたのかなっていうのを感《かん》じますね。

一《ひと》つ一《ひと》つ解《と》ける問題《もんだい》が増《ふ》えていくっていうのは楽《たの》しかったですね。

最初《さいしょ》ちんぷんかんぷんと思《おも》いながら、例題《れいだい》が解《と》けて、解答《かいとう》を見《み》て合《あ》ってると、よっしゃっていう。本当《ほんとう》に一《ひと》つ一《ひと》つ積《つ》み重《かさ》ねですね。ゲームが好《す》きなので、ゲーム感覚《かんかく》でやれたっていうのはある程度《ていど》あったかもしれないです。国語《こくご》が好《す》きだったのも今思《いまおも》うと、ゲームの攻略本《こうりゃくぼん》とか、図鑑《ずかん》とか、設定《せってい》とか、細《こま》かいのを読《よ》むのが好《す》きでした。ポケモンの攻略本《こうりゃくぼん》とか覚《おぼ》えるくらい。ああいうのが国語《こくご》の基礎力《きそりょく》になってたかもしれないですね。子《こ》どものときって好《す》きだといろいろ覚《おぼ》えるじゃないですか。ポケモンの歌《うた》が一時期《いちじき》流行《はや》りましたけど、151匹《ぴき》をあの順番《じゅんばん》で覚《おぼ》えられるのは、すごいなと。

ハマって何《なに》か考《かんが》えるっていうのが一番《いちばん》よいんだろうなと思《おも》います。小学校時代《しょうがっこうじだい》の賢《かしこ》くなった友達《ともだち》とかを見《み》て、思《おも》い返《かえ》してもポケモンとかをやってたとき、自分《じぶん》でノート取《と》って、戦術《せんじゅつ》を作《つく》ってたり、思《おも》ったこと気《き》になったこと、何《なん》でも書《か》き留《と》めてたメモ魔《ま》は、中学《ちゅうがく》のときでも、成績《せいせき》もすごいよかったですし、好《す》きなことに楽《たの》しみながらハマれる人《ひと》はなんでも強《つよ》いんだなっていうのは今《いま》になって感《かん》じました。

高校《こうこう》1年生《ねんせい》のときに受《う》けた模試《もし》はやっぱボロボロでしたね。

高校《こうこう》１年生《ねんせい》の間《あいだ》は、なかなか結果《けっか》が出《で》ない苦《くる》しい時期《じき》なので、不安《ふあん》はありましたね。電車《でんしゃ》で通学《つうがく》してたので、電車《でんしゃ》の行《い》き帰《かえ》りで単語帳《たんごちょう》見《み》たりとか、数学《すうがく》の問題《もんだい》見《み》たり、塾《じゅく》に通《かよ》うってことはせずに学校《がっこう》の勉強《べんきょう》とあと隙間時間《すきまじかん》でちょこちょこっとやってました。

志望校《しぼうこう》を受《う》けるにはちょっとおこがましいような成績《せいせき》だったんですが、少《すこ》しずつ解《と》ける問題《もんだい》が増《ふ》えていって高校《こうこう》２年生《ねんせい》のときには、ある程度《ていど》形《かたち》になってきました。飛《と》び抜《ぬ》けてるわけではないですけれども、頑張《がんば》っていけば勝負《しょうぶ》できるところまでいきました。高《こう》３になると浪人《ろうにん》されてる方《かた》も入《はい》ってくる。ガクンと下《さ》がるんですよね。そこで１回《かい》ボコボコにされて、高《こう》３の夏《なつ》とか、秋《あき》になってくると、ようやくこっちも勝負《しょうぶ》できるかなというところまで伸《の》びて。なので、一番大変《いちばんたいへん》だったのは高校《こうこう》１年生《ねんせい》。高校《こうこう》２、３年生《ねんせい》になってくると、ちょっと安定《あんてい》してきたかなって実感《じっかん》としてありましたね。

大《だい》学《がく》に入《はい》って、本《ほん》屋《や》さんに行《い》って、司《し》法《ほう》試《し》験《けん》の関《かん》係《けい》とか法《ほう》律《りつ》の本《ほん》を手《て》に取《と》って読《よ》んだんですけど、全《まった》くわからなくて。

司法試験《しほうしけん》の一番大変《いちばんたいへん》なところは、文章《ぶんしょう》を書《か》かないといけないんですね。答《こた》えはこれだっていう「クイズ的知識《てきちしき》」はあるんですけど、その過程《かてい》を全部説明《ぜんぶせつめい》しないといけないんです。教科書《きょうかしょ》で１、２行《ぎょう》で書《か》かれてるような話《はなし》を１ページ２ページと。そこがカルチャーショックというか「絶対無理《ぜったいむり》や」って思《おも》ってですね。

大学《だいがく》１年生《ねんせい》になっていろいろ誘惑《ゆうわく》もありまして、遊《あそ》びに行《い》ったり、正直言《しょうじきい》うと司法試験《しほうしけん》の勉強《べんきょう》がだいぶ遠《とお》のいた時期《じき》がありました。大学《だいがく》１、２年生《ねんせい》のときはもう大学《だいがく》の定期試験《ていきしけん》を都度都度頑張《つどつどがんば》るぐらいであんまり勉強熱心《べんきょうねっしん》じゃなかったかと思《おも》います。ときどき司法試験《しほうしけん》を受《う》けたい友達《ともだち》と勉強会《べんきょうかい》をしたり、話《はな》したりっていうのもありましたけど、我武者羅《がむしゃら》に勉強《べんきょう》していたかっていうと全然《ぜんぜん》そんなことはない。どちらかというと遊《あそ》ぶ時間《じかん》の方《ほう》が多《おお》かったと思《おも》います。

大《だい》学《がく》３年《ねん》生《せい》になってくると、やっぱり司《し》法《ほう》試《し》験《けん》しか残《のこ》されてないじゃないかと。

進路《しんろ》とか就職活動《しゅうしょくかつどう》とか自分《じぶん》の人生《じんせい》を考《かんが》え直《なお》したときに国籍《こくせき》がブラジルなので公務員《こうむいん》にはまずなりにくい。国家公務員《こっかこうむいん》はなれない。地方公務員《ちほうこうむいん》も惹《ひ》かれる仕事《しごと》ではなかったのでピンとこず、そこは違《ちが》うなと。民間企業《みんかんきぎょう》で行《い》きたいところがあるかっていうと、それもないですし、就職活動《しゅうしょくかつどう》は自分《じぶん》に合《あ》わない。中学《ちゅうがく》みたいな世界《せかい》ですよね、みんなでリクルートスーツって。自分《じぶん》が大学《だいがく》4年間《ねんかん》でどれだけ強《つよ》みを作《つく》れるのか、そういうPRとかをしていかなくちゃいけないのは無理《むり》だろうと。

外国《がいこく》の子《こ》どもは夢《ゆめ》を描《えが》けない、夢《ゆめ》を描《えが》きにくい、そういう環境《かんきょう》にあるのをすごく感《かん》じまして。

大学《だいがく》3年生《ねんせい》と4年生《ねんせい》のときに、ブラジル人《じん》の子《こ》どもの勉強《べんきょう》のサポートをするボランティア活動《かつどう》もしてまして。公立小学校《こうりつしょうがっこう》で授業《じゅぎょう》についていけない、ブラジル国籍《こくせき》の子《こ》を別《べつ》のクラスに集《あつ》めて、宿題《しゅくだい》をしたり、問題《もんだい》を解《と》いたりするときに、日本人《にほんじん》の子《こ》どもたちとブラジル人《じん》の子《こ》どもたちの差《さ》をすごく感《かん》じました。ブラジル人《じん》の子《こ》どもって、夢《ゆめ》の話《はなし》が全然出《ぜんぜんで》てこないんですよね。「将来何《しょうらいなに》になりたいの？」とか、「好《す》きなこと何《なに》？」と聞《き》いても回答《かいとう》も遅《おそ》いですし、そもそも回答《かいとう》しない子《こ》もいるんですね。日本人《にほんじん》の児童《じどう》だと聞いてもないのに教《おし》えてくれるんですよ。でも、外国人《がいこくじん》の子《こ》はそういうのがないんですね。時間《じかん》を重《かさ》ねて仲良《なかよ》くなっても将来《しょうらい》の話《はなし》になると、なかなか出《で》てこない。外国《がいこく》の子《こ》どもは弱《よわ》い立場《たちば》にあるなと。弁護士《べんごし》っていうのはそういったところのアプローチができる仕事《しごと》なので、きちんと勉強《べんきょう》して、そういう世界《せかい》に入《はい》りたいなっていうのを感《かん》じました。

もう本当《ほんとう》外国語《がいこくご》でしたね、ポルトガル語《ご》が。ものすごく苦労《くろう》しました。

司法試験《しほうしけん》に受《う》かったのは、2016年《ねん》の９月《がつ》。普通《ふつう》ですと、合格《ごうかく》した年《とし》の12月《がつ》から司法修習《しほうしゅうしゅう》と呼《よ》ばれる研修《けんしゅう》に入《はい》るんですね。司法試験《しほうしけん》ってペーパーテストで、世《よ》の中《なか》のことを何《なに》も知《し》らないのに理屈《りくつ》ばっか知《し》ってる頭《あたま》でっかちなので、社会《しゃかい》をきちんと見《み》ましょうと。ただ、その研修自体《けんしゅうじたい》は先延《さきの》ばしにできるんですね。その年《とし》に普通《ふつう》は行《い》くんですけれども、私《わたし》は先延《さきの》ばしにして、ブラジルに半年間《はんとしかん》行《い》ってました。ポルトガル語《ご》をほとんど忘《わす》れちゃったので、勉強《べんきょう》するためにブラジルに渡《わた》りました。いかに自分《じぶん》が日本《にほん》の文化《ぶんか》にどっぷり浸《つ》かったのかなっていうのがよくわかりましたね。帰国《きこく》して、2017年《ねん》の12月《がつ》から研修《けんしゅう》に入《はい》りまして、１年後《ねんご》2018年《ねん》の12月《がつ》から弁護士《べんごし》として登録《とうろく》しました。

Q

あなたの逆境《ぎゃっきょう》や困難《こんなん》を乗《の》り越《こ》えるコツは？

困難《こんなん》を少《すこ》しずつ分割《ぶんかつ》するのは意識《いしき》してやるようにしてます。

やはり目標《もくひょう》をしっかり持《も》つことと、目標達成《もくひょうたっせい》したときの姿《すがた》をイメージするのはありましたね。大学入《だいがくはい》ったら、弁護士《べんごし》になったらこうするんだと。大《おお》きく見《み》える話《はなし》を分割《ぶんかつ》、スライスしていって、できることから一《ひと》つずつやっていく。目標《もくひょう》があった方《ほう》が何《なに》をすべきかも具体化《ぐたいか》できるので、それを意識《いしき》してやるようにはしてます。１回始《かいはじ》めればどこかで必《かなら》ず終《お》わります。目標《もくひょう》を立《た》てるところで勝手《かって》に諦《あきら》める人《ひと》がたくさんいるので、もう目標《もくひょう》を立《た》てるだけでもかなり抜《ぬ》きん出《で》ているのです。でも、けっこう思《おも》い悩《なや》む性格《せいかく》なので、テンション下《さ》げながら、ガクーンと落《お》ち込《こ》みながら、少《すこ》しずつやってますね。

勉強《べんきょう》の対策《たいさく》は2つの柱《はしら》。1つ目《め》は、知識《ちしき》。2つ目《め》は、知識《ちしき》をどうやってみんなに伝《つた》わるようにアウトプットしていくのか。

たとえば、当時《とうじ》に戻《もど》って考《かんが》えてみますと、司法試験受《しほうしけんう》けて弁護《べんご》士《し》になるってなると、高校《こうこう》でやることは決《き》まっていて、大学《だいがく》の法《ほう》学部《がくぶ》に入《はい》る。法学部《ほうがくぶ》に入《はい》ってから、次何《つぎなに》するのかっていうと、司《し》法試験《ほうしけん》を受《う》けなくちゃいけないので過去問《かこもん》を見《み》る。どんな問題《もんだい》が出《で》るのかわからないと何《なに》も勉強《べんきょう》できないので。見《み》るとすごく難《むずか》しい。合格者答案《ごうかくしゃとうあん》っていうのがあるんですよ。本屋《ほんや》とかで売《う》ってるんでそれを見《み》るんです。辛抱強《しんぼうづよ》くよくよく読《よ》んでみると、実《じつ》はそんなに難《むずか》しいことは書《か》いてないと。１回授業《かいじゅぎょう》で触《ふ》れたこととか、勉強《べんきょう》でやったことが出《で》るんですね。それを当日《とうじつ》、この人《ひと》もきちんと書《か》いたんだということがわかる。いろいろ参考答案《さんこうとうあん》を見《み》ていくうちに、基本的《きほんてき》なところ、大事《だいじ》な原則《げんそく》、そこの過程《かてい》の思考《しこう》のステップがきちんと書《か》かれてるなっていうのを知《し》った。

本《ほん》を読《よ》んで、「わかった、やったー」って止《と》まるんじゃなくって、自分《じぶん》でこの話《はなし》を書《か》くときに、どこまで自分《じぶん》の言葉《ことば》で書《か》けるのか、常《つね》にそれを意識《いしき》しながら読《よ》む。あとはもう繰《く》り返《かえ》すだけです、日々日々《ひびひび》。そういう勉強《べんきょう》をしてると、自分《じぶん》で考えるのは忘《わす》れないですよね。自分《じぶん》の理屈《りくつ》で考《かんが》えてるので。そうなってくると、勉強《べんきょう》っていうのは本当《ほんとう》に楽《たの》しくなってくるんですね。暗記《あんき》して、暗記《あんき》したことが出《で》てくれたらラッキーみたいな試験《しけん》から自分《じぶん》なりの世界《せかい》できちんと考《かんが》えられるようになります。この問題《もんだい》はこういうところが問題《もんだい》になってるだろうから、自分《じぶん》の理屈《りくつ》から言《い》うとこう書《か》けばいいなって、できるようになってくる。そこが大事《だいじ》かなって。何《なん》にせよ、まず目標《もくひょう》を立《た》てて、合格者《ごうかくしゃ》とか、先輩《せんぱい》とかっていうのを参考《さんこう》にしながら、自分《じぶん》はどういうことをやっていくのかっていうふうに細《こま》かく細《こま》かく科目《かもく》ごとに決《き》めて、あとはもうそれをしっかりやっていくというようなところになってくるんじゃないかなと思《おも》います。

勉強《べんきょう》の目的《もくてき》は、時間《じかん》をかけて勉強《べんきょう》することじゃなくて、やってることの内容《ないよう》を理解《りかい》すること。

10分《ぷん》で理解《りかい》できる内容《ないよう》だと思《おも》えば、次《つぎ》に行《い》けばいい。それが1時間《じかん》で終《お》わるなら1時間《じかん》。20時間《じかん》かかるんだったら20時間《じかん》やらなくちゃいけないです。でも毎日《まいにち》20時間《じかん》、とても無理《むり》なので、どうやったらそれを少《すく》なくできるか、工夫《くふう》できるかを考《かんが》えていかなきゃいけない。同《おな》じようなことです。司法試験《しほうしけん》のときは起《お》きてる間《あいだ》ずっと勉強《べんきょう》してましたけど、それは結果的《けっかてき》な話《はなし》であって、やらなくちゃいけないんです、量《りょう》があるので。それはある意味《いみ》しょうがない。スタートとしては、できる限《かぎ》りやっぱりやることですね。少《すく》なく、少《すく》なく、どうやったらあまり覚《おぼ》えずに、これが言《い》えるようになるのか。それはいつも考《かんが》えるようにはしてました。

いけるぞと思《おも》うために日々《ひび》できることを増《ふ》やしていく他《ほか》ないですね。

勉強《べんきょう》の不安《ふあん》は勉強《べんきょう》でしか解消《かいしょう》されない。悩《なや》むんだったらもうやるしかない。受《う》ける人《ひと》たちのレベルの普通《ふつう》の人《ひと》たちがやってる普《ふ》通《つう》の問題《もんだい》を自分《じぶん》も普通《ふつう》に解《と》けるようにすることが、僕《ぼく》は大事《だいじ》かなと思《おも》います。難《むずか》しいことはできないので。難《むずか》しいことばっかできる天才《てんさい》が１年《ねん》に何千人《なんぜんにん》も生《う》まれたりしないので。大学受験《だいがくじゅけん》もそうですし、司法試験《しほうしけん》のときも意識《いしき》してました。難《むずか》しい問題《もんだい》が出《で》たらみんな難《むずか》しい。だから、みんなが書《か》けそうなことをきちんとこぼさずに書《か》いていく。

困難《こんなん》にぶち当《あ》たったときに友達《ともだち》も非常《ひじょう》に頼《たよ》りになる存在《そんざい》でして、困《こま》ったことを素直《すなお》に話《はな》せる友達《ともだち》がやっぱり１人《ひとり》いると全然違《ぜんぜんちが》ってきます。泣《な》き言《ごと》を言《い》える友達《ともだち》とか、頼《たよ》れる先《さき》っていうのはいるとものすごく助《たす》かると思《おも》います。

Q

日本《にほん》で「みんなとちょっと違《ちが》う」ことの強《つよ》みや弱《よわ》みは？

生《う》まれながらにして強《つよ》いカードを持《も》っていると思《おも》うんですよね。

中学生《ちゅうがくせい》とか、高校生《こうこうせい》のときってなかなかよさに気《き》づきにくい、武器《ぶき》にしにくいのは正直《しょうじき》あるとは思《おも》ってます。でも、社会人《しゃかいじん》になったら使《つか》いようによっては、ものすごくいいものを皆《みな》さん生《う》まれながらにして持《も》っていると思《おも》います。ただそれをどれだけ強《つよ》いカードにできるかどうかはもちろん、それぞれの方《かた》の戦略《せんりゃく》とか、経《けい》験《けん》とかだと思《おも》います。弁護士《べんごし》っていう仕事《しごと》も試験自体《しけんじたい》はみんなと同《おな》じ試験《しけん》を受《う》けてるので、別《べつ》に何《なん》の強《つよ》みもないんですよね。ただそこに掛《か》け算《ざん》として、たとえばブラジル人《じん》とか、アメリカ人《じん》とか、中国人《ちゅうごくじん》とか、韓国人《かんこくじん》とかってことになると、ちょっと違《ちが》って見《み》てもらえるのは、恩恵《おんけい》としてはあるので、そういう掛《か》け算《ざん》を意識《いしき》しやすい、狙《ねら》いやすい。

今勉強《いまべんきょう》に悩《なや》んでる中高生《ちゅうこうせい》とか、大学生《だいがくせい》とかは、すでにいいものを持《も》ってるとは思《おも》いますね。たとえば日本国籍《にほんこくせき》の方《かた》が、「私《わたし》ポルトガル語《ご》めっちゃ得意《とくい》なんです」って言《い》ったときに、資格《しかく》とか客観的《きゃっかんてき》なものがないと就活《しゅうかつ》で信用《しんよう》してもらえないけども、「ブラジル出身《しゅっしん》です」とか、そっちに繋《つな》がりがあるような国籍《こくせき》ですってなると、説得力《せっとくりょく》が全然違《ぜんぜんちが》います。使《つか》いやすいカード、掛《か》け算《ざん》として非常《ひじょう》によいものがある。かつ、本当《ほんとう》に家《いえ》の中《なか》で実際《じっさい》その海外《かいがい》の言葉《ことば》を使《つか》っているのであれば、みんなが大学《だいがく》に入《はい》って何百時間《なんびゃくじかん》、何千時間勉強《なんぜんじかんべんきょう》して、ようやくたどり着《つ》く言語的《げんごてき》なところを意識《いしき》をせずにたどり着《つ》けていることにものすごいアドバンテージを持《も》ってるんですね。それは間違《まちが》いなく、労働市場《ろうどうしじょう》の中《なか》では強《つよ》い存在《そんざい》にもなれますし、自分《じぶん》で起業《きぎょう》するときにもポルトガル語話者《ごわしゃ》の方《かた》を相手《あいて》にやっていこうとか、今《いま》までこういう国籍《こくせき》の人《ひと》にこういうサービスがないので、そこを副業《ふくぎょう》とかでやってみようかなとか、そういうこともできる。

Q

周《まわ》りからしてほしかったサポートは？

どういう先輩《せんぱい》がいるのか、外国籍《がいこくせき》の子《こ》にとってはわかりづらいのはありましたよね。

子《こ》どもの難《むずか》しいところは、なかなか同《おな》じような立場《たちば》の方《かた》に会《あ》えないこと。相談《そうだん》できるとか、モデルにできる、参考《さんこう》にできるケースっていうのになかなかアクセスできなかったと思《おも》いますね。家《いえ》と、学校《がっこう》と、あと、ちょっと友達《ともだち》が世界《せかい》の全部《ぜんぶ》みたいな感《かん》じで。今思《いまおも》うとすごく狭《せま》いコミュニティですけども、そこでなかなか外国《がいこく》の方《かた》はいないので、大変《たいへん》だなと思《おも》いながら生活《せいかつ》はしてましたね。閉《と》じこもってた感《かん》じはあります。普通《ふつう》の部活《ぶかつ》の先輩《せんぱい》とかって全員日本人《ぜんいんにほんじん》なので、中学校《ちゅうがっこう》って学区《がっく》で来《く》るので、その地域《ちいき》の子《こ》たちばっかりなんです。その地域《ちいき》の子《こ》たちの「あるある」みたいな話《はなし》ばっかなんですよ。大体内申《だいたいないしん》でこれぐらい取《と》ると、地元《じもと》のこれぐらいの高校《こうこう》に行《い》けますみたいなのを共有《きょうゆう》してるので。こっちにあてはまることが全然《ぜんぜん》ないんですよ。将来《しょうらい》をどう描《えが》いていくのかっていうのは、やっぱりわからなかったですね。具体的《ぐたいてき》な先輩《せんぱい》がこういうふうに高校《こうこう》を選《えら》びました、こういうふうに、たとえば専門学校《せんもんがっこう》に行《い》かれたりとか、大学《だいがく》とか、何《なに》かに行《い》かれましたっていうような、そういうマップというか、ルートみたいなのがあったり、体験談《たいけんだん》みたいなのがあったり、そういうのに、もっと触《ふ》れられたらよかったかなって思《おも》いますね。たとえば、愛知県《あいちけん》をクリックすると、こういう先輩《せんぱい》がいますよとかが見《み》られるようなシステムが整《ととの》うといいのかなって。

Q

自分《じぶん》のアイデンティティについてどうとらえていますか？

ブラジル人《じん》っていうふうに思《おも》いますし、文化的《ぶんかてき》なところで日本人《にほんじん》としてのものもあります。

中学《ちゅうがく》のときやっぱ悩《なや》んでましたね。今《いま》は実《じつ》はそんなに悩《なや》んでないですね。どちらかと言《い》うとブラジル人《じん》なのかなって思《おも》ってますけれども、ご飯《はん》とか、文化《ぶんか》とかは日本《にほん》の方《ほう》がしっくりきてる。日本《にほん》に住《す》んでたので。なので、「何人《なにじん》」とかって自分《じぶん》の中《なか》で大《おお》きな意味《い み》を今《いま》は感《かん》じてないです。「もう何人《なにじん》でもいいでしょ」と。自認《じにん》の問題《もんだい》なので。私《わたし》は私《わたし》がブラジル人《じん》と思《おも》ってるし、日本人《にほんじん》としての側面《そくめん》もありますよと。そこに何《なに》かもし言《い》ってくる人《ひと》がいるのであれば、たとえば「日本人《にほんじん》はこうこうこういうものである」って言《い》われたときに、私《わたし》は弁護士《べんごし》なので「それ何《なに》か法的《ほうてき》な根拠《こんきょ》はあるんですか」って。ただもちろん日本国籍《にほんこくせき》がないとできないことはあります。

日本国籍《にほんこくせき》があるかないかというのと、日本人《にほんじん》であるかないかっていうのは別《べつ》の話《はなし》。あくまで法律上《ほうりつじょう》は日本国民《にほんこくみん》なんですよね。

日本国民《にほんこくみん》は日本国籍《にほんこくせき》を持《も》ってる人《ひと》っていうのが法律上《ほうりつじょう》の規定《きてい》ぶりなんです。だから、日本人《にほんじん》、何々人《なになにじん》といったときの「日本人《にほんじん》」っていうものはどこにも決《き》まってないので、やっぱり国籍《こくせき》があろうがなかろうが別《べつ》の次元《じげん》の話《はなし》なんですよ。人《ひと》の中《なか》では、先祖代々《せんぞだいだい》日本人《にほんじん》じゃないといけないって人《ひと》がいるんですけれども、でも、先祖《せんぞ》をたどっていくと、日本《にほん》の外《そと》から来《き》た人《ひと》がいるじゃないですか。そういうのがあるので、結局《けっきょく》、何《なん》の決《き》め手《て》にもならないんですよ。やっぱ日本《にほん》の文化《ぶんか》の溶《と》け込《こ》み具合《ぐあい》とか、日本《にほん》にどう密着《みっちゃく》してるのかとか、日本《にほん》の食文化《しょくぶんか》とか、日本《にほん》の伝統《でんとう》とかっていうのをどう自分《じぶん》の中《なか》で思《おも》ってるのかも大《おお》きいんじゃないかなと。そういう意味《いみ》では僕《ぼく》は日本人《にほんじん》だとも思《おも》ってますし、もちろんブラジルの食文化《しょくぶんか》とか、いろいろしっくりくる部分《ぶぶん》もあるので、そういう意《い》味《み》ではブラジル人《じん》っていうふうにも思《おも》います。歴史的《れきしてき》な繋《つな》がりも自分《じぶん》の中《なか》であるので、そういうふうに開《ひら》き直《なお》りというかですね、いい意味《いみ》でも、呪縛《じゅばく》から解放《かいほう》された。悩《なや》みを持《も》たないようになりました。

自分《じぶん》をどう思《おも》うかをもうちょっと大《おお》きな世界的《せかいてき》な感覚《かんかく》で見《み》られるようになったのは一《ひと》つ大《おお》きかったかなと思《おも》います。

世間《せけん》はですね、僕自身《ぼくじしん》が思《おも》ってるより遥《はる》かにでかいっていうのは感《かん》じるんですよね。ブラジルに来《き》た2017年《ねん》って一《ひと》つ大《おお》きなきっかけだったかなと。行《い》くのすごい大変《たいへん》なんですよ。飛行機《ひこうき》でも、トランジット込《こ》みですけど30時間《じかん》ぐらい。地球《ちきゅう》でかいなってまず思《おも》うんですよね。ブラジルに着《つ》いて空港《くうこう》から都市《とし》に走《はし》っていくと、全然日本《ぜんぜんにほん》と違《ちが》う。ブラジルっていろんなルーツの方《かた》がいらっしゃるんです、移民国家《いみんこっか》なので。中《なか》で自分《じぶん》をどう思《おも》うかは、その人《ひと》の自身《じしん》の問題《もんだい》なので、全然自分《ぜんぜんじぶん》で自信《じしん》を持《も》って「日本人《にほんじん》だ」と思《おも》える根拠《こんきょ》があるのであれば、僕《ぼく》はそれでも足《た》りるのかなって思《おも》います。誰《だれ》かにこうしてもらわないと、日本人《にほんじん》じゃないよっていうのは別《べつ》に気《き》にしなくていいんじゃないかなと。「私《わたし》はこうこうこうだから日本人《にほんじん》や」っていうのを胸張《むねは》って言《い》えるのであれば、もうそれはそれで十分《じゅうぶん》ですし、いいと思《おも》いますよ。これだけの人《ひと》のいろいろな人生《じんせい》が世界《せかい》では広《ひろ》がってて、日本《にほん》の社会《しゃかい》でとやかく言《い》われることが、この世界《せかい》でどれだけの意味《いみ》があるんだろうって。ブラジルに来《こ》られて本当《ほんとう》によかったなっていうふうに思《おも》ってます。

Q

次《つぎ》の世代《せだい》へのアドバイスやメッセージをどうぞ。

好《す》きなこととか、憧《あこが》れを大事《だいじ》にしてほしいっていうのは、やっぱり一番《いちばん》大《おお》きいですよね。

好《す》きなこととか、憧《あこが》れを恥《は》ずかしがらずに大事《だいじ》にしてほしいですね。そこが一番勉強《いちばんべんきょう》する上《うえ》でも、進路《しんろ》を決《き》める上《うえ》でも、大《おお》きな指針《ししん》、コンパスになります。お医者《いしゃ》さんになりたいっていうことであればなれますし。そんなに思《おも》い悩《なや》むなっていうことですかね。必《かなら》ず大人《おとな》になったときに見《み》える視点《してん》と、中学《ちゅうがく》の中《なか》での視点《してん》で全然違《ぜんぜんちが》うので、中高《ちゅうこう》とか息苦《いきぐる》しいとかあると思《おも》うんですけど、いろんな道《みち》があるので、高校《こうこう》でもしかしてドロップアウトしても、高認受《こうにんう》けて、そこから大学行《だいがくい》く道《みち》も当然《とうぜん》ありますし。何《なに》か決《き》まったルート、決《き》まった考《かん》え方《かた》があるわけではないので、思《おも》い悩《なや》まずに好《す》きとか、憧《あこが》れっていうのを大事《だいじ》にしながら、進《すす》んでいってほしいなというのは思《おも》いますね。なんとなく漠然《ばくぜん》と何《なに》か頑張《がんば》ろうと何《なに》かしようってことがないので、先輩《せんぱい》がこういう道《みち》に行《い》きました、僕《ぼく》は同《おな》じ道《みち》とか、少《すこ》しずらしてここの道《みち》とか具体的《ぐたいてき》に考《かんが》えたときに、じゃあ、今《いま》どうするか。目標《もくひょう》とか、夢《ゆめ》っていうのは、具体的《ぐたいてき》なものがあって初《はじ》めて、悩《なや》みとか、自分《じぶん》の立《た》ち位置《いち》とか、やらなくちゃいけないことがはっきりするのかなっていうのは思《おも》います。

11

照屋エイジさん

自分《じぶん》をどう思《おも》うかを
もうちょっと

大《おお》きな世《せ》界《かい》的《てき》な
感《かん》覚《かく》で見《み》られる
ようになった

のは一《ひと》つ
大《おお》きかったかな
と思《おも》います。

12

キム・ペーダセンさん

起業家《きぎょうか》兼《けん》国際貿易《こくさいぼうえき》&
マーケティングコンサルタント

（プロフィール）

1973年《ねん》6月《がつ》に両親《りょうしん》の仕事《しごと》で来日《らいにち》し神戸《こうべ》に1年《ねん》、その後福井県《のちふくいけん》に住《す》み、小学校《しょうがっこう》2年生《ねんせい》から中学校《ちゅうがっこう》2年生《ねんせい》までは普通《ふつう》の日本《にほん》の学校《がっこう》に通《かよ》った。1981年《ねん》に帰国後《きこくご》、デンマークで様々《さまざま》な仕事《しごと》を経《へ》て、1998年《ねん》に貿易《ぼうえき》とマーケティングの資格《しかく》を取得《しゅとく》し再度来日《さいどらいにち》。デンマーク大使館《たいしかん》の元外交官《もとがいこうかん》。現在《げんざい》も日本在住《にほんざいじゅう》。

周《まわ》りの子《こ》どもに
なんとかキリスト教《きょう》を
受《う》け入《い》れてもらうために
必死《ひっし》な子《こ》どもだったんですよ。
もう宣教師《せんきょうし》。

Q

どんな子《こ》ども時代《じだい》でしたか？　どんな子《こ》どもでしたか？

周《まわ》りの子《こ》どもになんとかキリスト教《きょう》を受《う》け入《い》れてもらうために必《ひっ》死《し》な子《こ》どもだったんですよ。もう宣《せん》教《きょう》師《し》。

親《おや》が1973年《ねん》に来日《らいにち》するんですけど、僕《ぼく》は６歳《さい》で、当然《とうぜん》、親《おや》について日本《にほん》に来《き》たんですね。神戸《こうべ》に１年《ねん》住《す》み、ひらがなとカタカナを覚《おぼ》えて、そこから福井県《ふくいけん》に引《ひ》っ越《こ》しました。石川県《いしかわけん》と福井県《ふくいけん》の県境《けんざかい》で、東尋坊《とうじんぼう》があって、その近《ちか》くに芦原温泉《あわらおんせん》というところがあるんですがその隣《となり》の町《まち》に住《す》んでたんです。金津町《かなづちょう》っていう町《まち》で、そこも今《いま》は、芦原町《あわらちょう》と合併《がっぺい》してるんですよ。小学校《しょうがっこう》２年生《ねんせい》のときに来《き》て、中学校《ちゅうがっこう》２年生《ねんせい》まで福井《ふくい》にいました。1970年代《ねんだい》ですから、そこには外国人《がいこくじん》はいなかったです。まず０。

親《おや》はキリスト教原理主義《きょうげんりしゅぎ》の宣教師《せんきょうし》だったんですよ。だから宣教師《せんきょうし》の息子《むすこ》でした。原理主義《げんりしゅぎ》っていうのは基本的《きほんてき》に何《なに》も妥協《だきょう》しないんです。キリスト教《きょう》ならキリスト教《きょう》、イスラム教《きょう》ならイスラム教《きょう》っていうのを本当《ほんとう》に信《しん》じるんですね。それしかないと思《おも》って。人生《じんせい》の目標《もくひょう》は、最終的《さいしゅうてき》に天国《てんごく》に行《い》くこと。そういう頭《あたま》で育《そだ》ったんですよ。だからもう100％宗教《しゅうきょう》しかなかった。宗教《しゅうきょう》バカだったんです、自分《じぶん》はね。

悪《わる》いことはしない。１回《かい》、お店《みせ》に行《い》って、ピンクのちっちゃい飴《あめ》、お餅《もち》みたいなやつで砂糖《さとう》がふりかけてあって、当時《とうじ》50円《えん》くらいのものを、お店《みせ》で１個盗《こぬす》んだことがありました。そのとき、「いやこれ絶対俺地獄《ぜったいおれじごく》に落《お》ちる」と。あんまりにもひどくて、それで１週間後《しゅうかんご》ぐらいに、「ごめんなさい」って50円持《えんも》って行《い》ったことがあります。すごい優《やさ》しいお婆《ばあ》さんがやっていたお店《みせ》でした。

同級生《どうきゅうせい》からも普通《ふつう》に友達《ともだち》として迎《むか》え入《い》れられて、日本《にほん》の人《ひと》じゃないけど、なじんでいた。

たしか、中学《ちゅうがく》１年《ねん》か２年《ねん》のとき、学年《がくねん》が240人《にん》か250人《にん》いたんですが、国語《こくご》のテストで23番《ばん》とかだったんです。トップ10％に入《はい》っていました。数学《すうがく》が９位《い》。図書館《としょかん》から、学年《がくねん》で一番本《いちばんほん》を多《おお》く借《か》りていたのが僕《ぼく》だったんですよ。だから日本語《にほんご》の問題《もんだい》はなかったかなと思《おも》います。運動《うんどう》もそこそこできたのかな。縄跳《なわと》び大会《たいかい》とかで、二重跳《にじゅうと》びをできるだけやりなさいって言《い》われて、全然止《ぜんぜんと》まらなかったので、最後《さいご》まで800人中１人《にんちゅうひとり》だけ残《のこ》ってたんですよ。やっぱり良《よ》くないなと思《おも》って、続《つづ》ければ良《よ》かったのにそのまま座《すわ》ったっていうのもありましたね。特別《とくべつ》なサポートも必要《ひつよう》なく。サポートを受《う》けたとしたら、個人《こじん》ではなくて親《おや》が宣教師《せんきょうし》だから儲《もう》かってないわけです、何《なに》もね。貧《まず》しいから、いろんな町《まち》からの経済的《けいざいてき》なサポートがありましたね。

絶対自分《ぜったいじぶん》が正《ただ》しいと思《おも》うものは、妥協《だきょう》しない性《さが》があります。

遠足《えんそく》か何《なに》かで神社《じんじゃ》のお参《まい》りに行《い》ったんですよね。そのときに、みんながお参《まい》りしてるのに自分《じぶん》だけポツンと立《た》って、これ絶対先生《ぜったいせんせい》に殴《なぐ》られるなと思《おも》いながら、でも絶対《ぜったい》やっちゃいけないんだっていうのが頭《あたま》にありました。そこから自分《じぶん》の性格《せいかく》ができていったのかなっていうのはあります。とことん100か0かっていうのがあります。これも子《こ》どものときからね。

いい面《めん》もあり悪《わる》い面《めん》もあるわけじゃないですか。どの宗教《しゅうきょう》もそうだと思《おも》うんですが、特《とく》に原理主義《げんりしゅぎ》は、絶対《ぜったい》に自分《じぶん》が正《ただ》しいという確信《かくしん》を持《も》っているんですよ。大人《おとな》になって、たとえばキリスト教徒《きょうと》になったイスラム教徒《きょうと》になったという人《ひと》は、たぶん、子《こ》どものときからそういう環境《かんきょう》で育《そだ》った人《ひと》とはちょっと違《ちが》うと思《おも》うんですよね。子《こ》どものときからそういう環境《かんきょう》で育《そだ》つと、それしかないっていうのがあるから、もう全部頭《ぜんぶあたま》の中《なか》は白《しろ》と黒《くろ》しかないんです。自分《じぶん》が正《ただ》しいっていうことがものすごい自信持《じしんも》って言《い》えるようなもので。だから今《いま》、未《いま》だに大人《おとな》になってから、自分《じぶん》の意見《いけん》ははっきり言《い》うタイプです。絶対《ぜったい》に。

その後《ご》、デンマークに戻《もど》って、そこからカルチャーショックがひどかったですね。

僕《ぼく》がデンマークに戻《もど》ったときって14歳《さい》だったんですよ。日本《にほん》にいたときはデンマーク語《ご》を教《おそ》わらなかった。両親《りょうしん》から。一応《いちおう》しゃべっていたけど読《よ》み書《か》きなんか全然《ぜんぜん》できなくて。数学《すうがく》はクラスのトップなんだけど、テストに出《で》る質問《しつもん》がわからないことがあるんですよ。たとえばツツって言《い》われても、ツツって何《なん》だろうっていう感《かん》じで、わかればすぐ問題《もんだい》は解《と》けるんだけど、言葉《ことば》がわかんないっていうのがありました。読《よ》み書《か》きって、日本語《にほんご》は言《い》った通《とお》りに書《か》くじゃないですか。母音《ぼいん》が一《ひと》つずつあって、非常《ひじょう》に書《か》きやすいじゃないですか。デンマークはそんなことはなくて、これどうやって発音《はつおん》するのっていう文字《もじ》が、子音《しいん》がずらっと並《なら》んでるような感《かん》じで。だからそこからそのスペルを覚《おぼ》えなきゃいけないっていうのがあって、読《よ》み書《か》きが大嫌《だいきら》いになりました。日本《にほん》ではトップだったのがデンマークに戻《もど》ってもうビリばっかりです。

当時《とうじ》のデンマークでは、まずデンマーク語《ご》の読《よ》み書《か》きを覚《おぼ》える。次《つぎ》に英語《えいご》の勉強《べんきょう》をするんですよ。その次《つぎ》にドイツ語《ご》で、この３つはみんなできなきゃいけない。言語《げんご》を使《つか》った仕事《しごと》に就《つ》こうと思《おも》ったら４つ目《め》の言語《げんご》を何《なに》か覚《おぼ》えないと、全《まった》く雇《やと》ってもらえないんです。だけどとりあえず僕《ぼく》は日本語《にほんご》ができて。あとはデンマーク語《ご》をちょこちょこできて、当時《とうじ》、英語《えいご》なんかカタカナ英語《えいご》しかわからなかったです。それにドイツ語《ご》なんて全《まった》く聞《き》いたこともないっていう感《かん》じでしたが、同級生《どうきゅうせい》は全部《ぜんぶ》できるんですよ。「日本語《にほんご》しかできない」と言《い》うと「英語《えいご》ができるでしょ」って感《かん》じになるんですね。だから日本人《にほんじん》が海外《かいがい》で育《そだ》ったとしても、外国人《がいこくじん》が日本《にほん》で育《そだ》ったりしても、自分《じぶん》の、元《もと》の国《くに》の言葉《ことば》ってのは絶対《ぜったい》に身《み》につけるべきだなって思《おも》います。それは親《おや》の責任《せきにん》です。

いくつか、人生《じんせい》で挫折《ざせつ》があるじゃないですか。ひょっとしたら、それが最初《さいしょ》だと思《おも》います。カルチャーショックって自分《じぶん》ではそのとき気《き》づかないじゃないですか。後《あと》になって、それだったんだっていうのを思《おも》うようになりましたけどね。

高校《こうこう》出《で》て、一旦《いったん》そこでもう学校《がっこう》は行《い》きたくないので、大学《だいがく》行《い》かなかったんですよ。

最初《さいしょ》はたしかスーパーの店員《てんいん》になりました。ドラムをやっていて、それでプロをめざしていて、当時《とうじ》、仕事《しごと》がなかったら失業手《しつぎょうて》当《あて》が出《で》る仕組《しく》みだったんですね。俺《おれ》はドラマーになるから失業《しつぎょう》しちゃえと思《おも》って、スーパーに入《はい》って半年《はんとし》ぐらい仕事《しごと》をして、失業《しつぎょう》手当《てあて》が出《で》るようになって、違《ちが》う夢《ゆめ》があると言《い》ってやめました。知《し》り合《あ》いの人《ひと》とバンドを組《く》んで、半年《はんとし》ぐらいずっとドラムを叩《たた》いていました。週《しゅう》に4日間《つかかん》、8時間《じかん》で終《お》わる感《かん》じでずっとドラムを叩《たた》いて。

前《まえ》はキリスト教《きょう》は正《ただ》しいという確信《かくしん》を持《も》っていたけれど、それが100%ひっくり返《かえ》りました。

そこから教会《きょうかい》のボランティアになりました。まずゴスペル関係《かんけい》の Choir、合唱団《がっしょうだん》に入《はい》って、ドラムでバンドのメンバーになったんです。教会《きょうかい》のボランティアっていう制度《せいど》があって、お金《かね》はもらえないけれど無料《むりょう》で住《す》むことができました。でも、キリスト教《きょう》って本当《ほんとう》はちょっとおかしいよなって思《おも》い始《はじ》めて、絶対《ぜったい》に僕《ぼく》にはキリスト教《きょう》、もう無理《むり》だって思《おも》うようなことがいくつかあって。ある日《ひ》、この日《ひ》で「キリスト教《きょう》はやめる」、終《お》わりって決《き》めたんです。「ボランティアやめます」って言《い》ったところ、牧師《ぼくし》さんに「じゃあ今日《きょう》からアパート出《で》てくれ」って言《い》われました。ボランティアをやめたのが25歳《さい》のときっていうのは覚《おぼ》えています。そこから全《まった》く振《ふ》り返《かえ》ってないですよね。もう二度《にど》とないです。絶対《ぜったい》にない。

自分《じぶん》の人生《じんせい》の中《なか》での大《おお》きな一《ひと》つの境目《さかいめ》というのがあって。キリスト教《きょう》をやめたときなんです。

それまでは、すべてがキリスト教中心《きょうちゅうしん》でした。自分《じぶん》じゃなくて。今《いま》まではキリスト教《きょう》を基盤《きばん》にしていたけれど、基盤《きばん》がすっぽり抜《ぬ》けたわけです。それまでは盗《ぬす》んじゃいけない、殺《ころ》しちゃいけない、不倫《ふりん》しちゃいけないっていうのも全部《ぜんぶ》キリスト教《きょう》をベースに考《かんが》えていたから、なんで俺《おれ》が人《ひと》を殺《ころ》しちゃいけないのってなるわけ。もう1から、どこをベースに自分《じぶん》の価値観《かちかん》を持《も》つかっていうのを考《かんが》えなきゃいけなくなって、2年《ねん》ぐらい考《かんが》えていたんです。

たどり着《つ》いたのは、結論《けつろん》、お金《かね》を儲《もう》けるとか物《もの》を集《あつ》めるとか、いいところに住《す》むとか、かわいい子《こ》と結婚《けっこん》するとか、そういうことじゃないよなと思《おも》ったんです。個人的《こじんてき》に、いつ自分《じぶん》が一番《いちばん》これはいいことをやったと思《おも》えるかというと、人《ひと》のために自分《じぶん》が犠牲《ぎせい》になってでも、全《まった》く見返《みかえ》りを求《もと》めずに、何《なに》かをやるときが一番心《いちばんこころ》の中《なか》では正《ただ》しいことをやったなって思《おも》うわけです。それが、僕《ぼく》の基準《きじゅん》になっています。それまでは神様《かみさま》が自分《じぶん》に何《なに》をやってほしいのかという事《こと》を考《かんが》えていたのが、キリスト教《きょう》を捨《す》ててからは逆《ぎゃく》に「自分《じぶん》は世《よ》のために何《なに》ができるのかな」というふうに考《かんが》えるようになった。

タクシードライバーってすごい面白《おもしろ》い経験《けいけん》をいっぱいするんです。毎日《まいにち》違《ちが》う人《ひと》が乗《の》ってくるから。

ボランティアをやめて、タクシードライバーを4年《ねん》ぐらいやっていました。夜勤《やきん》で日中《にっちゅう》は寝《ね》てるわけです。だから家族《かぞく》との接点《せってん》もどんどん消《き》えていき、友達《ともだち》もタクシードライバーしかいなくなり、給料《きゅうりょう》は安《やす》いし、車《くるま》の中《なか》でゲロを吐《は》く人《ひと》もいて。タクシードライバーって、見下《みくだ》されるんですね。「お前《まえ》、まさかタクシードライバーが専門《せんもん》じゃないんだろうね」、みたいなことを言《い》ってくる人《ひと》もいました。そのうちやっぱこれじゃないよなと思《おも》って、日本語《にほんご》ができたから、なんらかの形《かたち》で日本語《にほんご》を使《つか》った仕事《しごと》に就《つ》けないものかなと思《おも》い始《はじ》めたんです。

ちゃんと資《し》格《かく》を取《と》ろうと思《おも》うようになって。それで貿《ぼう》易《えき》専《せん》門《もん》学《がっ》校《こう》に入《はい》った。

貿易専門学校《ぼうえきせんもんがっこう》に入《はい》ったのは1997年《ねん》。当時月《とうじつき》に１回《かい》５、６人《にん》のグループに分《わ》かれていろんなプロジェクトをやるっていう仕組《しく》みでした。「今月《こんげつ》のプロジェクトは、ギリシャの朝《あさ》ご飯《はん》を売《う》り込《こ》む企画《きかく》です」のようにプロジェクトが発表《はっぴょう》され、毎回《まいかい》グループのメンバーが変《か》わるんですね。クラスは30人《にん》ぐらいいて、５人《にん》ずつに分《わ》かれました。結局毎回僕《けっきょくまいかいぼく》がグループの企画内容《きかくないよう》のほぼ全部《ぜんぶ》を考《かんが》え、最終的《さいしゅうてき》なレポートまで書《か》くことになった。で、企画《きかく》・レポートは匿名《とくめい》で出《だ》すんです。グループが６つぐらいあって、こう解決《かいけつ》しましたってそれぞれ先生《せんせい》に渡《わた》すんだけど、先生《せんせい》は誰《だれ》が書《か》いたのかわかんないんです。先生《せんせい》がピックアップして、「これが今回《こんかい》のベスト（優勝《ゆうしょう》）です」って言《い》って僕《ぼく》が書《か》いたものが毎回《まいかい》ピックアップされたんです。ひょっとしたら、これかなと思《おも》いました。それで貿易《ぼうえき》とかマーケティングが、やっぱり僕《ぼく》が携《たずさ》わるべき仕事《しごと》だなと思《おも》ったんです。

自分《じぶん》から積極的《せっきょくてき》に自分《じぶん》が憧《あこが》れてる人《ひと》への接点《せってん》を作《つく》るようになったんですよ。

自分《じぶん》から進《すす》んで、その学校《がっこう》の校長先生《こうちょうせんせい》が必要《ひつよう》としていたものを覚《おぼ》えて、やっていったんです。たとえば学校《がっこう》のホームページを作《つく》るって話《はなし》になって、僕《ぼく》が当時《とうじ》ITでは（学校《がっこう》では）たぶんNo.1だったと思《おも》うんです。校長先生《こうちょうせんせい》が、かっこいいホームページを作《つく》った会社《かいしゃ》の会社見学《かいしゃけんがく》に行《い》くから、僕《ぼく》も（見学《けんがく》に）ピックアップされたんですね。ホームページを見《み》て、「校長先生《こうちょうせんせい》、500万《まん》ぐらいかかるでしょう、これ。僕《ぼく》が夏休《なつやす》みに作《つく》るから。お金《かね》はいらないよ」って言《い》って、学校《がっこう》のホームページを立《た》ち上《あ》げました。1997年《ねん》のことです。僕《ぼく》の発想《はっそう》では、ホームページは別《べつ》にかっこよくなくてもいいと思《おも》いました。それより大事《だいじ》なことは、検索《けんさく》したときに一番《いちばん》上《うえ》に出《で》ること（当時《とうじ》SEOを理解《りかい》していた）。あとは情報量《じょうほうりょう》です。かっこいいロゴを入《い》れてそれで100万《まん》200万《まん》かけても全《まった》く意味《いみ》がないと思《おも》って、ホームページを作《つく》ったんです。そういうことをいくつかやりました。だからもう校長先生《こうちょうせんせい》とは仲良《なかよ》くなって。

一《ひと》つ、僕《ぼく》がそこで人生《じんせい》でこれは大事《だいじ》だなって気《き》づいたことがありました。それまでの人生《じんせい》で僕《ぼく》はずっと控《ひか》えめだったんです。そこから先《さき》は逆《ぎゃく》に、自分《じぶん》が憧《あこが》れてる人《ひと》、たとえば校長先生《こうちょうせんせい》がすごいなと思《おも》ったら、近《ちか》づいて、そこからいろいろものを覚《おぼ》える。その人《ひと》からいろいろもらえるんですよね、知識《ちしき》とか。その人《ひと》のオーラをまとっていくわけです。

会《かい》社《しゃ》のためになると思《おも》ったら、ズバリ言《い》います。今《いま》のコンサルタントの仕《し》事《ごと》にも役《やく》立《だ》ってますね。

ある会社《かいしゃ》の対日輸出《たいにちゆしゅつ》に関《かん》するマーケティングレポートを書《か》いたんですね。その商品《しょうひん》に可能性《かのうせい》があるのかないのかを徹底的《てっていてき》に調《しら》べたんですけど、結論《けつろん》として、何《なに》を出《だ》したかって言《い》ったら、「あなたたちの商品《しょうひん》はあなたたちが思《おも》ってるほど良《よ》くないですよ」ということ。理由《りゆう》もちゃんと説明《せつめい》ができて、たとえば「商品《しょうひん》が、他社《たしゃ》より長持《ながも》ちします」っていうことをその会社《かいしゃ》は主張《しゅちょう》していたんだけど、そのデータがないわけです。データが出《で》てないんですよ。いくつか調査《ちょうさ》して、見《み》つけて、理由《りゆう》があるからあなたたちが言《い》うほどこの商品《しょうひん》は良《よ》くない。根本的《こんぽんてき》に「物《もの》」を変《か》えた方《ほう》がいいですよっていうのを言《い》ったんです。他社《たしゃ》と徹底比較《てっていひかく》し、性能《せいのう》は我々《われわれ》の物《もの》の方《ほう》が高《たか》い、もしくは寿命《じゅみょう》が長《なが》いなど、なんらかの根拠《こんきょ》のある競争《きょうそう》できるデータを作《つく》るか、もしくは確実《かくじつ》に競争《きょうそう》できるのは価格《かかく》だからコストを下《さ》げて価格《かかく》で競争《きょうそう》するという手《て》があります。

輸出部長《ゆしゅつぶちょう》はレポートを読《よ》んで、「これ俺《おれ》、社長《しゃちょう》に出《だ》せない」って言《い》うんですよね。社長《しゃちょう》から「幹部集《かんぶあつ》めるから、発表《はっぴょう》しろ」って言《い》われました。幹部《かんぶ》が集《あつ》まっているところで、なんにもわかんない学生《がくせい》が「思《おも》ってるほど良《よ》くないですよ」と結論《けつろん》から先《さき》にそのまま発表《はっぴょう》したんです。まずはそれに関《かん》する反応《はんのう》を聞《き》こうと思《おも》って、1分《ぷん》ぐらい沈黙《ちんもく》を保《たも》って。誰《だれ》も何《なに》も言《い》わずに下《した》を向《む》いてるんですよ。社長《しゃちょう》とは絶対《ぜったい》に目《め》を合《あ》わせないように。そこで社長《しゃちょう》が「輸出《ゆしゅつ》部長《ぶちょう》、お前《まえ》が雇《やと》ったガキだぞ、何《なに》か言《い》うことないのか」って言《い》ったら、その輸出部長《ゆしゅつぶちょう》は何《なに》も言《い》わず、「工場長《こうじょうちょう》、お前《まえ》の製品《せいひん》が今《いま》ぼろくそに言《い》われてるんだぞ。何《なに》か言《い》うことないのか」って言《い》ったら工場長《こうじょうちょう》も何《なに》も言《い》わない。最終的《さいしゅうてき》に社長《しゃちょう》が「このガキは俺《おれ》たちの問題《もんだい》であるところを、ズバリ言《い》い当《あ》てているからお前《まえ》たちは何《なに》も言《い》えないんでしょ」と。その会社《かいしゃ》は、毎年学生《まいとしがくせい》を１人雇《ひとりやと》っていたんですが、今《いま》まで30人《にん》の学生《がくせい》がいた中《なか》でそんなことを言《い》った人《ひと》は誰《だれ》もいなかった。でも、ちゃんと調《しら》べて、素直《すなお》に受《う》け止《と》めたら結論《けつろん》は一《ひと》つしかないんです。僕《ぼく》は、どんな場面《ばめん》でも自分《じぶん》が正《ただ》しいと思《おも》ったら、それを言《い》い通《とお》す癖《くせ》がついています。それはやっぱり子《こ》どものとき、みんなが嫌《いや》がる宗教《しゅうきょう》の宣伝《せんでん》をしていたわけじゃないですか。そこからきてるのかなと思《おも》っています。

校長先生《こうちょうせんせい》が、「お前《まえ》にぴったりのポジションがあるんだけど応募《おうぼ》してみないか」って、新聞記事《しんぶんきじ》をくれたんですよ。

それが、デンマーク大使館《たいしかん》の商務部《しょうむぶ》だったんです。外交官《がいこうかん》って何《なん》だろうと思《おも》ってまず辞書《じしょ》を引《ひ》きましたね。僕《ぼく》は外交官《がいこうかん》になれるほどのレベルじゃないって確信《かくしん》を持《も》ちました。どうしようと思《おも》った。プロジェクトで日本《にほん》に行《い》くことになってたんですよ。チャンスだと思《おも》って、日本《にほん》のデンマーク大使館《たいしかん》に行《い》きました。当時《とうじ》の商務部《しょうむぶ》のトップにアポイントを取《と》って「このポジションで応募《おうぼ》したキムです。日本語《にほんご》できます」と言《い》って、デンマーク人《じん》の商務参事《しょうむさんじ》官《かん》の方《かた》は「それ、みんな言《い》うからね」と。「俺《おれ》には評価《ひょうか》のしようがない。これから日本人《にほんじん》スタッフを1人《ひとり》連《つ》れてくるからその人《ひと》としゃべってみて」と言《い》われました。山口《やまぐち》さんという方《かた》が来《き》て、「初《はじ》めまして、キムと申《もう》します」と言《い》ったら山口《やまぐち》さんも「この人《ひと》の日本《にほん》語完璧《ごかんぺき》です！」って言《い》うわけ。商務参事官《しょうむさんじかん》も、「それぐらい俺《おれ》だってわかるからもっとしゃべれ」と。5分《ふん》10分《ぷん》しゃべりました。そして山口《やまぐち》さんも「いや間違《まちが》いありません、この人《ひと》の日本語《にほんご》すごいです！」と言《い》ってくれて。そこで、おそらく書類選考《しょるいせんこう》で落《お》ちたものの中《なか》から僕《ぼく》の履歴書《りれきしょ》が引《ひ》っぱり出《だ》されたと思《おも》うんです。成績《せいせき》とかでは受《う》かってないんですよ、間違《まちが》いなく。選《えら》ばれる可能性《かのうせい》は非常《ひじょう》に低《ひく》いと思《おも》って、受《う》かるにはどうすればいいんだろうと考《かんが》えました。

面《めん》接《せつ》に行《い》く前《まえ》に出《だ》した結《けつ》論《ろん》ね。
まず遅《ち》刻《こく》していくこと。
ギリギリ許《きょ》容《よう》範《はん》囲《い》の遅《ち》刻《こく》ね。

　面接《めんせつ》には3分《ぷん》4分《ふん》ぐらい遅刻《ちこく》していったんです。こんな大事《だいじ》な面接《めんせつ》に遅《おく》れてくるやつは絶対《ぜったい》いないはずなんですよ。そこでもう1回《かい》、絶対《ぜったい》に忘《わす》れないやつになっていたはずなんです。「この前《まえ》の（午前中《ごぜんちゅう》の）面接《めんせつ》もあってちょっと遅《おく》れちゃって」「ここが終《お》わったら次《つぎ》の面接《めんせつ》もあるんで早《はや》く帰《かえ》してください」って、もう、こっちは今《いま》引《ひ》っぱりだこなんだよっていうのをアピールしました。それで面接《めんせつ》が始《はじ》まって、苦手《にがて》なところもいっぱいあるわけです。たとえば英語《えいご》が一応《いちおう》できますが、フランス語《ご》なんか言《い》われたらどうしようと。そこで自分《じぶん》の作《つく》ってきたパワーポイントのプレゼンテーションを取《と》り出《だ》して、みんなに渡《わた》して、「僕《ぼく》の方《ほう》から説明《せつめい》していいですか」ってその場《ば》を仕切《しき》ったんです。それで説明《せつめい》しながら「皆《みな》さんからどんどん質問《しつもん》していいですよ」と。たまに突《つ》っ込《こ》んでくる質問《しつもん》に答《こた》えたりしながら最後《さいご》までいって、「今《いま》、外務省《がいむしょう》は８人《にん》雇《やと》おうとしています。で、日本《にほん》が１人《ひとり》、中国《ちゅうごく》１人《ひとり》、ウクライナ１人《ひとり》、ロシア１人《ひとり》……僕《ぼく》は日本《にほん》しか興味《きょうみ》ございません。他《ほか》にも引《ひ》っぱりだこなもんで、日本《にほん》に行《い》ける仕事《しごと》を僕《ぼく》は選《えら》びます。あなたたちも、僕《ぼく》をロシアに送《おく》ってもしょうがないでしょう。日本《にほん》がお互《たが》いに一番《いちばん》メリットがあるはずなので、日本《にほん》に行《い》かせてもらえないなら他《ほか》の人《ひと》を選《えら》んでください」と言《い》って帰《かえ》ったんです。それで1000人以上《にんいじょう》の応募者《おうぼしゃ》がいた中《なか》で僕《ぼく》が最終的《さいしゅうてき》には選《えら》ばれました。外《がい》交官《こうかん》の身分《みぶん》で日本《にほん》に来《き》たのは1998年《ねん》です。

日本《にほん》に来《き》て４年間《ねんかん》、外交官《がいこうかん》身分《みぶん》で過《す》ごしました。いろんな会社《かいしゃ》の対日促進《たいにちそくしん》をやったんですが、最初《さいしょ》からこのポジションは最大《さいだい》４年《ねん》って決《き》まってたんです。日本《にほん》に残《のこ》りたいなら、４年後自分《ねんごじぶん》はどこの会社《かいしゃ》に入《はい》るかっていうのを考《かんが》えなきゃいけないんですよね。

僕《ぼく》の引《ひ》っ越《こ》した回数《かいすう》って、30回《かい》以上《いじょう》なんですよ。いろんな失敗《しっぱい》したり、成功《せいこう》したりの繰《く》り返《かえ》しで、会社《かいしゃ》というか、すべてを失《うしな》ったのが4回《かい》あります。

大使館《たいしかん》を退官《たいかん》し、最初《さいしょ》、日本《にほん》の企業《きぎょう》と組《く》むため、日立《ひたち》に引《ひ》っ越《こ》したんです。マーケティングと貿易《ぼうえき》が専門《せんもん》なので、日本《にほん》の会社《かいしゃ》と組《く》んで、デンマーク製《せい》の男性用《だんせいよう》のトイレ、いわゆる小便器《しょうべんき》の輸入《ゆにゅう》販売《はんばい》を始《はじ》めました。その「水《みず》を使《つか》わない小便器《しょうべんき》」っていうものそのものを、僕《ぼく》が一番最初《いちばんさいしょ》に日本《にほん》に持《も》ってきたんです。それを一緒《いっしょ》にやろうという会社《かいしゃ》があって、けっこううまくいったんです。小《しょう》便器《べんき》そのものを売《う》っているわけではなくて、水《みず》を使《つか》わないから、商品《しょうひん》は「水道料金《すいどうりょうきん》の節約《せつやく》」という考《かんが》え方《かた》。多《おお》くの方《かた》は水《みず》が不足《ふそく》しているところにぴったりだねとか言《い》うんですが、それでは大《たい》した商売《しょうばい》にはならない。ポイントとなるのは店舗数《てんぽすう》やトイレが非常《ひじょう》に多《おお》い企業《きぎょう》に売《う》り込《こ》むこと。たとえば3000店舗規模《てんぽきぼ》のすかいらーくグループやマクドナルドは１台《だい》の小便器《しょうべんき》を入《い》れ替《か》えるだけで年間《ねんかん》平均《へいきん》14万円《まんえん》の節約《せつやく》になる。それを店舗数《てんぽすう》でかけると年間《ねんかん》いくら節《せつ》約《やく》できるかが出《で》てくる。そういうポイントをしっかり押《お》さえるのが僕《ぼく》の商売上目《しょうばいじょうめ》をつけるところでした。だからみんな乗《の》ってくるんです。JRとか、高速道路《こうそくどうろ》、スタジアム、野球場《やきゅうじょう》とか、そういう大《おお》きなところに売《う》っていくんですよ。企業名《きぎょうめい》でいくと、清水建設《しみずけんせつ》、大成建設《たいせいけんせつ》、竹中工務店《たけなかこうむてん》、鹿島建設《かじまけんせつ》、大林組《おおばやしぐみ》のスーパーゼネコンの大手《おおて》５社《しゃ》はしっかり押《お》さえていました。歌舞伎座《かぶきざ》に入《はい》ったり、道《どう》路公団《ろこうだん》に入《はい》ったりと、そこまではよかったんだけど、組《く》んでいた日本企業《にほんきぎょう》がコピー品《ひん》を作《つく》り始《はじ》めて僕《ぼく》はクビになったんです。そこで収入《しゅうにゅう》がゼロになって、一《いち》からやり直《なお》しの第《だい》1回目《かいめ》が始《はじ》まった。

そのとき、日本《にほん》にいるために、当時《とうじ》付《つ》き合《あ》ってた彼女《かのじょ》と結婚《けっこん》したんです。そうしないと残《のこ》れないから。会社《かいしゃ》も立《た》ち上《あ》げました。だけど、あんまり彼女《かのじょ》がそれを気《き》にいらず、離婚《りこん》されてしまいました。そこでデンマークに帰《かえ》らざるを得《え》なかったんです。帰国《きこく》したときは、基本的《きほんてき》に無一文《むいちもん》。15万円《まんえん》と、スーツケース1個《こ》と、それからパソコンを入《い》れた鞄《かばん》1個《こ》だけを持《も》って帰《かえ》って、そこからリスタートでした。帰国中《きこくちゅう》は「飛行機《ひこうき》落《お》ちてくれぇ」と思《おも》ったんですけどね。

その後《ご》も、ジェトロ（日本貿易振興機構《にほんぼうえきしんこうきこう》）の日本家具《にほんかぐ》のプロモーション、日本庭園《にほんていえん》の会社《かいしゃ》のデンマークでの営業《えいぎょう》、デンマーク農《のう》業理事会《ぎょうりじかい》の日本事務所勤務《にほんじむしょきんむ》、スターゼンっていう日本《にほん》の食肉大手《しょくにくおおて》のデンマーク事務所勤務《じむしょきんむ》、ある町《まち》で立候補《りっこうほ》して、市議会《しぎかい》と県議会《けんぎかい》議員《ぎいん》をめざして政治家《せいじか》として半年間選挙活動《はんとしかんせんきょかつどう》。フランスの食肉会《しょくにくがい》社《しゃ》で一番大《いちばんおお》きいグループビガールの日本事務所《にほんじむしょ》の立《た》ち上《あ》げなど……。

2019年《ねん》から自分《じぶん》の「Memorizeitall」というソフトを作《つく》ってて。

外交官《がいこうかん》として日本《にほん》に戻《もど》ってきたとき、漢字《かんじ》を勉強《べんきょう》しようと思《おも》いました。漢字《かんじ》がやっぱりだめだなと思《おも》って、当時《とうじ》、自分《じぶん》で暗記専《あんきせん》用《よう》のソフトを作《つく》ったんです。漢字《かんじ》だけじゃなくて、算数《さんすう》とか、英語《えいご》の単語《たんご》など何《なん》でも自分《じぶん》の問題集《もんだいしゅう》が作《つく》れて、質問《しつもん》がぱっと上《あ》がってきて答《こた》えを入《い》れて、成果《せいか》を見《み》るっていうようなものです。パッパッパッとできるから効率《こうりつ》がいいんですよ。それをもう1回取《かいと》り上《あ》げようと思《おも》って、2019年《ねん》から開発《かいはつ》しています。

今《いま》はYouTube動画《どうが》を作《つく》りながらですが、最初《さいしょ》の動画《どうが》が20万《まん》ビューを超《こ》えたので、YouTubeでMemorizeitallの宣伝《せんでん》をしようと思《おも》っています。そうするとお客《きゃく》さんが入《はい》ってくるはずなので、そこで資金《しきん》を作《つく》って世界《せかい》の労働環境《ろうどうかんきょう》の改善《かいぜん》に繋《つな》げていく。日本企業《にほんきぎょう》での過酷《かこく》な労働環境《ろうどうかんきょう》を2002年《ねん》に初《はじ》めて経験《けいけん》してから、僕《ぼく》は日本《にほん》の労働環境《ろうどうかんきょう》の改善《かいぜん》を絶対《ぜったい》にやってみせるという夢《ゆめ》がありますが、それには莫大《ばくだい》な資金《しきん》が必要《ひつよう》。その資金作《しきんづく》りにMemorizeitallを役立《やくだ》たせる予定《よてい》です。数年経《すうねんた》って、日本《にほん》だけではなく、世界《せかい》の労働環境《ろうどうかんきょう》の改善《かいぜん》の方《ほう》が意味《いみ》があると思《おも》って企画《きかく》はさらに膨《ふく》らんでいます。発想《はっそう》や取《と》り組《く》み方《かた》はすべて企画《きかく》されていて、後《あと》は資金作《しきんづく》り。これまでは資金作《しきんづく》りを試《こころ》みてもなんらかの理由《りゆう》で商品《しょうひん》をコピーされたり、離婚《りこん》、金融危機《きんゆうきき》、社長《しゃちょう》の暴力《ぼうりょく》などで仕事《しごと》を失《うしな》い、無一文《むいちもん》になったのが4回《かい》あり、いつの間《ま》にか20年経《ねんた》ってしまいましたが、まだまだ諦《あきら》めていません。資金作《しきんづく》りのアイディアはまだまだ残《のこ》っていてこれからも頑張《がんば》っていきます。そういう意味《いみ》でもMemorizeitallはぜひ宜《よろ》しくお願《ねが》いします。

Q

あなたの逆境《ぎゃっきょう》や困難《こんなん》を乗《の》り越《こ》えるコツは？

自分《じぶん》を惨《みじ》めだと思《おも》わないこと。

自分《じぶん》に焦点《しょうてん》が行《い》くと、「なんて俺《おれ》・私《わたし》はかわいそうなんだ」ってなっちゃうから、そうするともう何《なに》も進《すす》まないんですよね。そうじゃなくて、自分《じぶん》は何《なん》のために、これから何《なに》をやりたいのかという目標《もくひょう》を決《き》めて、自分《じぶん》から焦点《しょうてん》を遠《とお》ざけることが一番大事《いちばんだいじ》かなと思《おも》うんです。僕《ぼく》の場合《ばあい》は、完全《かんぜん》に仕事《しごと》に没頭《ぼっとう》しています。今《いま》の年齢《ねんれい》になって、あんまりそこまで集中《しゅうちゅう》できないですけど、昔《むかし》はとことん、朝《あさ》の4時《じ》まで働《はたら》いてても全然時間《ぜんぜんじかん》に気《き》づかないんですよ。もうずっと仕事《しごと》仕事《しごと》仕事《しごと》仕事《しごと》で目標《もくひょう》を持《も》って、やっていました。そういう感《かん》じで乗《の》り越《こ》えていますね。

Q

周《まわ》りからしてほしかったサポートは？

その子《こ》が今《いま》何《なに》を必要《ひつよう》としてるのかって一番《いちばん》知《し》ってるのは親《おや》だと思《おも》うんだよね。見《み》てるから。

同《おな》じようなことを経験《けいけん》しても、惨《みじ》めな人生《じんせい》を送《おく》ることになる人《ひと》もいれば、自分《じぶん》の違《ちが》うところをうまく生《い》かして、すごい人生《じんせい》になっていく人《ひと》もいるんですよね。もう人《ひと》それぞれなんですよ。たとえば精神病《せいしんびょう》の患者《かんじゃ》さんがいたとするじゃないですか。その人《ひと》が、専門家《せんもんか》の先生《せんせい》に診《み》てもらうのもいいんですけど、本当《ほんとう》はその精神《せいしん》的《てき》に落《お》ち込《こ》んでる人《ひと》たちを助《たす》けるべきなのは誰《だれ》かといったら、その人《ひと》を一番《いちばん》よく知《し》ってる周《まわ》りの人《ひと》なんだと思《おも》います。子《こ》どももそうだと思《おも》うんですよ。だから親《おや》、周《まわ》りの人《ひと》たちがサポートして、どうやったら何《なに》かを乗《の》り越《こ》えたり、次《つぎ》のステップが踏《ふ》めたりするのか、何《なに》をするかっていうのを考《かんが》えるべきだと思《おも》います。

子《こ》どもが自分《じぶん》で物事《ものごと》を決《き》めていくようなね、親《おや》のサポートがほしかった。

そのまんまキリスト教《きょう》に残《のこ》っていたらすごい惨《みじ》めな人生《じんせい》になっていたなと思《おも》います。やっぱり子《こ》どもって、意外《いがい》と大人《おとな》が思《おも》っている以上《いじょう》に物事《ものごと》がわかるんですよ。だから、子《こ》どもの話《はなし》をよく聞《き》いて、子《こ》どもにいろいろ決《き》めさせる。アドバイスしなきゃいけないんですよ、もちろん。だめなことはだめって言《い》わなきゃいけない。犯罪者《はんざいしゃ》を育《そだ》てたいという親《おや》はいないから、ちゃんと教《おし》えながら、やっていかなきゃいけない。でも、親《おや》に「これダメだよ」って言《い》われても、そんなのわかってるし、っていうのがありました。親《おや》が言《い》ってることを違《ちが》うと思《おも》ったり、全然見《ぜんぜんみ》てないよなと思《おも》ったりした経験《けいけん》は、誰《だれ》しもあると思《おも》うんです。

母親《ははおや》が、自分《じぶん》の兄弟《きょうだい》からものすごく批判《ひはん》されているのを見《み》ていました。子《こ》どものときにこーであーでと、いろんな観点《かんてん》からね。だから僕《ぼく》は逆《ぎゃく》に批判《ひはん》しないっていうのを決《き》めています。なんでかと言《い》うと、批判《ひはん》しても何《なに》も変《か》わらないから。批判《ひはん》して、唯一《ゆいいつ》変《か》わるのは母親《ははおや》が落《お》ち込《こ》んでしまうくらいです。それって、全《まった》く何《なん》の意味《いみ》もないから。母親《ははおや》も、そのときはそのときでベストを尽《つ》くしたはずなんです。それを批判《ひはん》してもしょうがないっていうのがあります。今《いま》さら30年《ねん》40年前《ねんまえ》のことを批判《ひはん》しても何《なに》も変《か》わらない。

Q

今《いま》の仕事《しごと》についたきっかけは？

非常《ひじょう》に簡単《かんたん》で、仕事上《しごとじょう》ね、日本《にほん》にいないと儲《もう》からないんですよ僕《ぼく》は。

日本《にほん》にいるから、デンマークの会社《かいしゃ》が僕《ぼく》を使《つか》えるっていうか。日本《にほん》にいるイコール、僕《ぼく》が得意《とくい》とする日本《にほん》っていう国《くに》の知識《ちしき》、言語《げんご》、商売《しょうばい》のやり方《かた》とかを知《し》ってるわけじゃないですか。日本《にほん》がお客《きゃく》さんなんですよ。海外《かいがい》の仕事《しごと》をするんだけれども、デンマークのどこかに行《い》ったとしても、周《まわ》りがみんな日本人《にほんじん》を相手《あいて》にしてる会社《かいしゃ》じゃないんですよ。やっぱ効率《こうりつ》がいいのは日本《にほん》にいること。みんなお客《きゃく》さんになりうるから。そういうわけで日本《にほん》にいます。

Q

自分《じぶん》のアイデンティティについてどうとらえていますか？

100％日本人《にほんじん》。100％デンマーク人《じん》。それが自分《じぶん》のアイデンティティだな。

子《こ》どもの頃《ころ》からものすごく自分《じぶん》の考《かんが》えてることに自信《じしん》を持《も》ってるんですよ。絶対妥協《ぜったいだきょう》しないし、他《ほか》の人《ひと》が「いや違《ちが》う」って言《い》っても、僕《ぼく》は自分《じぶん》の意見《いけん》はそのまんま持《も》つんですよ。それって同《おな》じ環境《かんきょう》に置《お》かれても、受《う》ける影響《えいきょう》って人《ひと》によって違《ちが》うと思《おも》うけど、日本《にほん》とデンマークを行《い》き来《き》し、宗教関係《しゅうきょうかんけい》であったりして、その中《なか》で自分《じぶん》なりの独特《どくとく》なアイデンティティができてきたと思《おも》うんです。だから発想《はっそう》も普通《ふつう》の人《ひと》と違《ちが》います。デンマークと日本《にほん》ってものすごく違《ちが》うんですよ。日本《にほん》は世界一《せかいいち》の縦社会《たてしゃかい》。デンマークは世界一《せかいいち》の横社会《よこしゃかい》なんですよ。真逆《まぎゃく》のところがけっこうあって、日本《にほん》は世界一建前《せかいいちたてまえ》の世界《せかい》で、デンマークは世界一本音《せかいいちほんね》の世界《せかい》。いろんなところから見《み》て、いろんな幅広《はばひろ》いスパンの、端《はし》っこから端《はし》っこまで見《み》てきたから、普通《ふつう》の人《ひと》よりは。だから遅刻《ちこく》して面接《めんせつ》に行《い》ったりするんですけど。そういう発想勝《はっそうが》ちができるようになったっていう、そのアイデンティティかな。両方《りょうほう》の国《くに》を行《い》き来《き》し、両方《りょうほう》の国民《こくみん》と接《せっ》し、必要《ひつよう》なときはデンマーク人《じん》、必要《ひつよう》なときは日本人《にほんじん》になります。

Q
次《つぎ》の世代《せだい》へのアドバイスやメッセージをどうぞ。

僕《ぼく》、メッセージを出《だ》すのは
あんまり好《す》きじゃないですね。

だって、たとえばネットでよく名言《めいげん》とか出《で》るじゃないですか。そういうのを見《み》るのがすごい嫌《きら》いなんですよ。なぜなら、その人《ひと》の長《なが》い人生《じんせい》の経験《けいけん》があり、いろんな失敗《しっぱい》なり成功《せいこう》なりっていうのがあって、その名言《めいげん》はそれで初《はじ》めて言《い》えることなわけです。同《おな》じ経験《けいけん》をしないと当《あ》てはまらないというのが多《おお》すぎて。聞《き》いたところで経験《けいけん》が伴《ともな》わないとマネはできないです。だから自分《じぶん》が偉《えら》そうにメッセージを出《だ》すのは嫌《いや》なんです。

人間《にんげん》は2つに分《わ》かれる。実際《じっさい》に自分《じぶん》の
夢《ゆめ》を実現《じつげん》しようと第一歩《だいいっぽ》を踏《ふ》み出《だ》して、
その夢《ゆめ》を追《お》いかけてみた人《ひと》と、最後《さいご》まで
結局《けっきょく》踏《ふ》み出《だ》せずにいる人《ひと》に。

20歳前後《はたちぜんご》だったと思《おも》いますが、教会《きょうかい》に行《い》ったある日《ひ》、70代《だい》のおじいさんがみんなにこんなお話《はなし》をされていました。「私《わたし》は、70何《なん》歳《さい》で、人生《じんせい》はこれから先《さき》、それほど長《なが》くはないでしょう……振《ふ》り返《かえ》ってみると面白《おもしろ》いもので、人間《にんげん》は2種類《しゅるい》に分《わ》かれるんですね。

人間《にんげん》のほとんどは若《わか》い頃《ころ》には何《なに》かの夢《ゆめ》を持《も》っています。宇宙飛行《うちゅうひこう》士《し》になりたい、社長《しゃちょう》になりたい、看護師《かんごし》になりたい、先生《せんせい》になりたいと、人《ひと》それぞれいろんな夢《ゆめ》を持《も》っています。70を超《こ》えた今《いま》振《ふ》り返《かえ》ると、最後《さいご》まで自分《じぶん》の夢《ゆめ》を追《お》うために踏《ふ》み出《だ》すことのできなかった人《ひと》は、最後《さいご》まで不満《ふまん》を言《い》い続《つづ》ける。つまり、『本当《ほんとう》は私《わたし》は歌《うた》がうまくて歌手《かしゅ》になれたはずなんだ』とか、『本当《ほんとう》は私《わたし》には才能《さいのう》があるんだけど』……ブツブツ自分《じぶん》が本当《ほんとう》はこんな人《ひと》になれたはずだと、達成《たっせい》しなかった（踏《ふ》み切《き》れなかった）ことに対《たい》する不満《ふまん》があり、結果《けっか》、人生《じんせい》に不満《ふまん》を抱《かか》えている人《ひと》が多《おお》い。その一方《いっぽう》で、自分《じぶん》が持《も》っていると思《おも》う才能《さいのう》に実際《じっさい》に賭《か》けてみようと踏《ふ》み出《だ》した人《ひと》はさらに2つに分《わ》かれ、片方《かたほう》は成功《せいこう》し、片方《かたほう》は成功《せいこう》せず。しかし、踏《ふ》み出《だ》した方《ほう》は成功《せいこう》しても、成功《せいこう》しなくてもとりあえず自分《じぶん》のポテンシャルはとことん追求《ついきゅう》してみたという満足感《まんぞくかん》が残《のこ》り、不満《ふまん》が非常《ひじょう》に少《すく》ない……」という話《はなし》を聞《き》いて、それ以降《いこう》は自分《じぶん》のポテンシャルはとことん追求《ついきゅう》すべきという頭《あたま》になりました。年金生活《ねんきんせいかつ》に入《はい》って、本当《ほんとう》は、あれもこれもできたのにトライしなかった自分《じぶん》を惨《みじ》めな目《め》で見《み》てブツブツ言《い》って人生《じんせい》を後悔《こうかい》する人《ひと》にはなりたくないんです。

人《にん》間《げん》は2つ

実《じっ》際《さい》に
自《じ》分《ぶん》の夢《ゆめ》を
実《じつ》現《げん》しようと
第《だい》一《いっ》歩《ぽ》を踏《ふ》み
出《だ》して、その夢《ゆめ》を
追《お》いかけてみた人《ひと》と、

に分《わ》かれる。

最後《さいご》まで
結局《けっきょく》踏《ふ》み
出《だ》せずにいる人《ひと》に。

01 逆境《ぎゃっきょう》や困難《こんなん》を乗《の》り越《こ》えるコツ

12人《にん》の
仲間《なかま》たちからの
メッセージ

自分《じぶん》の強《つよ》みを活《い》かして
楽《たの》しくやるしかない。

杉本亜美奈《すぎもとあみな》さん

やっぱり、
勝《か》ってみせないと
ダメですよね。

シントン・ラーピセートパンさん

酷《ひど》い目《め》に
あわない環境《かんきょう》を
意識的《いしきてき》に選《えら》んで
生《い》き延《の》びる。

趙《ちょう》正《ちょん》美《み》さん

自分《じぶん》の役割《やくわり》を早《はや》く見《み》つけて、
それを評価《ひょうか》してもらう。

チュック・ベッシャーさん

どっちかに
行《い》きすぎるとだめ。
いいバランスを取《と》る。

吉川有悟《よしかわゆうご》さん

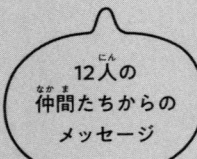

アンドレ・サリブさん

うまい具合《ぐあい》に
困難《こんなん》を避《さ》けてきたかもしれない。

否定《ひてい》するよりも
まずやってみる。

サヘル・ローズさん

周《まわ》りがどんなときに
どう反応《はんのう》してるかを
いくつか身《み》につけるといい。

ティファニー・レイチェルさん

頑張《がんば》るしかないよって。
覚悟《かくご》しろよって。
ただ、みんな敵《てき》じゃない。
敵《てき》じゃない人《ひと》を敵《てき》だと
思《おも》っているのも疲《つか》れる。

矢野《やの》マイケルさん

照屋《てるや》エイジさん

いけるぞと思《おも》うために
日々《ひび》できることを
増《ふ》やしていく
他《ほか》ないですね。

自分《じぶん》を惨《みじ》めだと思《おも》わないこと。

キム・ペーダセンさん

大学《だいがく》のサークルなりで
友達《ともだち》のサポートシステムを
つくるのは大事《だいじ》。

アンドレ・サリブさん

自分《じぶん》は味方《みかた》の方《ほう》が
多《おお》いんだなって
再確認《さいかくにん》することが
大事《だいじ》かなって思《おも》いますね。

藤見《ふじみ》よいこさん

とことん
落《お》ちるところまで落《お》ちて、
そして心《こころ》に嘘《うそ》をつかない。

サヘル・ローズさん

答《こた》えがない中《なか》で、
白黒《しろくろ》じゃなくて、
グレーなんだと気《き》づく。

杉本亜美奈《すぎもとあみな》さん

自分《じぶん》は、日本《にほん》の未来《みらい》の資産《しさん》だと
自信《じしん》を持《も》って思《おも》ってほしい。

チュック・ベッシャーさん

12人《にん》の
仲間《なかま》たちからの
メッセージ

02 落《お》ち込《こ》んだときに立《た》ち直《なお》るコツ

困難《こんなん》を少《すこ》しずつ
分割《ぶんかつ》するのは
意識《いしき》して
やるようにしてます。

照屋《てるや》エイジさん

自分《じぶん》が思《おも》っていることを、
言語化《げんごか》する習慣《しゅうかん》をつける。

ティファニー・レイチェルさん

そんなに長《なが》く悔《く》いを
持《も》たない。

吉川有悟《よしかわゆうご》さん

切《き》り離《はな》す癖《くせ》と、
見返《みかえ》してやるという想《おも》い。

趙正美《ちょうちょんみ》さん

矢野《やの》マイケルさん

全員《ぜんいん》が友達《ともだち》でグルになって
俺《おれ》を責《せ》めてるわけじゃないし、
みんな一人一人《ひとりひとり》いて、
俺《おれ》もその中の一人《ひとり》だから。

私《わたし》のアイデンティティはワタシ自身《じしん》。

サヘル・ローズさん

12人《にん》の仲間《なかま》たちからのメッセージ

03

アイデンティティに悩《なや》んだときに

ブラジル人《じん》っていうふうに思《おも》いますし、文化的《ぶんかてき》なところで日本人《にほんじん》としてのものもあります。

照屋《てるや》エイジさん

チュック・ベッシャーさん

I am me. 僕《ぼく》は僕《ぼく》。
これを信《しん》じて、
相手《あいて》の枠《わく》や分類《ぶんるい》を
押《お》しつけられない
こと。

私《わたし》は「日本人《にほんじん》」っていう意識《いしき》がすごく強《つよ》かったけど、「スペイン人《じん》じゃない」と言《い》われると、それは違《ちが》うってなる。どちらも自分《じぶん》の一部《いちぶ》なんですよね。

藤見《ふじみ》よいこさん

自分《じぶん》が何者《なにもの》かと言《い》われたら、
長《なが》い間《あいだ》日本人《にほんじん》だと思《おも》っていた。
でも日本《にほん》に帰《かえ》って来《き》てから、
やっぱり私《わたし》日本人《にほんじん》じゃないなとは思《おも》う。

杉本亜美奈《すぎもとあみな》さん

吉川有悟《よしかわゆうご》さん

I’m French-Japanese,
but I grew up in
English speaking countries.
フランスと日本《にほん》にルーツがあるけど、
英語圏《えいごけん》で育《そだ》った。

キム・ペーダセンさん

100%日本人《にほんじん》。
100%デンマーク人《じん》。
それが自分《じぶん》の
アイデンティティだな。

矢野《やの》マイケルさん

両方《りょうほう》だと思《おも》ってる部分《ぶぶん》もあるし、
両方《りょうほう》でもないと思《おも》う部分《ぶぶん》もある。
俺《おれ》は最近自分《さいきんじぶん》のことを
内黒人《ないこくじん》って呼んでる。
ブラックジャパニーズ。

アンドレ・サリブさん

アイデンティティは半々《はんはん》。
エジプト人《じん》と日本人《にほんじん》
という感《かん》じです。

ティファニー・レイチェルさん

日本人《にほんじん》でも
アメリカ人《じん》でもない、
「日本生《にほんう》まれの
アメリカ国籍《こくせき》」
っていうのが
一番《いちばん》しっくりくる。

趙正美《ちょうちょんみ》さん

「在日韓国人《ざいにちかんこくじん》っていう
少数民族《しょうすうみんぞく》なんだ」って
腑《ふ》に落《お》ちる考《かんが》え方《かた》を見出《みいだ》した。
私達《わたしたち》は少数民族《しょうすうみんぞく》で
日本《にほん》に住《す》んでいて、
文化的《ぶんかてき》には韓国《かんこく》とか
朝鮮《ちょうせん》のルーツを持《も》っている。

12人《にん》の
仲間《なかま》たちからの
メッセージ

04

自分《じぶん》の道《みち》を

話《はな》し合《あ》いの場《ば》に
自分《じぶん》が参加《さんか》する権利《けんり》がある
ということ、押《お》し入《い》ってでも
参加《さんか》しなきゃいけない
という責任《せきにん》も感《かん》じてほしい。

チュック・ベッシャーさん

自分《じぶん》にしかない何《なに》かは
すでに持《も》っているから、
それを誇《ほこ》りに思《おも》うこと。

アンドレ・サリブさん

自分《じぶん》は自分《じぶん》で
いいんじゃない？

吉川有悟《よしかわゆうご》さん

大好《だいす》きなことを
仕事《しごと》にしたらいいと思《おも》う。
周《まわ》りとか親《おや》に
反対《はんたい》されても。

趙正美《ちょうちょんみ》さん

天才《てんさい》よりも、
秀才《しゅうさい》でありたい。

サヘル・ローズさん

杉《すぎ》本《もと》亜《あ》美《み》奈《な》さん

私《わたし》の最近《さいきん》の口癖《くちぐせ》は、
苦労《くろう》したもの勝《が》ち。

ちゃんとした仲間《なかま》と
いるべきなんじゃない？
命《いのち》さえあれば、
嫌《いや》な事《こと》言《い》われても
そこから離《はな》れれば
いいだけ。

矢《や》野《の》マイケルさん

見《み》つけるためのアドバイス

自分《じぶん》が違《ちが》うということを
プラスに考《かんが》えないと
ダメなんですよ絶対《ぜったい》に。

シントン・ラーピセートパンさん

自分《じぶん》のアイデンティティは、
周《まわ》りに合《あ》わせない。
自分《じぶん》のアイデンティティだから、
理解《りかい》されなくてもいい。

ティファニー・レイチェルさん

好《す》きなこととか、
憧《あこが》れを大事《だいじ》にしてほしい
っていうのは、
やっぱり一番《いちばん》大《おお》きい
ですよね。

照《てる》屋《や》エイジさん

本当《ほんとう》に何《なん》とかなるから。
全然《ぜんぜん》いろんな人《ひと》がいるから
大丈夫《だいじょうぶ》だよ。

藤《ふじ》見《み》よいこさん

矢《や》野《の》マイケルさん

闇《やみ》を知《し》らないと
光《ひかり》の良《よ》さに気《き》づかない。

思《おも》いっきり
人生《じんせい》楽《たの》しめ。

キーヘル・ローズさん

あなたは存在《そんざい》してるだけで
価値《かち》があるし、
そのまま息《いき》してるだけで
愛《あい》される価値《かち》がある。

趙正美《ちょうちょんみ》さん

「自分《じぶん》は普通《ふつう》の人《ひと》よりは
能力《のうりょく》を持《も》っている」
と子《こ》どもたちにもっと
自信《じしん》を持《も》ってほしいです。

シントン・ラーピセートパンさん

Be yourself.
小《ちい》さいときはもうちょっと
自分《じぶん》に自信《じしん》を持《も》てるといい。
うまくやれば、移民《いみん》として
超得《ちょうとく》することはある。

吉川有悟《よしかわゆうご》さん

将来《しょうらい》の自分《じぶん》は、今《いま》の自分《じぶん》に
感謝《かんしゃ》するんじゃないですかね。

杉《すぎ》本《もと》亜《あ》美《み》奈《な》さん

生《う》まれながらにして
強《つよ》いカードを持《も》てている
と思《おも》うんですよね。

照屋《てるや》エイジさん

どんな
マルチカルチャーな子《こ》でも
その子《こ》にしかない
独特《どくとく》な感性《かんせい》があるはずなので
それに誇《ほこ》りを持《も》って
生《い》きて行《い》ってほしいですね。

アンドレ・サリブさん

12人《にん》の
仲間《なかま》たちからの
メッセージ
05

次世代《じせだい》のあなたへのメッセージ

おわりに

海外《かいがい》にルーツがある私《わたし》たちは他《ほか》の人《ひと》にはないカードをほぼ持《も》っている。誰《だれ》かに合《あ》わせる必要《ひつよう》はない。あなたらしさを大事《だいじ》に育《そだ》てて。大人《おとな》になるといろんな生《い》き方《かた》があるから一度失敗《いちどしっぱい》しても大丈夫《だいじょうぶ》。つらいことや大変《たいへん》なこともある。でも、あなたの夢《ゆめ》を叶《かな》えて。12人《にん》の言葉《ことば》を紡《つむ》いでいくと、そう聞《き》こえてきそうだ。

この本《ほん》が生《う》まれることになったきっかけは、偶然《ぐうぜん》でした。2019年《ねん》だったと思《おも》いますが、日本《にほん》の法律《ほうりつ》が改定《かいてい》され、多《おお》くの人《ひと》が海外《かいがい》から日本《にほん》に来《く》るというニュースが頻繁《ひんぱん》に流《なが》れていた。大人《おとな》もそうだけど、子《こ》どもたちもきっとやって来《く》る。あるいは、日本《にほん》で生《う》まれる子《こ》どもたちもいるに違《ちが》いない。だけど、周《まわ》りを見渡《みわた》すとその子《こ》たちが勇気《ゆうき》をもらえたり、のびのびと日本《にほん》で暮《く》らし、根《ね》を張《は》るための、ポジティブなニュースがあまりないなあと思《おも》ったんです。ないというよりは、届《とど》いていないのではというのが私《わたし》の仮説《かせつ》でした。

だったら、探《さが》してみようと思《おも》ったんです。私《わたし》のまわりを見渡《みわた》すと、海外《かいがい》にルーツがあって、子《こ》どもの頃《ころ》から日本《にほん》で暮《く》らしていて、今《いま》は、自分《じぶん》らしくステキに活躍《かつやく》している人《ひと》が何人《なんにん》かいました。でも、よく考《かんが》えるとその方々《かたがた》がどんな人生《じんせい》を歩《あゆ》んでいて、どんな逆境《ぎゃっきょう》や苦労《くろう》があったのか、あるいは、なかったのか、どうやって今《いま》の自分《じぶん》になったのかということは、聞《き》いたことがないと気《き》づいたんです。そういう話《はなし》って、普段《ふだん》なかなかしないですよね。「すみません、ちょっとあなたの人生《じんせい》について根掘《ねほ》り葉掘《はほ》り教《おし》えてください」なんて雑談《ざつだん》で聞《き》けないですよね（笑《わらい》）。でも、実《じつ》はすごいヒントが隠《かく》れているんじゃないかと思《おも》ったんです。だったら、インタビューしてみようと。きっと、次《つぎ》の世代《せだい》にとってもエールになるし、日本社会《にほんしゃかい》が変《か》わるきっかけにもなれば嬉《うれ》しいなあと。

最初《さいしょ》は「移民《いみん》1.5世《せい》」と題《だい》して、子《こ》どもの頃《ころ》に親《おや》とともに日本《にほん》へやってきた人《ひと》や移民《いみん》１世《せい》の子《こ》どもたちにインタビューしようと思《おも》ったんです。なぜかというと、いろんな人《ひと》と接《せっ》してきたけれど、大人《おとな》について日本《にほん》に来《く》るのと、ある程度大人《ていどおとな》になってから自分《じぶん》の意志《いし》で来《く》るのとでは、悩《なや》みが少《すこ》し違《ちが》う感覚《かんかく》があったんです。大人《おとな》になってから日本《にほん》にやって来《く》る人《ひと》は、すでにどこかのアイデンティティを持《も》って日本《にほん》に来《く》ることが多《おお》い印象《いんしょう》がある。これは、私《わたし》の中《なか》の勝手《かって》な区分《くぶん》であって本当《ほんとう》はそうではないかもしれないけど、そのときは一回絞《いっかいしぼ》ってみようと思《おも》ったんです。

だけど探《さが》しているうちに、私《わたし》が想像《そうぞう》していたよりも日本《にほん》には本当《ほんとう》に本当《ほんとう》に多様《たよう》な方々《かたがた》がいて、私《わたし》が作《つく》った枠《わく》に人《ひと》はハマらないんですよね。日本《にほん》で生《う》まれ育《そだ》って、海外《かいがい》にルーツがある人《ひと》も同《おな》じ仲間《なかま》だし、複数《ふくすう》のルーツを持《も》って日本《にほん》で暮《く》らしている人《ひと》も仲間《なかま》。子《こ》どもの頃《ころ》に、日本《にほん》にやってきた人《ひと》も仲間《なかま》。その間《あいだ》にいる人《ひと》も仲間《なかま》。もちろん、ライフストーリーは十人十色《じゅうにんといろ》で、同《おな》じ人生《じんせい》はありませんが、みんな同《おな》じ道《みち》を歩《あゆ》んでいる仲間《なかま》だったんです。

そんなみんなが口《くち》を揃《そろ》えて言《い》うことがあった。「自分《じぶん》にはロールモデルがいなかった。でもいたらよかった」。それは当《あ》たり前《まえ》のようで、でも思《おも》いがけない発見《はっけん》だったんです。そうか。自分《じぶん》もそうだったし、もしかしたら次《つぎ》の世代《せだい》も同《おな》じことで悩《なや》んでいるかもしれない。もしそうだったら、ロールモデルがいなかったもの同《どう》士《し》が、次《つぎ》の世代《せだい》のロールモデルになれたら？

今《いま》まであまりなかった切《き》り口《くち》のポジティブな本《ほん》になると思《おも》ったんです。アウェイなこともまだあるけれど、自分《じぶん》に自信《じしん》を持《も》って、前向《まえむ》きに夢《ゆめ》に向《む》かっていく。なりたい自分《じぶん》になれる。子《こ》どもの頃《ころ》、ティーンエイジャーの頃《ころ》は、なかなか気付《きづ》けないけど、周《まわ》りにはない強《つよ》みを私《わたし》たちはほぼ持《も》っているのだから。そんな12人《にん》の集結《しゅうけつ》したパワーを贈《おく》ることになりました。

でも、実《じつ》を言《い》うと一番救《いちばんすく》われたのは私自身《わたしじしん》なのかもしれない。12人《にん》の仲間《なかま》たちと話《はな》しているうちに、ずっと心《こころ》の奥《おく》にあった孤独《こどく》や悩《なや》みがとけたり、知《し》らない間《あいだ》にできていた心《こころ》のいろんなバイアスがとける感覚《かんかく》を覚《おぼ》えた。共通《きょうつう》する部分《ぶぶん》、共感《きょうかん》する部分《ぶぶん》、新《あたら》しい視点《してん》、私《わたし》の一歩《いっぽ》も二歩《にほ》も先《さき》をいっているみなさんの言葉《ことば》が、目《め》を覚《さ》ましてくれる雷《かみなり》と心《こころ》のセラピーになった。こんなにもたくさんの仲間《なかま》たちに出会《であ》えたのが何《なに》よりもの喜《よろこ》びです。

私《わたし》は、大人《おとな》になって、30代《だい》に差《さ》し掛《か》かった頃《ころ》に、自分《じぶん》のアイデンティティとの付《つ》き合《あ》い方《かた》を発見《はっけん》できましたが、それでも、完全《かんぜん》に心《こころ》の平和《へいわ》にたどり着《つ》くまではまだ道半《みちなか》ばだと思《おも》っています。ルーツや年齢《ねんれい》は関係《かんけい》ない。どこか同《おな》じように孤独《こどく》を感《かん》じるあなた、悩《なや》んでいるあなた、苦《くる》しんでいるあなた、あるいは仲間《なかま》やロールモデルを探《さが》している一人《ひとり》でも多《おお》くの人《ひと》にこの本《ほん》を届《とど》けたいと思《おも》っています。

2024年《ねん》９月吉日《がつきちじつ》

キリーロバ・ナージャ

謝辞《しゃじ》

最後《さいご》に、この本《ほん》はたくさんの方々《かたがた》の温《あたた》かいお言葉《ことば》、アドバイス、お力添《ちからぞ》えがなければ実現《じつげん》できませんでした。この場《ば》を借《か》りて感謝《かんしゃ》を申《もう》し上《あ》げたいと思《おも》います。まず、この企画《きかく》に共感《きょうかん》し、インタビューを快《こころよ》く受《う》けていただいた12人《にん》の仲間《なかま》たち。話《はな》しづらいこともあったと思《おも》います。それでも、次《つぎ》の世代《せだい》のために、日本《にほん》を変《か》えるために、熱《あつ》くそれぞれの人生《じんせい》について話《はな》していただいてありがとうございます。みなさんに出会《であ》えたことが私《わたし》の何《なに》よりもの財産《ざいさん》です。在京《ざいきょう》タイ王国大使館《おうこくたいしかん》のアジャリーさん、橋本《はしもと》さん。企画《きかく》を進《すす》めるにあたって、何度《なんど》も相談《そうだん》に乗《の》ってくださった仕事仲間《しごとなかま》のみなさま。難《むずか》しいテーマなのに、いつもキレのあるアドバイスと応援《おうえん》をありがとうございました。インタビューの候補《こうほ》になるステキな方々《かたがた》を紹介《しょうかい》してくださったみなさま。おかげさまで、たくさんの思《おも》いがけない出会《であ》いがありました。幼少期《ようしょうき》から、移民《いみん》として生《い》きる自分《じぶん》をサポートしてくれた家族《かぞく》。そして最後《さいご》に、「この企画《きかく》ぜひやりたい！」と一言目《ひとことめ》から言《い》っていただいて、ずっと伴走《ばんそう》して実現《じつげん》に繋《つな》いでいただいたKADOKAWA編集部《へんしゅうぶ》の野本《のもと》さんありがとうございました。みなさまのおかげでたくさんのヒントと希望《きぼう》の種《たね》を撒《ま》くことができました。すぐにがらっと変《か》わることは難《むずか》しいと思《おも》いますが、一人《ひとり》でも多《おお》くの次世代《じせだい》の子《こ》どもたち、ティーンエイジャーたち、その周《まわ》りにいる方々《かたがた》に希望《きぼう》の種《たね》が届《とど》きますように。

君《きみ》がどんなルーツだろうと、日本《にほん》のどこかに必《かなら》ず仲間《なかま》がいる。

著者紹介

キリーロバ・ナージャ

クリエーティブ・ディレクター／コピーライター／絵本作家。ソ連
時）生まれ。数学者の父と物理学者の母の転勤とともに６ヵ国の地元校（
を受けた。広告会社入社後、様々な広告を企画、世界の広告賞を総ナメにし、2015年の世界コピーライターランキング1位に。国内外の広告やデザインアワードの審査員歴を持つ。著書に『ナージャの５つのがっこう』（大日本図書）、『からあげビーチ』（文響社）、『6カ国転校生 ナージャの発見』（集英社インターナショナル）など。

デザイン　加藤賢策＋守谷めぐみ（LABORATORIES）
DTP　キャップス

ロールモデルがいない君《きみ》へ
6ヵ国育《こくそだ》ちのナージャが聞《き》くルーツが異《こと》なる12人《にん》の物語《ものがたり》

2024年10月18日　初版発行

著　者　キリーロバ・ナージャ
発行者　山下直久
発　行　株式会社 KADOKAWA
〒102-8177 東京都千代田区富士見 2-13-3
電話 0570-002-301（ナビダイヤル）
印刷・製本　大日本印刷株式会社

お問い合わせ
https://www.kadokawa.co.jp/（「お問い合わせ」へお進みください）
※内容によっては、お答えできない場合があります。
※サポートは日本国内のみとさせていただきます。
※Japanese text only
定価はカバーに表示してあります。

ISBN 978-4-04-114367-4 C0095